技术经济学

第4版

Technical Economics

主　编　刘秋华

副主编　张小兵　刘　戈

参　编　王继东　罗湘文　姚　立

卢荣花　欧邦才　冯佩雨

机械工业出版社

CHINA MACHINE PRESS

本书全面系统地介绍了技术经济学的基本理论和方法，包括技术经济学的基本概念和基本原理、确定性评价方法、不确定性评价方法、价值工程、项目可行性研究、设备更新的技术经济分析和技术创新等内容。各章结合实际编写了相关案例，以满足教学的需要。章后附有思考题和练习题，通过扫描二维码，可以查看练习题的参考答案。

本书具有较强的针对性和实用性，根据社会对应用型人才需求的特点，注重培养学生分析问题和解决问题的能力。

本书是普通高等教育"十一五"国家级规划教材、"十二五"江苏省高等学校重点教材（编号：2015-1-042）、"十三五"江苏省高等学校重点教材（编号：2019-1-112），可以作为高等院校相关专业技术经济学课程的教材，也可以作为企业管理人员和技术人员的参考书。

图书在版编目（CIP）数据

技术经济学/刘秋华主编 . — 4 版 . — 北京：机械工业出版社，2022.5
（2024.8 重印）

普通高等教育"十一五"国家级规划教材　"十二五"江苏省高等学校重点教材　"十三五"江苏省高等学校重点教材

ISBN 978-7-111-70325-9

I. ①技… II. ①刘… III. ①技术经济学–高等学校–教材 IV. ①F062.4

中国版本图书馆 CIP 数据核字（2022）第 041163 号

机械工业出版社（北京市百万庄大街 22 号　邮政编码 100037）
策划编辑：曹俊玲　　　　责任编辑：曹俊玲
责任校对：陈　越　李　婷　责任印制：张　博
北京建宏印刷有限公司印刷
2024 年 8 月第 4 版第 4 次印刷
184mm×260mm·14.5 印张·359 千字
标准书号：ISBN 978-7-111-70325-9
定价：46.00 元

电话服务　　　　　　　　网络服务
客服电话：010-88361066　机　工　官　网：www.cmpbook.com
　　　　　010-88379833　机　工　官　博：weibo.com/cmp1952
　　　　　010-68326294　金　书　网：www.golden-book.com
封底无防伪标均为盗版　机工教育服务网：www.cmpedu.com

前　言

　　为了满足高等院校对工科类学生加强经济管理基础知识传授的需要，完善工科类学生的知识结构，提高工科类学生的综合素质，帮助工科类学生树立市场观念、经济观念、竞争观念和效益观念，我们编写了本书。

　　本书此次修订不仅在内容上进行了全面扩充，更重要的是体现了党的二十大提出的"加强教材建设和管理"的精神，力求在新时代背景下，为广大学生提供内容更加丰富的学习资源。

　　本书全面系统地阐述了技术经济学的理论知识体系，内容包括绪论、经济性评价的基本要素、技术经济分析的基本原理、确定性评价方法、不确定性评价方法、价值工程、项目可行性研究、设备更新的技术经济分析和技术创新，并结合实际编写了教学需要的相关案例。

　　本书主要特色和创新如下：

　　（1）充分体现学科的先进性。本书紧跟技术经济学发展的新趋势，充分吸收技术经济学的最新研究成果，全面系统地介绍了技术经济学的理论知识。

　　（2）密切联系技术经济学的实际。特别是选用典型案例，通过案例将技术经济学的理论与实践结合起来。

　　（3）满足人才培养方案的要求。技术经济学作为非经济管理类专业的一门公共课程，要求学生全面掌握技术经济学的理论知识。通过学习本书，学生可以具备一定的分析问题和解决问题的能力。

　　（4）满足公共课程教学的需要。本书在每章开始提出学习目标，结束时做了本章小结，在相应章编写一定量的思考题和练习题，并提供了练习题参考答案（通过扫描二维码获取），满足教学的需要。

　　本书第 1 版共十章，其中第一章、第六章和第十章由南京工程学院的刘秋华编写，第二章、第九章由湖南工程学院的罗湘文编写，第三章、第四章由淮阴工学院的张小兵编写，第五章由哈尔滨工业大学（威海）的王继东编写，第七章、第八章由北华航天工业学院的刘戈编写。全书由刘秋华担任主编，张小兵担任副主编。

　　本书第 2 版在第 1 版的基础上进行了修订，由刘秋华担任主编，张小兵、刘戈担任副主编。全书共九章，其中第一章、第二章、第六章、第八章由刘秋华修订，第三章、第四章由张小兵修订，第五章由王继东修订，第七章由刘戈修订，第九章由南京工程学院姚立修订。

　　本书第 3 版在第 2 版的基础上进行了修订，由主编刘秋华进行修订，修订过程中得到了山东财经大学东方学院姚兴华老师的帮助，在此表示衷心的感谢。第 3 版主要更新了过时的内容和多数课后案例，并对练习题答案进行了修订。同时本书被评为"十二五"江苏省高等学校重点教材。

本书第 4 版在第 3 版的基础上进行了修订，主要由主编刘秋华修订，南京工程学院的姚立、卢荣花、欧邦才、冯佩雨参加了修订。第 4 版主要更新第一章、第二章、第三章、第四章、第五章、第六章、第八章和第九章的课后案例，修订了第二章中营业税部分的内容，第四章中分析期截止法和净现值法、独立型方案的经济效果评价部分的内容，第六章中功能定义部分的内容。同时本书被评为"十三五"江苏省高等学校重点教材。

在编写本书过程中，编者参阅了国内外大量的著作和教材，也得到了出版单位同志的大力支持和帮助，在此一并表示感谢。

尽管我们做了很大努力，但由于水平有限，书中难免存在不足之处，恳请广大读者批评指正。

编　者

目　录

绪　论

1. 掌握技术和经济的含义与关系。
2. 了解技术经济学的产生与发展。
3. 了解技术经济学的研究对象和研究内容。
4. 了解技术经济学的学科特点。
5. 掌握技术经济分析的程序。

内容提要

技术经济学是一门研究技术方案经济效果，技术与经济相互促进、相互协调发展，以及技术创新与经济增长之间相互关系的学科。本章主要论述技术与经济的关系、技术经济学的产生与发展、技术经济学的研究对象和研究内容、技术经济学的学科特点以及技术经济分析的程序等。

第一节　技术与经济

一、技术

技术是一个人们非常熟悉的名词，但技术的含义却有各种各样的表述方式，一般有狭义和广义之分。

狭义的技术是指各种生产工具、装备、工艺等物质手段，即物化形态的"硬技术"。通常有以下几种观点：

（1）技术是技巧、技能或操作方法的总称。这是人们在社会发展早期对技术的一种理解，通常把人们在社会实践或生产中所使用的技巧、技能或操作方法视为技术。

（2）技术是劳动手段的总和。大机器时代，由于人们把机器和工具作为从事劳动的手段，因此认为技术就是劳动手段的总和。

（3）技术是自然规律在生产实践中有意识的运用，是根据生产实践经验和科学原理而发展成的各种工艺操作方法和技能。这种观点是社会进步的结果，体现了科学理论对技术的巨大作用，但忽视了技术本身的相对独立性和特殊性。

广义的技术是指把科学知识、技术能力和物质手段等要素结合起来所形成的一个能够改造自然的运动系统，包括"硬技术"和"软技术"。对于广义的技术主要有以下两种观点：

（1）技术是完成某种特定目标而协同动作的方法、手段和规则的完整体系。这里强调的是"方法、手段和规则的完整体系"。

（2）技术是按照某种价值的实践目的，用来控制改造和创造自然与社会的过程，并受科学方法制约的总和。这里强调的是改造与创造社会的动态过程，是方法的总和。

二、经济

人们对经济的理解主要有以下几种观点：

（1）经济是指社会生产关系的总和，上层建筑赖以建立的经济基础。这种定义将经济等同于生产关系或经济基础。

（2）经济是指社会物质的生产、交换、分配、消费的总称。这种理解将经济视为生产力和生产关系结合的活动。

（3）经济是国民经济的泛称，例如经济计划、经济部门等。

（4）经济是指"节约"或"节省"，例如认为某项工程比较节约，可以称该工程比较经济。

技术经济学中关于经济的理解主要是指第四种含义，即指"节约"或"节省"。当然，技术经济学属于经济学的范畴，因此，这里的"经济"不仅仅是指"节约"。

三、技术与经济的关系

技术和经济虽然是两个不同范畴的概念，但是技术和经济在人类进行物质生产和交换的过程中始终并存，两者之间存在着相互依赖、相互影响、相互制约的密切关系。

首先，技术进步是经济发展的重要条件和手段，对经济发展产生巨大的推动作用。综观世界经济发展史和技术发展史，无论是早期的手工技术，还是后来的机械技术、自动化技术，或是现在飞速发展的信息化技术、生物工程技术，都极大地改变了生产中的劳动手段和方式，极大地推动了经济的发展。可以说，每一轮技术革命都引发了新兴产业的形成和发展，世界经济就在这种周而复始的运动中得到繁荣。

其次，经济的发展为技术进步提供了物质保障。技术进步不可能脱离一定的社会经济基础。任何技术的产生和发展都需要经济的支持，都是由于社会经济发展的需要引起的，也是在一定的社会经济条件下得以应用和推广的。技术发达国家的实践表明，凡是科技领先的国家或产品技术领先的企业，无一不是对研究与开发高投入的国家或企业。

最后，技术和经济之间是协调发展的。一方面，经济的发展脱离技术进步是不能长久的；另一方面，技术的进步必须建立在雄厚的经济实力的基础上。因此，只有技术和经济协调发展才能取得良好的经济效果。

第二节　技术经济学概述

一、技术经济学的产生与发展

（一）技术经济学的产生

技术经济学这门学科产生于 20 世纪 60 年代。1963 年中共中央和国务院批准了我国第二个科学技术发展规划纲要,即《1963—1972 年科学技术规划纲要》,技术经济学就是伴随这个发展规划纲要而诞生的。技术经济学与自然条件和资源调查研究、技术科学、基础科学、工业科学技术、农业科学技术以及医学科学技术等,并称为七大科学技术,被列入规划纲要,这在我国科学技术发展史上有着极其深远的意义。

技术经济学在我国的产生不是偶然的,而是有一定的历史背景和科学发展背景的。

从历史背景看,20 世纪 60 年代初是我国国民经济的调整时期,当时既有了第一个五年计划中比较注意技术和经济相结合的经验,也有了第二个五年计划中把生产技术和经济规律完全分开的教训,对比之下,深感技术的发展必须考虑经济规律,技术和经济必须结合。为此,有必要建立一门专门研究技术和经济相结合的学科,即研究技术经济问题的学科。这就是我国技术经济学产生的历史背景。

从科学发展的历史看,现代科学发展有两个明显的趋向,这就是科学发展专业化和综合化。两方面相辅相成,共同促进。技术经济学既是科学发展专业化的产物,也是科学发展综合化的产物。因为经济学原来是一门学科,随着科学发展的专业化,产生了许多经济学的分支学科,技术经济学就是其中的一个分支。技术经济学不单纯是从经济学科中产生出来的,而是技术学科和经济学科互相交叉而形成的,是科学发展综合化的必然结果。这是技术经济学产生的科学发展背景。

有人认为,技术经济学是从苏联和西方搬来的。其实,苏联只有技术经济指标、技术经济论证等各种说法,并没有技术经济学这门学科;西方也没有这门学科,瑞典学者埃里克·达克在《中国的技术经济学》一文中指出,"无论是技术经济学这一名称或是这一学科系统的方法,在苏联的经济学中都不存在","技术经济学和西方的成本效益分析有些相近","详尽地研究这一学科的各种概念是很有趣的"。由此可见,我国技术经济学早就被国外所承认。

(二)技术经济学的发展

技术经济学在我国的发展经历了开创发展、全面破坏和全面发展三个时期。

(1)开创发展时期。从 1962 年正式定名"技术经济学"并制定全国技术经济研究规划纲要开始,一直到"文化大革命"前,是第一个发展时期,也是这门新学科的创建时期。在这个时期里,具有中国特色的技术经济学理论及方法体系开始形成,并且形成了自己的特点。这些特点是:以马克思主义和毛泽东思想的经济理论为指导;以社会主义基本经济规律、国民经济按比例发展规律和价值规律为依据;以"多快好省"建设社会主义的要求为目标;以定性和定量相结合的方法为手段;以结合中国社会主义现代化建设的具体实际为基础;以认识和正确处理技术与经济之间的实际矛盾关系为目的。

(2)全面破坏时期。我国在"文化大革命"十年中,技术经济研究机构被撤销,技术经济学的研究工作全部停止,而且遭到彻底的批判。

(3)全面发展时期。改革开放以来,技术经济学获得了新生,进入了历史上最好的发展时期。1978 年 11 月成立了中国技术经济研究会,目前许多省市和部门也都成立了技术经济研究会。1980 年中国社会科学院成立了全国第一个技术经济研究所,很多部门也相继成立了技术经济研究机构。许多理工科大学和文科大学也开设了技术经济学课程。一些大学和研究机构专门培养了技术经济专业的本科生、硕士研究生和博士研究生。这个时期,技术经济学理论方法体系得到了不断的改进和完善。在社会主义市场经济条件下,技术经济学这门学科越来越被重视，其研究工作不断向深度和广度发展。

二、技术经济学的研究对象

技术经济学是应用经济学的分支。所谓应用经济学，是指运用理论经济学的基本原理，研究国民经济各部门、各领域的经济活动和经济关系规律性的经济学科，也是对非经济活动领域进行经济效益、社会效益分析的经济学科。从技术经济学研究的对象看，技术经济学既是一门研究技术方案的经济效果的学科，也是一门研究技术与经济相互促进、相互协调发展的学科，还是一门研究技术创新与经济增长之间相互关系的学科。

（一）技术经济学是一门研究技术方案的经济效果的学科

技术经济学首先是一门研究技术方案的经济效果的学科。要认识技术经济学研究的这一对象，必须对经济效果进行认识。

经济效果是指实现技术方案时的投入与产出比。所谓投入，是指技术方案在实施时各种资源的消耗和占用。所谓产出，是指技术方案实施后的一些效果，包括可以用经济指标度量的和不能用经济指标度量的产品和服务。

任何技术的采用都必然要消耗和占用人力、物力和财力等资源，即都要有资源的投入。而资源的有限性，特别是一些自然资源的不可再生性，要求人们在满足不断增长的物质文化需求时，要合理、有效地利用各种资源。技术经济学就是研究在各种技术使用过程中如何以最小投入取得最大产出的一门学科，因此，技术经济学是一门研究技术方案的经济效果的学科。

特别值得注意的是，研究技术方案的经济效果一般是在技术方案实施之前进行，通过对各种方案进行分析、比较、评价和完善，选出最佳的技术方案，以保证技术方案的决策建立在科学分析的基础上。

技术经济学对经济效果的研究不仅应用在投资项目实施之前的科学论证上，还广泛应用于产品设计开发的经济效果比较和分析，以及设备更新、原料选择和工艺选择等领域。

（二）技术经济学是一门研究技术与经济相互促进与相互协调发展的学科

从技术与经济的关系中可以看出，技术与经济之间存在着相互依赖、相互影响、相互制约的密切关系。技术经济学就是研究如何从技术与经济的矛盾关系中寻找出一条协调发展的途径，以促进经济快速、持续发展。技术与经济协调发展的关系包括两层含义：

（1）技术与经济协调发展首先体现在技术的选择应适应经济实力。经济现状是选择技术的首要依据。在一个经济不发达的国家，多数领域只能选择适用技术，切不可好高骛远，不切实际地选择与经济不相适应的技术。

（2）技术与经济协调发展还体现在协调的目的是发展。在处理技术与经济的关系时，必须重视发展。因为技术与经济协调的目的是促进经济的发展，以发展为中心，在发展中协调，在协调中发展。

（三）技术经济学是一门研究技术创新与经济增长之间相互关系的学科

技术创新是20世纪初美籍奥地利经济学家约瑟夫·阿罗斯·熊彼特（J. A. Schumpeter）在其著作《经济发展理论》中首先提出的，技术创新作为促进经济增长的根本动力决定了它是技术经济学研究的重要对象。

技术创新从本质上讲是一个经济概念，它与技术开发不同，技术开发是一个技术概念。

技术创新强调的是新的技术成果在商业上的第一次运用，强调的是技术对经济增长的作用。学习技术创新就必须树立技术创新的意识，掌握技术创新的规律，并积极进行技术创新活动，促进国家经济的增长和企业的发展。

总之，从技术经济学研究的对象可以看出，技术经济学主要是研究技术方案的经济效果、技术与经济的协调发展以及技术创新与经济增长之间的相互关系的学科。

三、技术经济学的研究内容

技术经济学研究的具体内容非常广泛，既涉及宏观方面，又涉及微观方面，还涉及生产和建设的各个阶段。

从宏观的角度来看，技术经济学研究技术进步对经济发展速度、比例、效果、结构的影响，以及它们之间的最佳关系问题。具体包括：

（1）生产力的合理布局与合理转移问题。

（2）投资方向、项目选择问题。

（3）能源的开源与节流、生产与供应、开发与运输的最优选择问题。

（4）技术引进方案的论证问题。

（5）外资的利用与偿还，引进前的可行性研究与引进后的经济效果评价问题。

（6）技术政策的论证、物资流通方式与渠道的选择问题等。

从微观的角度来看，技术经济学研究的具体内容包括：

（1）厂址选择的论证。

（2）企业规模的分析。

（3）产品方向的确定。

（4）技术设备的选择、使用与更新的分析。

（5）原材料路线的选择。

（6）新技术、新工艺的经济效果分析。

（7）新产品开发的论证与评价等。

从生产与建设的各个阶段看，技术经济学研究的具体内容有：

（1）试验研究、勘测考察、规划设计、建设施工、生产运行等各个阶段的技术经济问题的研究。

（2）综合发展规划和工程建设项目的技术经济论证与评价等。

四、技术经济学的学科特点

技术经济学作为一门学科具有以下几个方面的特点：

（一）技术经济学是一门综合性学科

由于技术经济学研究的领域非常广泛，研究中所使用的方法和手段也非常多，因此技术经济学涉及的学科非常多。在技术经济学自身的理论中，许多方面的理论和知识不仅涉及数学、统计学、概率论、运筹学等，还涉及技术论、经济学、会计学、市场营销学、财务管理等。因此，技术经济学是一门综合性很强的学科。

（二）技术经济学是一门实践性很强的应用型学科

技术经济学研究与国民经济直接相关的技术与经济问题。技术经济学从产生到今天的飞速发展，无不与社会实践紧密相连。因此，技术经济学是一门实践性很强的应用型学科。

（三）技术经济学是一门系统性很强的学科

任何一项技术的应用都涉及资金、人力、设备等资源消耗，因此，任何技术的应用都需要进行经济效果的评价。在对技术应用的经济效果进行评价时，必须将影响经济效果的各项因素，包括资金、人力、设备、生态环境以及社会、文化等纳入一个统一的系统进行综合考虑，并分清主次、明确重点，以便做出正确的决策。

第三节　技术经济分析的程序

技术经济分析主要是对各种可行的技术方案进行综合分析、计算、比较和评价，全面衡量方案的经济效果，在评价经济效果的基础上，做出最佳选择，为决策提供科学依据。技术经济分析的程序通常包括以下几个步骤：

一、确定方案的目标功能

技术经济分析的目的在于比较各种可行的技术方案之间的优劣，要比较就需要有共同的目标。所谓方案的目标功能，是指方案最终要实现的功能。例如，如果某地区的电力需求缺口是 100 万 kW·h，则方案的目标功能就是满足 100 万 kW·h 的电力需求。为此，可以在明确方案目标功能的基础上，确定建立水电站、火电厂，或建立电力网从网内送电等具体方案。确定方案的目标功能是技术经济分析中非常重要的一个环节，如果目标功能定错，就会导致建设的失败、投资的损失。

二、调查研究，收集资料

方案的目标功能确定后，就要围绕方案的目标功能进行调查研究，收集相关资料，并根据资料进行分析和预测，明确是否具有实现目标所需的资源、技术、经济和信息等条件。资料是分析的基础，资料正确与否，直接影响分析的质量，进而影响技术经济分析的效果。因此，这是技术经济分析的一项基础性工作，必须给予高度重视。

三、提出备选方案

随着技术的不断进步，为实现同一目标功能可以提出很多具体方案。例如，为了解决电力短缺问题，可以建立火电厂、水电站、核电站、风力发电站、太阳能发电站等。寻求各种备选方案实际上是一种创新活动，为了提出满足目标功能的多种可行方案，决策者必须进行创新。在提出备选方案的过程中，要尽可能多地列出满足目标功能的所有可能的方案，以便比较选择，并从中选优。

四、拟定技术经济评价指标

根据目标功能的内容和所拟定的各种备选方案确定技术经济分析的评价指标，这是进行方案评价的依据。同时，由于各种备选方案的评价指标和参数不同，还必须将各种备选方案的评价指标统一起来，即将不能直接比较的数量指标、质量指标等尽可能转化为统一的可比指标，使各方案具有可比性。

五、方案评价

方案评价分为定性分析和定量评价。定性分析是指从国民经济整体利益并兼顾企业利益的角度出发，分析各方案的利弊得失，剔除一些显然不合格的方案。定量评价是指采用一定的定量计算，根据所拟定的技术经济分析评价指标进行评价，淘汰不可行方案，保留可行方案。

六、优选方案

根据方案评价的结果，选出能够达到目标功能的、技术上先进、经济上合理的最佳方案。这是技术经济分析的最终目的。在优选方案时，也会出现方案都不能满足目标功能的情况，这说明目标定得不合理，或者是备选方案没有涵盖最佳方案。此时，必须重新确定目标或者重新制订备选方案，以完成项目决策的任务。

七、完善方案

在可能的条件下，应进一步对确定的最优方案进行完善，使方案更利于实现，并具有更好的经济效果。

技术经济分析的一般程序可以用图1-1表示。

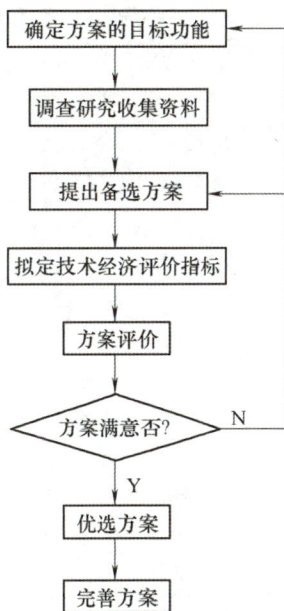

图1-1 技术经济分析的一般程序

课后案例

新技术对技术经济学的影响

当今世界科技在不断发展，新的技术仍在不断涌现，这些前沿技术涵盖社会的方方面面，它们将大大改变人们的生活方式，并以突破性的创新来解决世界问题。

1. 5G网络

随着视频会议、远程办公、数字协作需求的增加，可靠的连接和更好的带宽至关重要，5G的发展对于企业的存亡尤为重要。

随着上网课、远程办公成为常态化，5G将扮演重要的角色，如华为、苹果和小米推出5G手机。

有报道称，2021年至2027年5G用户的年增长率将达到43.9%。

2. AR和VR技术

现实的扩展包括增强现实（AR）和虚拟现实（VR）。这项技术将与其他技术结合到一起，用于应对当前形势带来的挑战。

在很大程度上，AR和VR的运用将有助于避免未来可能导致病毒传播的危险情况。这项技术也将彻底改变医疗保健、教育和生活方式等。

到2021年，AR和VR市场收入预计达到550亿美元。

3. 人工智能

人工智能（AI）已被证明是当今最具变革性的技术之一。在当前的世界形势下，人工智能似乎比以往任何时候都更有前景。

医疗保健和感染率方面收集的大量数据可用于预防未来几天的感染传播。机器学习算法将在解决方案中变得越来越复杂。未来，人工智能将根据医院和其他医疗机构的需求进行预测。

据专家预测，到2025年，AI市场将发展成为价值1 900亿美元的产业。

总之，随着科技的巨大进步，未来看起来比以往任何时候都更有希望，这些前沿科技很可能重塑生活的各个领域，这种趋势是无法阻挡的。

（资料来源：https：//zhuanlan. zhihu. com/p/364087715）

讨论题：

论述新技术对技术经济学的影响。

本 章 小 结

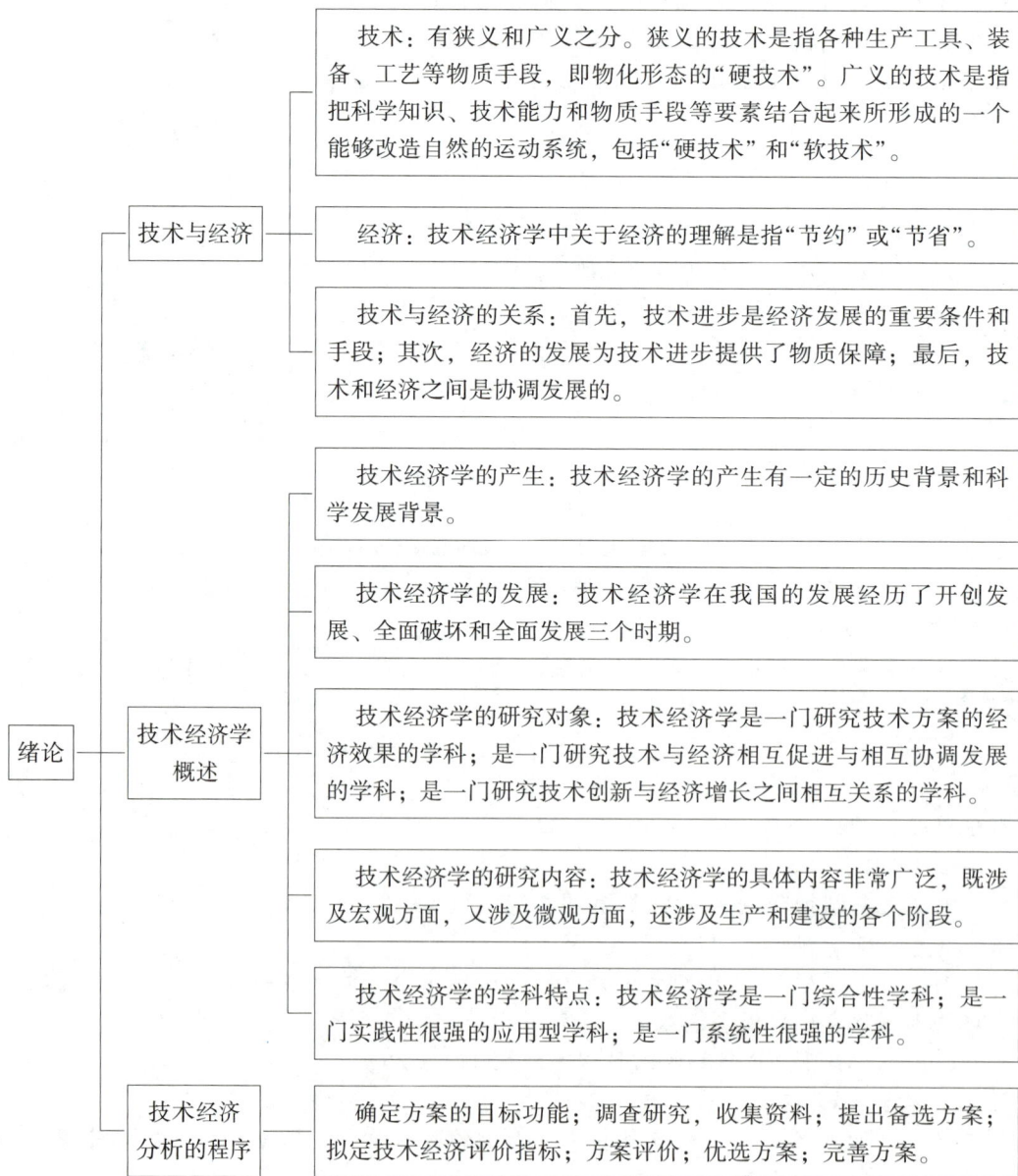

技术：有狭义和广义之分。狭义的技术是指各种生产工具、装备、工艺等物质手段，即物化形态的"硬技术"。广义的技术是指把科学知识、技术能力和物质手段等要素结合起来所形成的一个能够改造自然的运动系统，包括"硬技术"和"软技术"。

经济：技术经济学中关于经济的理解是指"节约"或"节省"。

技术与经济的关系：首先，技术进步是经济发展的重要条件和手段；其次，经济的发展为技术进步提供了物质保障；最后，技术和经济之间是协调发展的。

技术经济学的产生：技术经济学的产生有一定的历史背景和科学发展背景。

技术经济学的发展：技术经济学在我国的发展经历了开创发展、全面破坏和全面发展三个时期。

技术经济学的研究对象：技术经济学是一门研究技术方案的经济效果的学科；是一门研究技术与经济相互促进与相互协调发展的学科；是一门研究技术创新与经济增长之间相互关系的学科。

技术经济学的研究内容：技术经济学的具体内容非常广泛，既涉及宏观方面，又涉及微观方面，还涉及生产和建设的各个阶段。

技术经济学的学科特点：技术经济学是一门综合性学科；是一门实践性很强的应用型学科；是一门系统性很强的学科。

确定方案的目标功能；调查研究，收集资料；提出备选方案；拟定技术经济评价指标；方案评价；优选方案；完善方案。

绪论 — 技术与经济 / 技术经济学概述 / 技术经济分析的程序

思 考 题

1. 什么是技术? 什么是经济?
2. 如何理解技术和经济的关系?
3. 简述技术经济学的研究对象。
4. 简述技术经济学的学科特点。
5. 简述技术经济分析的程序。

第二章

经济性评价的基本要素

学习目标

1. 掌握经济效果的概念、分类和表达式。
2. 了解提高经济效果的途径。
3. 掌握投资的概念、构成和估算方法。
4. 掌握各种成本的概念。
5. 掌握评价中有关税种的概念和计算方法。
6. 掌握各种利润的概念和计算方法。

内容提要

　　任何经济活动都有预定的目标，为了达到预定的目标，可以制订多种不同的备选方案，并通过技术经济分析和评价，从多个备选方案中选择相对最优的方案。因此，了解和掌握经济性评价的基本要素是进行技术经济分析和评价的基础。本章主要介绍经济效果、投资、成本、税收以及利润等基本要素，为今后进行技术经济分析打下基础。

第一节　经　济　效　果

一、经济效果的概念

　　任何经济活动都是为了获得一定的成果，也都需要耗费一定数量的劳动。经济活动过程中取得的劳动成果与劳动耗费的比较称为经济效果。

　　技术方案的经济效果问题是技术经济学的主要研究内容。因此，有必要正确理解经济效果的含义。

　　第一，将技术方案获得的劳动成果与劳动耗费联系起来进行比较是正确理解经济效果的本质所在，仅仅以劳动成果的多少或者劳动耗费的多少来判断经济效果的好坏都是不科学的。

　　第二，技术方案实施之后的劳动成果必须是有效的。由于技术方案实施之后的所有产出不一定都是有效的劳动效果，如环境污染，因此，这里"有效的"劳动成果是社会需要的、对社会有益的劳动成果。

第三，技术方案实施过程中的劳动耗费是指消耗的全部人力、物力和财力，包括生产过程中的直接劳动耗费、劳动占用、间接劳动耗费三部分。

二、经济效果的分类

（一）企业经济效果和国民经济效果

根据分析的角度不同可以将经济效果分为企业经济效果和国民经济效果。企业经济效果是指站在企业的角度，从企业的利益出发，分析技术方案的经济效果。国民经济效果是指站在国家的角度，从国民经济以至整个社会出发，分析技术方案的经济效果。

由于分析的角度不同，对同一技术方案的企业经济效果评价的结果与国民经济效果评价的结果可能会不一致。一般情况下，如果技术方案的国民经济效果评价认为可行，企业经济效果评价也认为可行，就可以实施；如果国民经济效果评价认为可行，企业经济效果评价认为不可行，可以通过减税、优惠贷款及实行政策性补贴等经济手段，使企业经济效果变为可行后再实施；如果国民经济效果评价认为不可行，无论企业经济效果评价如何，都必须坚决否决。

（二）直接经济效果和间接经济效果

根据受益者的不同可以将经济效果分为直接经济效果和间接经济效果。直接经济效果是指技术方案直接给实施企业带来的经济效果。间接经济效果是指技术方案对社会其他部门产生的经济效果。例如一个生态旅游项目的实施，既可以获得旅游收益，又可以减少环境污染，保护生态平衡，改善周边的生态环境。一般来说，直接经济效果容易看得见，不易被忽略。但从全社会可持续发展的角度出发，则更应强调间接经济效果。

（三）有形经济效果和无形经济效果

根据能否用货币计量可以将经济效果分为有形经济效果和无形经济效果。有形经济效果是指能用货币计量的经济效果，如技术方案的实施给企业带来的利润。无形经济效果是指难以用货币计量的经济效果，如技术方案采用后，提高劳动力素质、提升企业的知名度等给企业带来的效益。在技术经济分析评价的过程中，不仅要重视有形经济效果的评价，还要重视无形经济效果的评价。

三、经济效果的表达方式

经济效果是指经济活动过程中取得的劳动成果与劳动耗费的比较，通常有以下三种表达方式：

（一）差额表示法

差额表示法是一种用劳动成果与劳动耗费之差表示经济效果大小的方法。其表达式为

$$经济效果 = 劳动成果 - 劳动耗费 \tag{2-1}$$

用差额表示法计算的经济效果是一个总量指标，这种表示方法要求劳动成果与劳动耗费必须是相同的计量单位，其差额大于零是技术方案可行的经济界限。这种经济效果指标计算简单、概念明确，但对技术水平不同的项目，不能确切比较经济效果的好坏。

（二）比值表示法

比值表示法是一种用劳动成果与劳动耗费之比表示经济效果大小的方法。其表达式为

$$经济效果 = \frac{劳动成果}{劳动耗费} \qquad (2-2)$$

比值表示法的特点是劳动成果与劳动耗费的计量单位可以相同，也可以不相同。当计量单位相同时，比值大于1是技术方案可行的经济界限。

（三）差额比值表示法

差额比值表示法是一种用差额表示法与比值表示法相结合来表示经济效果大小的方法。其表达式为

$$经济效果 = \frac{劳动成果 - 劳动耗费}{劳动耗费} \qquad (2-3)$$

这种表示法可以兼顾差额表示法和比值表示法的优点，也是技术经济分析中常用的一种经济效果表示法。

四、提高经济效果的途径

从经济效果的表达式可以看出，经济效果与经济活动所取得的劳动成果成正比，与劳动耗费成反比，因此，提高经济效果的基本途径可以有以下几个方面：

（1）保持劳动成果不变，降低劳动耗费。企业可通过加强内部费用控制与管理，在保持产出不变的情况下降低成本费用，达到提高经济效果的目的。这是实际工作中提高经济效果最常用的途径。

（2）保持劳动耗费不变，增加劳动成果。企业在保持劳动耗费不变的情况下，通过合理组织生产经营活动，加快生产和流通的周转速度，增加劳动成果，达到提高经济效果的目的。

（3）劳动成果与劳动耗费同时增加。在劳动成果与劳动耗费同时增加的情况下，使劳动成果增加的幅度大于劳动耗费增加的幅度，可以达到提高企业经济效果的目的。

（4）劳动成果与劳动耗费同时降低。在劳动成果与劳动耗费同时降低的情况下，使劳动耗费降低的幅度大于劳动成果降低的幅度，可以达到提高企业经济效果的目的。

（5）劳动成果增加，劳动耗费降低。在降低劳动耗费的同时增加劳动成果，可以使企业经济效果大幅度提高。但一般仅在技术创新情况下才会出现这种情况，这是提高企业经济效果最理想的途径。

第二节　投　资

一、投资的概念和构成

在技术经济分析中，投资是指项目从筹建开始到全部建设投产为止，整个过程发生的费用的总和，主要包括固定资产投资、流动资产投资、建设期贷款利息及固定资产投资方向调节税四个方面。

（1）固定资产投资。固定资产投资是指用于建设或购置固定资产所投入的资金。固定资产是指使用年限在一年以上、单位价值在规定标准以上并在使用过程中保持原有实物形态的资产，如建筑物、机器机械、运输工具以及其他与生产经营有关的设备、工具、器具等。固定资产投资由工程费用、其他费用、预备费用等组成。

（2）流动资产投资。流动资产投资是指在项目投产后，用于生产经营过程中周转使用的资金。流动资产是指可以在一年或者超过一年的一个营业周期内变现或者运用的资产，包括货币资金、应收及预付款、存货等。

（3）建设期贷款利息。建设期贷款利息是指建设期需偿还的固定资产贷款利息。

（4）固定资产投资方向调节税。固定资产投资方向调节税是指为了贯彻国家的产业政策，控制投资规模，引导投资方向，加强重点建设，保证国民经济持续、稳定、健康发展，对固定资产投资征收的一种税（目前暂停征收）。

项目总投资的构成如图 2-1 所示。

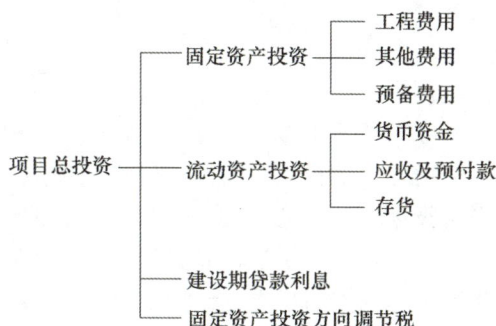

图 2-1 项目总投资构成图

二、投资估算

无论是基本建设项目，还是设备更新和技术改造项目，投资总额都是决策前进行技术经济分析和评价不可缺少的主要数据，也是投资项目资金筹措的依据。投资估算是技术经济分析的前期工作，一般按固定资产投资和流动资产投资分别估算，在此基础上进行项目投资总额的估算。

（一）固定资产投资估算

由于固定资产投资估算是在项目决策前资料很不充分的情况下进行的，因此其精确度较低。常用的固定资产估算方法有以下几类：

1. 类比估算法

类比估算法是根据已建成的产品生产工艺相同的同类型项目的投资，来估算拟建项目投资的方法。常用的有单位生产能力投资估算法、规模指数投资估算法等。

（1）单位生产能力投资估算法。用单位生产能力投资估算法进行投资额估算的公式为

$$Y = X \frac{Y_0}{X_0} P_f \qquad (2-4)$$

式中　Y——拟建项目的投资额；

　　X——拟建项目的生产能力；

　　Y_0——同类项目的投资额；

　　X_0——同类项目的生产能力；

　　P_f——物价修正系数。

单位生产能力投资估算法在实际中常常应用于通过增加设备数量提高生产能力的投资项目估算。

（2）规模指数投资估算法。用规模指数投资估算法进行投资额估算的公式为

$$Y = Y_0 \left(\frac{X}{X_0}\right)^n P_f \qquad (2-5)$$

式中　n——装置能力指数；

其他字母的含义同式（2-4）。

规模指数投资估算法一般应用于石油化工类型的投资项目估算。其中，以增加单机（或单台设备）数目来扩大生产能力时，n 取 $0.8 \sim 1.0$；主要以增加设备的效率、功率或装置的容量来扩大生产规模时，n 取 $0.6 \sim 0.7$；高温高压的工业性生产工厂，n 取 $0.3 \sim 0.5$。一般 n 的平均值在 0.6 左右，故该法又称为"0.6 指数法"。用此方法进行项目投资估算时，生产规模扩大的幅度应小于 50 倍。

2. 分项类比估算法

分项类比估算法是将固定资产分项进行估算的方法，通常将固定资产分为以下三项：机器设备投资，建筑物、构筑物投资，其他项目投资。

该方法首先对机器设备投资进行估算，机器设备投资可按交货价格加运杂费、安装费之和进行估算；然后根据建筑物、构筑物及其他项目投资与机器设备投资的比例关系（一般根据经验数据或实际统计资料估得）分别进行另外两部分的投资估算。

3. 工程概算指标估算法

工程概算指标估算法是较为详细的估算投资的方法，它的应用范围非常广泛。该方法是把整个建设项目进行分解，按下列内容分别套用有关概算指标和定额编制投资概算。

（1）建筑工程费用：根据工程项目结构特征套用概算指标或每平方米建筑面积工程造价指标进行投资估算。

（2）设备购置费用：按标准设备和非标准设备分别进行投资估算。

（3）安装工程费用：包括设备及室内外管线安装费，由直接费、间接费、计划利润和税金组成。

（4）其他费用：按职能主管部门规定的取费标准或按建筑工程费用的百分比进行投资估算。

（5）预备费用：按建筑工程、设备、安装工程投资和其他费用之和的百分比进行投资估算。

（二）流动资产投资估算

一般情况下，流动资产投资与固定资产投资之间存在一个相对稳定的比例。在经济发达和管理水平较高的国家，流动资产投资占总投资的比例较低，平均只有 $4\% \sim 5\%$，在我国这个比例平均超过 10%。很显然，在我国通过加强流动资产投资管理，降低流动资产投资比例的潜力是很大的。流动资产投资估算主要采用类比估算法和分项类比估算法。

1. 类比估算法

类比估算法是根据经验数据或实际统计资料总结出的流动资产投资与其他费用之间相对稳定的比例关系，来估算拟建项目所需流动资产投资的方法。这里的其他费用可以是固定资产投资、经营成本、销售收入等。

2. 分项类比估算法

分项类比估算法是按流动资产的构成分项进行估算。估算的公式主要为

$$货币资金 = \frac{年货币资金需用总量}{货币资金周转次数} \tag{2-6}$$

$$应收账款 = \frac{赊销净额}{应收账款周转次数} \tag{2-7}$$

$$存货 = 原材料 + 在产品 + 产成品 + 包装物 + 低值易耗品 \tag{2-8}$$

其中

$$原材料占用资金 = \frac{原材料每日平均消耗量 \times 原材料价格 \times 360}{周转次数} \tag{2-9}$$

$$在产品占用资金 = \frac{年在产品生产成本}{周转次数} \tag{2-10}$$

$$产成品占用资金 = \frac{年产成品制造成本 - 年固定资产折旧费}{周转次数} \tag{2-11}$$

式（2-6）~式（2-11）中，周转次数 = $\frac{360}{周转天数}$。

第三节　成　本

成本通常是指企业为了获得一定数量的商品或劳务所支付的代价，或者说成本是企业生产一定数量的商品或劳务所耗费生产要素的价值。表面上看，成本的概念很简单，但事实上其含义非常广，可以针对不同的对象，或根据不同的需要使用不同的成本概念。本节将主要讨论决策过程中需要用到的一些主要的成本概念。

一、会计成本

会计成本是指企业生产经营过程中发生的，由会计人员记录在账册上的，客观的和有形的支出，包括原材料等劳动对象的耗费、机器设备等劳动手段的耗费、人工等劳动力的耗费以及其他有关的各项费用。按照我国财务会计制度，总成本费用由生产成本、制造费用、管理费用、财务费用和销售费用组成。

（1）生产成本。生产成本是指企业进行工业性生产所发生的各项产品费用。具体包括生产各种产成品和自制半成品、提供劳务、自制材料、自制工具以及自制设备等所发生的各项费用。

（2）制造费用。制造费用是指企业为生产产品和提供劳务而发生的各项间接费用。

（3）管理费用。管理费用是指企业行政管理部门为组织和管理生产经营活动而发生的各种费用。

（4）财务费用。财务费用是指企业因筹集生产经营过程中所需资金而发生的费用。具体包括的内容有：利息支出、汇兑损失、金融机构手续费以及筹集生产经营资金发生的其他费用等。

（5）销售费用。销售费用是指企业在销售产品、自制半成品和提供工业性劳务等过程中发生的各项费用以及专设销售机构的各项经费。

管理费用、财务费用和销售费用统称为期间费用，直接计入当期损益。

二、经营成本

经营成本是技术经济分析过程中，编制项目计算期内的现金流量表和方案比较选优时采用的非常重要的分析评价指标。经营成本是指生产和销售产品及提供劳务而实际发生的现金支出，不包括虽计入产品成本费用中但实际没有发生现金支出的费用项目。如固定资产折旧费、无形资产摊销费等虽然计入总成本费用，但它们只是项目系统内部的现金转移，而非现金支出，因而不属于经营成本。另外，矿山"维检费"、全部投资现金流量分析时的借款利息也应该从总成本费用中扣除。其计算公式为

$$经营成本 = 总成本费用 - 折旧费 - 摊销费 - 维检费 - 借款利息 \qquad (2-12)$$

三、机会成本

机会成本是指由于企业使用一定数量的资源生产某种产品而放弃这些资源用于其他用途可能获得的最高收益。机会成本的存在需要两个前提条件：一是资源的稀缺性；二是资源具有多种用途。对机会成本的分析，有助于对资源的不同用途进行比较，实现资源的最优配置。

机会成本不是实际发生的成本，只是一种观念上的成本，但它是正确决策的重要依据。例如，某企业有一幢办公楼，可以自用，也可以出租，出租一年可以获得 80 万元的年净收益，自用一年可产生 60 万元的年净收益。当舍弃出租方案而采用自用方案时，机会成本为 80 万元；当舍去自用方案而采用出租方案时，机会成本为 60 万元。很显然，选择机会成本较小的方案即出租方案，相对更优。

四、边际成本

边际成本是指企业增加单位产品产量所增加的总成本，它是总成本对产量的导数。已知某企业总成本与产量的关系为 $TC = Q^2 + 10Q + 80$，总成本对产量的导数为 $\dfrac{dTC}{dQ} = 2Q + 10$。当产量是 50 件时，边际成本为 110 元。如果总成本与产量是线性关系，因为边际成本考虑的是单位产量变动，这时固定成本保持不变，边际成本实际上是单位变动成本。

五、经济成本

经济成本是指企业购买生产要素支付的显性成本和实际上已投入企业自有资源但在形式上没有支付报酬的隐性成本。显性成本与隐性成本的区别在于：前者是购买所有权归他人的生产要素所构成的成本，而后者是购买所有权归业主自己的生产要素所构成的成本。人们在计算经济成本时常常忽略使用自有生产要素的成本。

例如，某人利用自己的知识与经验开了一家咨询公司，他使用自己劳动的成本就是隐性成本。这部分隐性成本如果不计入经济成本，会导致经营利润偏高。事实上，这种以自己拥有的资源投入，也存在自有要素的机会成本，是经济成本的一部分。

六、沉没成本

沉没成本是指过去已经支出而已无法得到补偿的成本。因为今后的任何决策都不能取消这项支出，所以它对企业决策不起作用。例如，某投资者三个月前以 20 元/股的价格购入某种股票 5 000 股，购买股票的总投资 10 万元。这是不能改变的事实，这 10 万元即为沉没成本。目前该股票的交易价格为 18 元/股，该投资者在决策是否抛售这批股票时，不应受 20 元/股的购入价格这一沉没成本因素的影响，而应分析该种股票的价格走势。若预计该种股票价格将上涨，则继续持有，如有剩余资金，还可逢低吸纳；若预计价格将继续下跌，则应果断抛售。

七、变动成本和固定成本

根据成本的变动与产量之间的依存关系，通常可将成本划分为固定成本和变动成本两类。固定成本是指在一定产量范围内不随产量变动而变动的费用，如固定资产折旧费、管理费用等。变动成本是总成本中随产量变动而变动的费用，如直接原材料、直接人工费、直接燃料和动力费及包装费等。

固定成本在一定时期和一定业务量范围内，其总额是保持不变的。但从产品的单位固定成本看，则恰恰相反，随着产量的增加，每个单位产品分摊的固定成本将会相应地减少。变动成本总额会随着产量增减成正比例增减，但产品的单位变动成本则不受产量变动的影响。

第四节　税　　收

税收是国家凭借政治权力参与国民收入分配和再分配的一种形式，具有强制性、无偿性和固定性三大特点。

一、增值税

增值税是以商品（含应税劳务）在流转过程中产生的增值额作为计税依据而征收的一种流转税。从计税原理上说，增值税是对商品生产、流通、劳务服务中多个环节的新增价值或商品的附加值征收的一种流转税。实行价外税，也就是由消费者负担，有增值才征税，没增值不征税。

增值税是对销售货物或者提供加工、修理修配劳务以及进口货物的单位和个人就其实现的增值额征收的一个税种。增值税由国家税务局负责征收，税收收入中 50% 为中央财政收入，50% 为地方收入。进口环节的增值税由海关负责征收，税收收入全部为中央财政收入。

在实务中，商品新增价值或附加值在生产和流通过程中是很难准确计算的。因此，我国也采用国际上普遍采用的税款抵扣的办法。即根据销售商品或劳务的销售额，按规定的税率计算出销项税额，然后扣除取得该商品或劳务时所支付的增值税税额，也就是进项税额，其差额就是增值部分应缴的税额，这种计算方法体现了按增值因素计税的原则。

二、营业税

营业税是对在中国境内提供应税劳务、转让无形资产或销售不动产的单位和个人，就其所取得的营业额征收的一种税。营业税属于流转税制中的一个主要税种。

2011 年，经国务院批准，财政部、国家税务总局联合下发营业税改增值税试点方案。从 2012 年 1 月 1 日起，在上海交通运输业和部分现代服务业开展营业税改征增值税试点。至此，货物劳务税收制度的改革拉开序幕。自 2012 年 8 月 1 日起至 2012 年年底，国务院扩大营改增试点至 10 省市，北京 9 月启动。截至 2013 年 8 月 1 日，"营改增"范围已推广在全国试行。2013 年 12 月 4 日国务院总理李克强主持召开国务院常务会议，决定从 2014 年 1 月 1 日起，将铁路运输和邮政服务业纳入营业税改征增值税试点，至此交通运输业已全部纳入营改增范围。自 2014 年 6 月 1 日起，将电信业纳入营业税改征增值税试点范围。2016 年 3 月 23 日，《财政部　国家税务总局关于全面推开营业税改征增值税试点的通知》发布，规定自 2016 年 5 月 1 日起，金融业、建筑业、房地产业和生活服务业等全部营业税纳税人纳入试点范围，由缴纳营业税改为缴纳增值税。其中，建筑业和房地产业的增值税税率暂定为11%，金融业和生活服务业为 6%。

2017 年 10 月 30 日，国务院常务会议通过《国务院关于废止〈中华人民共和国营业税暂行条例〉和修改〈中华人民共和国增值税暂行条例〉的决定（草案）》，这标志着实施了 60 多年的营业税正式退出历史舞台。

三、消费税

消费税（特种货物及劳务税）是以消费品的流转额作为征税对象的各种税收的统称，是政府向消费品征收的税项。消费税是典型的间接税。消费税是 1994 年税制改革在流转税中新设置的一个税种。消费税实行价内税，只在应税消费品的生产、委托加工和进口环节缴纳，在以后的批发、零售等环节，因为价款中已包含消费税，因此不用再缴纳消费税，税款最终由消费者承担。消费税的纳税人是我国境内生产、委托加工和进口《中华人民共和国消费税暂行条例》规定的应税消费品的单位和个人，以及国务院确定的销售《中华人民共和国消费税暂行条例》规定的消费品的单位和个人。

消费税是以特定消费品为课税对象所征收的一种税，属于流转税的范畴。在对货物普遍征收增值税的基础上，选择少数消费品再征收一道消费税，目的是调节产品结构，引导消费方向，保证国家财政收入。

四、资源税

资源税是以各种应税自然资源为课税对象、为了调节资源级差收入并体现国有资源有偿使用而征收的一种税。资源税在理论上可区分为对绝对矿租课征的一般资源税和对级差矿租课征的级差资源税，体现在税收政策上就叫作"普遍征收，级差调节"，即所有开采者开采的所有应税资源都应缴纳资源税；同时，开采中、优等资源的纳税人还要相应多缴纳一部分资源税。

五、城市维护建设税

城市维护建设税简称城建税，是我国为了加强城市的维护建设，扩大和稳定城市维护建设资金的来源，对有经营收入的单位和个人征收的一个税种。它是在 1984 年工商税制全面改革中设置的一个新税种。

1985 年 2 月 8 日，国务院发布《中华人民共和国城市维护建设税暂行条例》，从 1985年起施行。1994 年税制改革时，保留了该税种，做了一些调整，并准备适时进一步扩大征收范围和改变计征办法。2020 年 8 月 11 日第十三届全国人民代表大会常务委员会第二十一次会议通过了《中华人民共和国城市维护建设税法》，自 2021 年 9 月 1 日起施行，《中华人民共和国城市维护建设税暂行条例》同时废止。

城市维护建设税以纳税人依法实际缴纳的增值税、消费税税额为计税依据，扣缴义务人为负有增值税、消费税扣缴义务的单位和个人，在扣缴增值税、消费税的同时扣缴城市维护建设税。

六、教育费附加

教育费附加是对缴纳增值税、消费税、营业税的单位和个人征收的一种附加费。其作用是发展地方性教育事业，扩大地方教育经费的资金来源。

七、企业所得税

企业所得税是指对中华人民共和国境内的企业（居民企业及非居民企业）和其他取得收入的组织以其生产经营所得为课税对象所征收的一种所得税。作为企业所得税纳税人，应依照《中华人民共和国企业所得税法》缴纳企业所得税。但个人独资企业及合伙企业除外。

企业所得税纳税人包括以下六类：①国有企业；②集体企业；③私营企业；④联营企业；⑤股份制企业；⑥有生产经营所得和其他所得的其他组织。企业所得税的征税对象是纳税人取得的所得，包括销售货物所得、提供劳务所得、转让财产所得、股息红利所得、利息所得、租金所得、特许权使用费所得、接受捐赠所得和其他所得。

八、城镇土地使用税

城镇土地使用税是以开征范围的土地为征税对象，以实际占用的土地面积为计税标准，按规定税额对拥有土地使用权的单位和个人征收的一种资源税。

九、车船税

车船税是指对在我国境内应依法到公安、交通、农业、渔业、军事等管理部门办理登记的车辆、船舶，根据其种类，按照规定的计税依据和年税额标准计算征收的一种财产税。

十、印花税

印花税是对经济活动和经济交往中书立、领受具有法律效力的凭证的行为所征收的一种税，因采用在应税凭证上粘贴印花税票作为完税的标志而得名。印花税的纳税人包括在中国境内书立、领受规定的经济凭证的企业、行政单位、事业单位、军事单位、社会团体、其他单位、个体工商户和其他个人。

国务院发出通知，决定自 2016 年 1 月 1 日起调整证券交易印花税中央与地方分享比例。国务院通知指出，为妥善处理中央与地方的财政分配关系，国务院决定，从 2016 年 1 月 1 日起，将证券交易印花税由按中央 97%、地方 3% 比例分享全部调整为中央收入。国务院通知要求，有关地区和部门要从全局出发，继续做好证券交易印花税的征收管理工作，进一步促进我国证券市场长期稳定健康发展。

第五节　利　　润

利润是企业在一定期间的经营成果，是企业收入减去有关的成本费用后的差额。企业生产经营的最终目的就是要努力扩大收入，尽可能地降低成本费用，提高企业的经济效益。由于收入、成本费用包含的经济内容不同，利润也就有着不同的含义。

一、销售利润

销售利润由产品销售利润、其他销售利润、管理费用、财务费用构成。其计算公式为

$$销售利润 = \frac{产品销}{售利润} + \frac{其他销}{售利润} - 管理费用 - 财务费用 \tag{2-13}$$

（一）产品销售利润

产品销售利润由产品销售净收入、产品销售成本、产品销售税金及附加构成。其计算公式为

$$\frac{产品销}{售利润} = \frac{产品销}{售收入} - \frac{产品销}{售成本} - \frac{产品销}{售费用} - \frac{产品销售}{税金及附加} \tag{2-14}$$

其中，产品销售收入是指企业销售产成品、自制半成品，提供工业性劳务等取得的收入，扣除企业本期发生的销售退回、销售折让和折扣的净额。产品销售成本是指企业销售产成品、自制半成品和工业性劳务等的成本。产品销售费用是指企业在产品销售等过程中所发生的费用，包括运输费、装卸费、包装费、保险费、展览费、广告费、委托代销手续费，以及为销售企业产品而专设的销售机构的职工工资、福利费、差旅费、办公费、业务费等经营费用。产品销售税金及附加包括由销售产品、提供工业性劳务等负担的销售税金及附加，以及主要消费税、城市维护建设税、资源税和教育费附加。

（二）其他销售利润

其他销售利润由其他销售收入、其他销售成本以及其他销售税金及附加构成。其计算公式为

$$\frac{其他销}{售利润} = \frac{其他销}{售收入} - \frac{其他销}{售成本} - \frac{其他销售}{税金及附加} \tag{2-15}$$

其中，其他销售收入包括材料销售、固定资产出租、包装物出租、外购商品销售、无形资产转让、提供非工业性劳务等取得的收入。其他销售成本与其他销售税金及附加主要是指材料销售、固定资产出租、运输等非工业性劳务而发生的相关成本、费用以及营业税金及附加。

（三）管理费用

管理费用主要是指企业行政部门为组织和管理生产经营活动而发生的各项费用，包括公司经费、工会经费、职工教育经费、劳动保险费、待业保险费、咨询费、审计费、诉讼费、税金、工地使用费、技术转让费、技术开发费、无形资产摊销、开办费摊销、业务招待费、坏账损失等。

（四）财务费用

财务费用主要是指企业为筹集生产经营所需资金等而发生的费用，包括企业生产经营期间发生的利息支出（减利息收入）、汇兑净损失、调剂外汇手续费、金融机构手续费以及筹资发生的其他财务费用等。

二、利润总额

$$\frac{利润}{总额} = \frac{销售}{利润} + \frac{投资}{净收益} + \frac{营业外}{收入} - \frac{营业外}{支出} + \frac{补贴}{收入} + \frac{以前年度}{损益调整} \tag{2-16}$$

（一）销售利润

销售利润也称为营业利润，详细计算如上。

（二）投资净收益

投资净收益是指企业投资收益扣除投资损失后的数额。其计算公式为

$$投资净收益 = 投资收益 - 投资损失 \tag{2-17}$$

其中，投资收益包括对外投资分得的利润、股利和债券利息，投资到期回收或者中途转让取得款项高于账面价值的差额，以及按照权益法核算的股权投资在被投资单位增加的净资产中所拥有的数额等。投资损失包括投资到期回收或者中途转让取得款项低于账面价值的差额，以及按照权益法核算的股权投资在被投资单位减少的净资产中所分担的数额等。

（三）营业外收入

营业外收入是指与企业生产经营无直接关系的各项收入，包括固定资产的盘盈、处置固定资产净收益、处置无形资产净收益、罚款收入等。

（四）营业外支出

营业外支出是指与企业生产经营无直接关系的各项支出，包括固定资产盘亏、处置固定资产净损失、债务重组损失、计提的无形资产减值准备、计提的固定资产减值准备、罚款支出、捐赠支出、非常损失等。

（五）补贴收入

补贴收入是指企业由于政策性亏损或减免增值税等而收到的各种补贴收入，包括按规定采取即征即退、先征后退、先征税后返还等形式收到税务部门退回的增值税减免款，或按销量或工作量等依据国家规定的补助定额按期给予的定额补贴，以及属于国家财政扶持的领域而给予的其他形式的补贴。

（六）以前年度损益调整

以前年度损益调整是指企业在本期发现的以前年度发生的少计成本费用、多计收益而应调整减少本期利润的数额，或由于以前年度多计成本费用、少计收益而应调整增加本期利润的数额。

三、税后利润

税后利润也称为净利润，是企业利润总额扣除应缴所得税后的利润。其计算公式为

$$税后利润 = 利润总额 - 所得税 \tag{2-18}$$

（一）利润总额

利润总额详细计算如上。

（二）所得税

所得税是指企业应计入当期损益的所得税费用。其计算公式为

$$所得税 = 应纳所得税额 \times 所得税税率 \tag{2-19}$$

其中

$$应纳所得税额 = 利润总额 \pm 税收调整项目金额 \tag{2-20}$$

课后案例

房地产开发企业应纳增值税计算方法简析

一、"营改增"税改分析

房地产行业从 2016 年 5 月起从营业税改为增值税，税率从 11% 降至 10%，2019 年 4 月税率再次从 10% 降至 9%，房地产行业因为涉及一般计税项目和简易计税项目，所以计算方法比较复杂，需重新整理每月增值税的计算方法。一方面要严格按照税法和会计制度的要求进行正确的核算，另一方面要使企业充分享受到税改所带来的减税降费的利好政策，快速将税改及减税降费的新政策落实到实际工作中。

二、企业情况分析

北京某国企上市公司下属的城市公司，由于 2016 年 5 月以前，房地产开发企业归地税管理，主要税种为营业税，在 2016 年 5 月 1 日以后，房地产开发企业纳入了国税管理，主要税种为增值税。公司业务比较复杂，既有老项目也有新开发项目，根据相关规定，老项目是指 2016 年 4 月 30 日前取得"建筑工程施工许可证"的房地产项目。增值税应按简易计税方法 5% 计算，简易征收计税方法是按销售额计征，不能抵扣进项税额。新项目是指 2016 年 4 月 30 日之后取得的"建筑工程施工许可证"的房地产项目，按一般计税方法 9% 进行核算。一般计税方法是指计算一般纳税人发生应税行为的应纳税额，是当期销项税额抵扣当期进项税额后的余额。所以每月月底计算增值税时，既有简易征收项目，也有一般计税项目，所以要求财务人员要有清醒的头脑去分析每个月所面临的问题，准确地计算出当月应缴纳的税费。

三、实际操作

1. 房地产开发企业增值税计算全过程

该公司使用用友软件以 NC 账套为基础，分别导出六张工作表：表一为一般计税项目开具发票；表二为简易计税开具发票；表三为一般计税未开具发票；表四为简易计税未开具发票；表五为简易征收贷款到账；表六为一般计税贷款到账。通过表一能计算出销项税额可以抵扣的进项税额科目数据。通过表二能计算出"应交税费——未交增值税"科目数据。通过表三、表四能计算出"应交税费——预交增值税"科目数据。

（1）录入凭证。出纳根据收到的房款按房子取得施工许可证的时间不同分为简易征收和一般计税，施工许可证证明合同开工日期在 2016 年 4 月 30 日前的建筑工程项目为简易征收项目，在这个日期后的为一般计税项目。再根据预收账款的性质不同分为未开发票、已开发票和待回款等情况。每月简易征收回款数为简易征收未开发票与简易征收待回款数合计，每月一般计税回款数为一般计税未开发票与一般计税待回款数合计，每月企业总回款数为简易征收回款数与一般计税回款数合计。

（2）两两核对。出纳与销售台账、用友 NC 系统预收账款核对，累计收款额减销项税额应与用友 NC 系统的预收账款核对。

（3）计算应缴纳的增值税。会计根据核对后的预收账款分六个工作表。表一为一般计税已开具发票的；表二为一般计税未开具发票的；表三为一般计税待回款的（也称当月贷款到账的）；表四为简易计税已开具发票的；表五为简易计税未开具发票的；表六为简易计税待回款的（也称当月贷款到账的）。

表一产生的增值税：一般计税项目已开发票产生的销项税额减去当期允许抵扣土地价款产生的税额与进项税额进行抵扣，余额为缴纳的增值税，记入的科目为"应交税费——应交增值税（已交税金）"。

表二产生的增值税：预收账款当月贷方本月合计/1.09×0.03（一般增值税税率为9%，预交税率为3%），记入的科目为"应交税费——预交增值税"。

表四产生的增值税：按预收账款当月贷方合计/1.05×0.05（简易征收增值税税率为5%）记入科目为"应交税费——应交增值税（未交增值税）"，如上期简易征收预交增值税有余额，先抵扣，余额为本月未交增值税。

表五产生的增值税：按预收账款当月贷方合计/1.05×0.03（简易征收增值税税率为5%，预交税率为3%），记入的科目为"应交税费——预交增值税"。

表三、表六由于已计算过增值税，在此不再计算。

当月应缴纳的增值税为表一、表二、表四、表五计算的增值税的合计数。基本上通过这六张表就能完整、准确地填报当期的纳税申报表。

2. 举例说明

例1：某人购一般计税项目住宅，当月缴款10万元，累计回款15万元，当月开具发票，发票金额为40万元，税额为3.3万元，尚欠款25万元，欠款于当月月末到账。收10万元房款时，账务处理如下：

借：银行存款　　　　　　　　　　　　　　　　　10万元
　　贷：预收账款——二期（未开具发票——××号房）　10万元

开具发票时，账务处理如下：

借：预收账款——二期（未开具发票——××号房）　15万元
　　预收账款——二期（已开具发票——××号房）　3.3万元
　　预收账款——二期（待收回贷款——××号房）　25万元
　　贷：预收账款——二期（已开具发票——××号房）　40万元
　　　　应交税费——应交增值税（销项税额）　　　3.3万元

收回贷款时，账务处理如下：

借：银行存款　　　　　　　　　　　　　　　　　25万元
　　贷：预收账款——二期（待收回贷款——××号房）　25万元

例2：某房地产开发公司2019年12月在计算应纳增值税时有如下数据：当月一般计税项目开具发票金额为200万元，税率为9%，产生的销项税额为16.5万元。当月简易征收项目开具发票金额为300万元，税率为5%，产生的未交增值税为14.3万元。当月回款金额为1 000万元，其中，当月收到一般计税项目未开具发票回款金额为100万元，税率为9%，产生的销项税额为8.3万元。当月收到简易征收项目未开具发票回款金额为400万元，税率为5%，产生的未交增值税为19万元。当月一般计税项目待回款金额为200万元，当月简易征收项目待回款为300万元。当月允许扣除的土地价款的税额为1万元。计算当月应缴纳的增值税。

根据上述说明计算的税金及会计科目如下：

（1）在计算当月开具发票时应计提和缴纳的税金情况。

1）当月一般计税项目开具发票时，为上述说明中的表一。

① 当月一般计税项目开具200万元发票时，税率为9%，产生的销项税额为16.5万元。

| 借：预收账款 | | 16.5 万元 |
| 贷：应交税费——应交增值税（销项税额） | | 16.5 万元 |

②当月允许扣除的土地价款的税额为 1 万元。

| 借：应交税费——应交增值税（销项税额）（一般计税） | | 1 万元 |
| 贷：开发成本——二期住宅（土地成本） | | 1 万元 |

③当月一般计税项目开具发票应缴纳税款为 15.5 万元。

| 借：应交税费——应交增值税（销项税额）（一般计税） | | 15.5 万元 |
| 贷：银行存款 | | 15.5 万元 |

2）当月简易征收项目开具发票金额为 300 万元，税率为 5%，产生的未交增值税为 14.3 万元，为上述说明中的表四。

借：预收账款		14.3 万元
贷：应交税费——应交增值税（未交增值税）		14.3 万元
借：应交税费——应交增值税（未交增值税）		14.3 万元
贷：银行存款		14.3 万元

以上说明这家房地产开发企业在开具发票时应缴纳的增值税为 29.8 万元。

（2）再计算房地产企业当月回款时应计提和缴纳税款的情况。

1）当月收到一般计税项目未开具发票回款为 100 万元，税率为 9%，产生的销项税额为 8.3 万元，为上述说明中的表二。

| 借：应交税费——预交增值税 | | 8.3 万元 |
| 贷：银行存款 | | 8.3 万元 |

2）当月收到简易征收项目未开具发票回款金额为 400 万元，税率为 5%，产生的未交增值税为 19 万元，为上述说明中的表五。

| 借：应交税费——预交增值税 | | 19 万元 |
| 贷：银行存款 | | 19 万元 |

以上说明这家房地产开发企业在收到当月回款时应预交增值税为 27.3 万元。

（3）当月一般计税项目待回款为 200 万元，当月简易征收项目待回款为 300 万元。这两项由于开发票时已计算过增值税，在此不再计算，为上述说明中的表三、表六。

综上所述，这家房地产开发公司当月应缴纳增值税金额为 29.8 万元，预交增值税金额为 27.3 万元，共缴纳增值税金额为 57.1 万元。

四、结论

通过对当月应纳增值税计算方法的整理，财务人员能快速、准确地计算增值税，加快了工作效率，也减少了企业的涉税风险。"营改增"政策对财务人员来说是比较大的政策变化，通过不断的学习和反复计算操作，以及与税务部门的实时沟通，及时地解决了企业所面临的问题。要正确解读各种税法政策，准确应用政策，让税收优惠服务于企业，不因利小而不为，要将税收优惠政策用足用好，在企业创新发展中群策群力发挥应尽的义务。

（资料来源：李明巍．房地产开发企业应纳增值税计算方法简析［J］．中国市场，2021（20）：150-151（有改动））

讨论题：

营改增对企业产生的影响是什么？

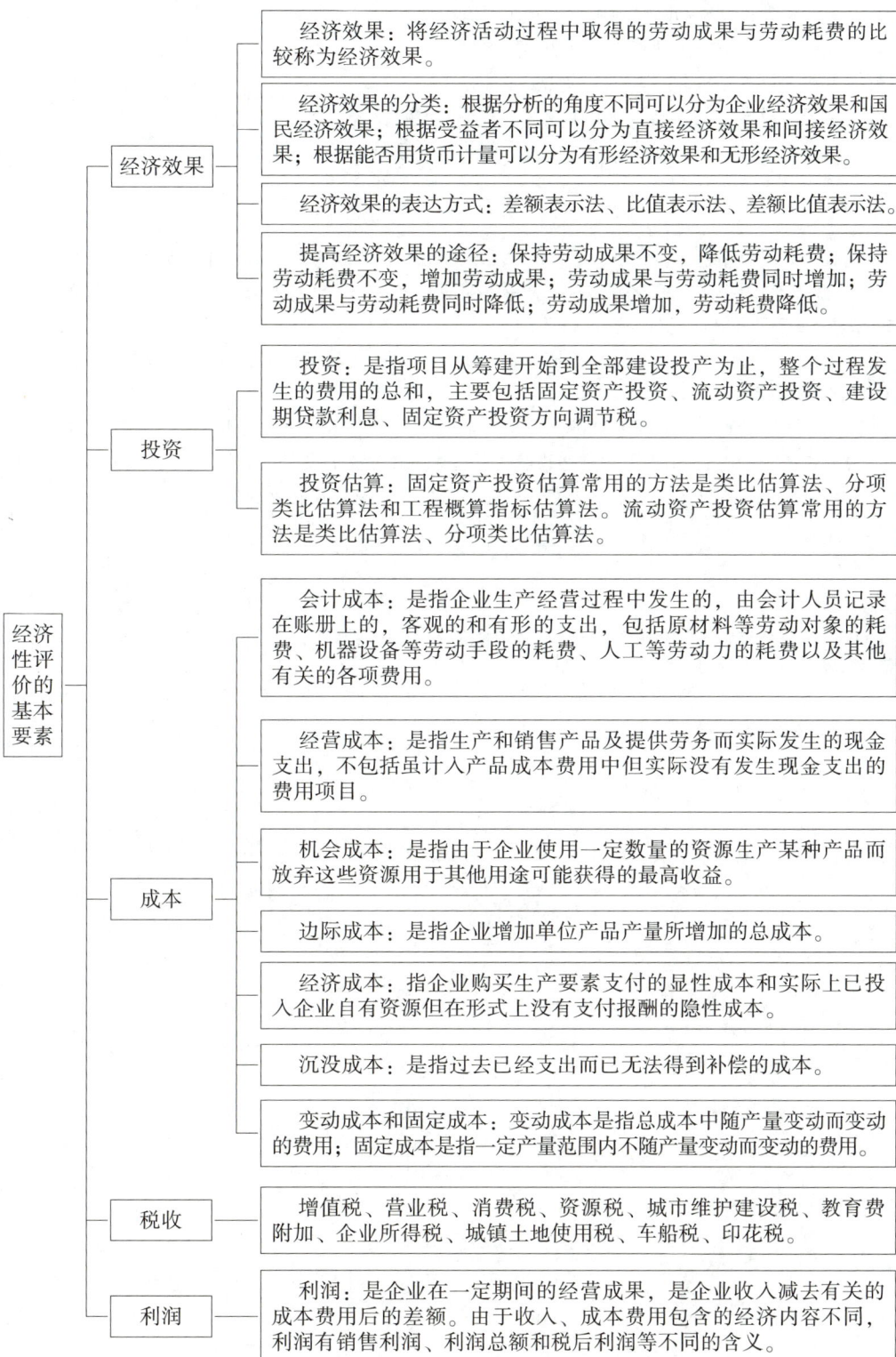

本 章 小 结

经济效果
- 经济效果：将经济活动过程中取得的劳动成果与劳动耗费的比较称为经济效果。
- 经济效果的分类：根据分析的角度不同可以分为企业经济效果和国民经济效果；根据受益者不同可以分为直接经济效果和间接经济效果；根据能否用货币计量可以分为有形经济效果和无形经济效果。
- 经济效果的表达方式：差额表示法、比值表示法、差额比值表示法。
- 提高经济效果的途径：保持劳动成果不变，降低劳动耗费；保持劳动耗费不变，增加劳动成果；劳动成果与劳动耗费同时增加；劳动成果与劳动耗费同时降低；劳动成果增加，劳动耗费降低。

投资
- 投资：是指项目从筹建开始到全部建设投产为止，整个过程发生的费用的总和，主要包括固定资产投资、流动资产投资、建设期贷款利息、固定资产投资方向调节税。
- 投资估算：固定资产投资估算常用的方法是类比估算法、分项类比估算法和工程概算指标估算法。流动资产投资估算常用的方法是类比估算法、分项类比估算法。

成本
- 会计成本：是指企业生产经营过程中发生的，由会计人员记录在账册上的，客观的和有形的支出，包括原材料等劳动对象的耗费、机器设备等劳动手段的耗费、人工等劳动力的耗费以及其他有关的各项费用。
- 经营成本：是指生产和销售产品及提供劳务而实际发生的现金支出，不包括虽计入产品成本费用中但实际没有发生现金支出的费用项目。
- 机会成本：是指由于企业使用一定数量的资源生产某种产品而放弃这些资源用于其他用途可能获得的最高收益。
- 边际成本：是指企业增加单位产品产量所增加的总成本。
- 经济成本：指企业购买生产要素支付的显性成本和实际上已投入企业自有资源但在形式上没有支付报酬的隐性成本。
- 沉没成本：是指过去已经支出而已无法得到补偿的成本。
- 变动成本和固定成本：变动成本是指总成本中随产量变动而变动的费用；固定成本是指一定产量范围内不随产量变动而变动的费用。

税收
- 增值税、营业税、消费税、资源税、城市维护建设税、教育费附加、企业所得税、城镇土地使用税、车船税、印花税。

利润
- 利润：是企业在一定期间的经营成果，是企业收入减去有关的成本费用后的差额。由于收入、成本费用包含的经济内容不同，利润有销售利润、利润总额和税后利润等不同的含义。

（经济性评价的基本要素）

思 考 题

1. 什么是经济效果？提高经济效果的途径主要有哪些？
2. 简述固定资产投资与流动资产投资的主要区别。
3. 什么是机会成本？机会成本存在的前提条件是什么？
4. 什么是经营成本、经济成本、沉没成本？试举例说明。
5. 与技术方案经济性评价有关的税种主要有哪些？各有何特点？

练 习 题

1. 某企业计划投资组建年生产 A 产品 10 万件的新工厂，现调查了解到，采用同种生产工艺方法，年产量为 5 万件 A 产品的一家工厂的固定资产总投资为 200 万元，物价修正指数为 1.32，试用单位生产能力投资估算法估算新工厂的固定资产投资总额。

2. 某企业根据过去的数据资料，总结出该企业总成本与产量的关系表达式为 $TC = Q^2 + 7.2Q + 68$，求产量为 45 件时的边际成本是多少？

3. 某企业上一年销售 A 产品 8 000 件，单位成本 150 元/件，销售单价 240 元/件。全年发生管理费用 12 万元、财务费用 10 万元，销售费用为销售收入的 3%，销售税金及附加相当于销售收入的 5%，所得税税率为 25%，企业无其他收入。求该企业上一年的利润总额、税后利润分别是多少？

练习题参考答案

用微信扫描二维码，可以查看练习题的参考答案。

第三章

技术经济分析的基本原理

学习目标

1. 掌握技术经济比较原理的内容。
2. 掌握资金报酬原理的内容。
3. 掌握资金时间价值的计算方法。
4. 了解名义利率与实际利率之间的关系。
5. 掌握现金流量的概念和现金流量图的画法。
6. 掌握资金等值的概念。
7. 掌握资金等值计算公式的推导方法，并灵活运用这些公式。

内容提要

　　技术经济分析的基本原理包括技术经济比较原理和资金报酬原理。技术经济比较原理包括满足需要的可比原理、总消耗费用的可比原理、价格指标的可比原理和时间因素的可比原理四个方面。资金报酬原理即资金时间价值原理。资金报酬原理表明：一定的资金在不同时点具有不同的价值；资金必须与时间相结合，才能表示出其真正的价值。对技术方案进行技术经济分析时，必须以资金等值的概念和资金等值计算公式为基础。

第一节　技术经济比较原理

　　在多方案的比较、评价中，必须建立共同的比较基础、比较标准和评价条件。因此，研究技术方案的经济效果，必须运用技术经济比较原理。在技术经济学的研究中，除了要对单个技术方案本身的经济效果进行评价外，更重要的是对多个技术方案的经济效果进行比较和评价，从而选择最优方案。因此，比较是技术方案优选的前提。

　　技术经济比较原理是技术经济学的重要内容。人们要想区分不同技术方案经济效果的大小，就必须对不同方案的使用价值和劳动耗费进行比较。如果要求全面、正确地反映被比较方案的经济效果，那么各个方案之间首先应具有可比性，即被比较的各个技术方案的使用价值或劳动耗费是大致相同的。否则，这些方案就不能直接进行比较。

　　技术经济比较原理包括满足需要的可比原理、总消耗费用的可比原理、价格指标的可比原理和时间因素的可比原理四个方面。

一、满足需要的可比原理

满足需要的可比是指相比较的各个技术方案的产出都能满足同样的社会需要，并且这些技术方案能够相互替代。

任何技术方案都是根据项目预定的目标功能或需要制订的，由于不同的技术方案实现预期目标功能的途径和方法不同，其经济效果也各不相同。进行技术方案的比较时，要求相比较的技术方案必须满足相同的社会需要，否则就不能直接比较。技术方案通常是以产品的数量、质量和品种来满足社会需要的，因此，为满足需要的可比，技术方案应在数量、质量和品种三个方面具有可比性。

（一）数量的可比性

当相比较的各个技术方案实际产量相等时，可以直接比较各技术方案的消耗费用指标，消耗费用越少的方案越好。当相比较的技术方案的实际产量不相等时，即使质量和品种都相同，其消耗费用指标也是不可比的，因为各技术方案没有满足相同的社会需要，不能直接比较。必须先对其进行可比性处理，然后再比较各方案经济效果的大小。

可比性处理方法有以下两种：

1. 平均计算法

平均计算法是指用各技术方案的单位产品消耗指标进行比较。当相比较的各方案产量不同，而品种和质量相同时，先计算出各方案单位产品的消耗费用指标，然后再进行比较。单位产品消耗费用越少的方案越好。

2. 增量计算法

增量计算法是指用各技术方案的增量消耗指标进行比较。通常用单位产品消耗指标比较是一种平均分析的方法，它模糊了不同方案之间差别的界限，往往不能明显反映出各方案真实的经济效果，会产生经济效果失真，从而导致错误的结论。而增量计算法则是将不同方案的产量差异抽出来单独分析。由于它区别对待了不同方案的异同点，因此计算结果更接近实际情况。下面用例题说明两种方法。

【例3-1】 某企业生产产品有两种技术方案可供选择，方案 I 和方案 II 的年产品产量和总消耗费用如表3-1所示。根据外贸销售合同，某公司年包销1 000件，每件价格12 000元，超过部分由外商代销，每件价格8 000元。问如何进行方案选择？

表3-1 两方案单位产品消耗费用比较

序　号	指　标	方案 I	方案 II	增量（II - I）
1	产量（件）	1 000	1 100	100
2	消耗费用（万元）	1 000	1 050	50
3	单位产品消耗费用（元/件）	10 000	9 545	-455

解：（1）采用平均计算法分析。采用平均计算法可以求出两个方案的单位产品消耗费用分别为10 000元、9 545元。方案 II 的单位产品消耗费用为9 545元，远高于外商代销的产品价格8 000元。方案 II 虽比方案 I 增产100件，但不能给企业带来经济效益，反而亏本，亏损额为（9 545-8 000）元/件×100件＝154 500元，因此应选择方案 I。

（2）采用增量计算法分析。采用增量计算法可以求出方案Ⅱ比方案Ⅰ增产部分的单位产品消耗费用实际值为 50×10 000 元÷100 件 = 5 000 元/件，远低于代销价格。采用方案Ⅱ增产的 100 件不但不亏本，反而比采用方案Ⅰ多获利润（8 000 – 5 000）元/件 × 100 件 = 300 000 元。因此，方案Ⅱ为优选方案。

（二）质量的可比性

质量的可比性是指各技术方案的产品质量要符合国家规定的同一质量标准，如果各备选方案的产品质量相同，数量和品种也相同，则可以直接比较它们的消耗费用指标，消耗费用越少的方案越好；如果各备选方案的产品质量不同，某一方案的产品质量有显著提高，并对方案的经济效益有显著影响，则应将质量上的差异转化为产量、投资和经营成本指标的差异，然后再进行比较。

质量可比修正计算的步骤如下：

（1）计算产品的使用效果系数。根据质量差异程度计算出不同质量产品的使用效果系数，计算公式为

$$E_k = \frac{K_1}{K_2} \tag{3-1}$$

式中　E_k——使用效果系数；

K_1、K_2——方案Ⅰ、方案Ⅱ的产品使用效果，可用产品的使用寿命、可靠性等指标表示。

（2）修正消耗费用指标。利用使用效果系数对消耗费用指标（产量指标、投资额或年经营成本）进行修正。当以方案Ⅱ为基准时，方案Ⅰ的消耗费用指标调整为

$$I_1' = \frac{I_1}{E_k} \tag{3-2}$$

$$C_1' = \frac{C_1}{E_k} \tag{3-3}$$

式中　I_1、C_1——调整前，方案Ⅰ实际发生的投资和经营成本；

I_1'、C_1'——调整后，方案Ⅰ的投资和经营成本。

（3）进行方案比较。应将调整后的消耗费用指标代替调整前的消耗费用进行比较，即比较 I_1' 与 I_2 及 C_1' 与 C_2 的大小。

（三）品种的可比性

对品种相同的技术方案，如果数量和质量相同，便可直接比较它们的消耗费用指标，消耗费用越少的方案越好；对品种不同的技术方案，要先进行满足需要的可比处理。品种不同的可比处理，也可以采用使用效果系数。从技术方案满足某种需要的角度出发，先求出使用效果系数；利用使用效果系数，对技术方案的投资费用和经营成本进行调整；用调整后的投资及经营成本与另一技术方案的投资及经营成本进行比较，即可做出决策。

二、总消耗费用的可比原理

任何技术方案，为了满足一定的需要都必须消耗一定的人力、物力和财力，也就是必须消耗一定的物化劳动和活劳动。总消耗费用的可比是指满足相同需要的不同技术方案进行经济分析时，必须从整个社会和国民经济的角度出发，比较各个方案的社会总消耗费用，而不

能仅考虑个别部门、个别企业或个别环节的费用。要使这种比较成为可能，各个技术方案应采用相同的计算原则和方法，且考虑的内容应一致。通常，在确定技术方案消耗费用的计算原则和方法时，具体应考虑以下两个方面：

（一）总成本

确定技术方案的消耗费用不仅要考虑产品在生产及流通过程中的劳动耗费，即制造成本，同时还应考虑产品在使用过程中的劳动耗费，即使用成本。评价技术方案的经济效果时，要把制造成本和使用成本加起来综合考虑，这在新产品开发、生产力布局和厂址选择中有着极为重要的意义。

（二）相关费用

根据评价的目的不同，有时既要考虑技术方案本身的消耗费用，又要考虑与技术方案实施直接联系的相关部门所增加的费用。这是由于国民经济各部门之间、各企业之间，在固定资产、材料供应与产品销售等方面都存在着相互协作、相互制约的关系，一个部门技术方案的实施，必然引起相关部门的相关投资和相关费用的变化。

三、价格指标的可比原理

价格是价值的货币表现，评价技术方案的经济效果离不开价格指标。因为不论是劳动耗费方面，还是产生的有用效果方面，都只有从价值形态上才能加以综合，并通过价格加以反映。然而，在实际对技术方案进行比较时，可能涉及不同的价格体系。例如，有的技术方案采用境外价格，有的技术方案采用境内价格；有的技术方案采用计划价格，有的技术方案采用市场价格。采用不同的价格体系计算出来的各技术方案的经济效果是不一样的。所以要正确评价项目的经济效益，价格必须具有可比性。

价格具有可比性有两个方面的含义：一是价格本身具有可比性。这种可比性主要是指在不同类型的经济评价中应采用与评价目的相一致的价格。例如，财务评价的目的是评价项目本身的获利性，这种获利性与现行市场价格相联系，因此，财务评价采用现行市场价格。国民经济评价的目的是实现资源的合理配置，由于现行市场价格常常偏离价值，因此，国民经济评价不能采用与价值偏离的现行市场价格，而要采用反映资源真实价值的影子价格。所谓影子价格，又称为最优计划价格，它不是市场上形成的交换价格，而是在社会经济处于最优状态时，能够反映社会劳动消耗、资源稀缺程度和对最终产品需求情况的价格。二是价格的时期要具有可比性。随着科学技术的进步，劳动生产率的不断提高，产品成本的不断下降，各种技术方案的消耗费用也随之减少，产品价格也随之发生变化。因此，对不同时期的项目进行评价时，必须采用相应时期的价格。具体表现为评价近期的方案应统一采用现行价格，评价远期的方案应统一采用远期价格，评价不同时期的方案应采用不变价格得出正确的结论。

四、时间因素的可比原理

时间因素的可比是指对各技术方案比较时要考虑时间因素的影响，包括以下两个方面：

（1）各个方案的计算期或研究期要相同。对不同技术方案进行经济评价时，必须采用相同的计算期或研究期作为比较的基础。当技术方案的寿命期不等时，可用最小公倍数法或研究期法进行处理。最小公倍数法取各技术方案寿命期的最小公倍数作为共同的计算期，假定每一个技术方案在这一共同计算期内重复实施，然后对各个技术方案进行比较和评价。研究期法考察技术方案在某一研究期内的经济效益，一般选寿命期短的技术方案的寿命期作为共同的研究期，比较研究期的年均收益，以判定各技术方案的相对优劣。

（2）发生在不同时点的费用和效益要进行等值换算。各种技术方案由于受到技术经济等多种条件的限制，在投入人力、物力、财力以及发挥效益的时间方面常常有所差别。因此，在技术方案评价时，不仅要考虑收益与费用的大小，而且要考虑发生的时间。技术方案在不同时点上发生的收益和费用不能简单地直接相加，必须考虑资金的时间价值。通常采用的方法是将不同时点所发生的收益和费用按照资金等值换算到同一时点后进行计算比较。

第二节 资金报酬原理

一、资金报酬原理的含义

资金报酬原理即资金时间价值原理。资金时间价值的实质是指资金作为生产的一个基本要素，在扩大再生产及其资金流通的过程中，随时间的变化而产生增值。资金报酬原理表明，一定的资金在不同时点具有不同的价值，资金必须与时间相结合，才能表示出其真正的价值。因而，资金报酬原理是技术经济分析方法中的基本原理。

资金时间价值的含义可以从以下两个方面进行理解：首先，资金与劳动力相结合发生价值增值，实质是劳动力在生产过程中创造了剩余价值，因此，从投资者的角度来看，资金的增值特性使资金具有时间价值。其次，从消费者的角度看，资金一旦用于投资，就不能用于现期消费，牺牲现期消费是为了能在将来得到更多的消费，因此，资金时间价值体现为放弃现期消费所应得到的必要补偿。

影响资金时间价值的因素是多方面的，从投资角度来看主要有：投资利润率，即没有通货膨胀和风险情况下的单位投资所能取得的利润；通货膨胀补偿率，即对因通货膨胀货币贬值造成的损失的补偿；风险补偿率，即对因风险的存在可能带来的损失所应做的补偿。资金时间价值的概念有广义与狭义之分。广义的资金时间价值是指随时间的变化因上述所有因素引起的资金价值的变化量；狭义的资金时间价值是指扣除风险和通货膨胀因素后资金价值的真实变化量。技术经济分析中的资金时间价值通常是指狭义的概念。

资金时间价值可以用绝对数表示，也可以用相对数表示。前者如利息额、利润额等；后者如利息率、利润率等。由于资金时间价值的计算方法与银行利息的计算方法类似，所以常以利息和利率来说明资金的时间价值。

（一）利息

利息是指占用资金所付代价或放弃使用资金所得到的必要补偿。这里的"补偿"应包括以下几个方面：

（1）对贷款者的补偿和对风险行为的补偿。贷款者由于贷出资金，一方面由于延误了他使用该资金进行购买或投资，为此他应当获得补偿；另一方面，由于借款是含有风险的行为，贷款人不能确定借款人能否在债务期间偿还债务（本金与利息），因而承担一定的风险，所以应当获得补偿。

（2）拖延债务的补偿。拖延债务实际上意味着更高的风险性，所以应当有更高的补偿。

（3）价格水平变化（通货膨胀）的补偿。由于通货膨胀，货币购买力实际是下降的，从而使借出的资金在偿还时实际上已受通货膨胀的影响而贬值。时间越长，贬值程度越大，所以贷款者必须获得合理补偿。

如果将一笔资金（本金）存入银行，经过一段时间之后，储户可在本金之外再得到一笔利息。这一过程可以表示为

$$F_n = P + I_n \tag{3-4}$$

式中　F_n——本利和；

　　　P——存入的本金；

　　　I_n——n 期的利息；

　　　n——计算利息的周期数。

（二）利率

利率是指在一个计息周期（计算利息的周期）内所得到的利息额与原借款额（本金）之比，也称为使用资金的报酬率。利率是计算利息的依据，反映了资金随时间变化的增值率，它是衡量资金时间价值的相对尺度。

利率有多种形式，按计息期的长短划分，有年利率、季利率、月利率和日利率。技术经济分析中常用年利率。按利息与利率发生的先后划分，利率有法定利率和测算利率。法定利率是指银行标明利率，实际是先确定利率，后根据利率计算利息；测算利率是指将投资经营某一项目获得的利润转换成利率形式，实际是先确定利息，后根据利息计算出利率。利率也有狭义和广义之分。狭义的利率仅指银行利率；广义的利率是指资金时间价值率，泛指由于资金运动所产生的各种收益率，如投资收益率、资金利润率以及银行利率等。技术经济学中用的正是这种广义的利率概念。

二、资金时间价值的计算方法

资金时间价值的计算有两种方式，即单利计息法和复利计息法。

（一）单利计息法

单利计息法仅以本金为基数计算利息，即不论年限有多长，每年均按原始本金计息，而已取得的利息不再计息。单利计息时，每期利息额相等。

设贷款额（本金）为 P，利息为 I，贷款年利率为 i，贷款年限为 n，本金与利息之和用 F 表示，则计算单利的公式的推导过程如表 3-2 所示。由表 3-2 可知，按单利计息法计算，n 年年末本利和的计算公式和 n 年年末利息的计算公式分别为

$$F_n = P(1+ni) \tag{3-5}$$

$$I_n = Pni \tag{3-6}$$

表 3-2　单利计息法计算公式的推导过程

年　份	年初欠款	年末欠利息	年末欠本利和
1	P	Pi	$P+Pi=P(1+i)$
2	$P(1+i)$	Pi	$P(1+i)+Pi=P(1+2i)$

（续）

年　份	年　初　欠　款	年　末　欠　利　息	年　末　欠　本　利　和
⋮	⋮	⋮	⋮
n	$P[1+(n-1)i]$	Pi	$P[1+(n-1)i]+Pi=P(1+ni)$

　　单利计息法虽然考虑了资金的时间价值，但对以前已经产生的利息没有转入计息基数累计计息，因此，采用单利计息法计算资金的时间价值是不完善的。

　　【例 3-2】　张先生在银行存款 1 000 元，存款以单利计息，年利率为 5%。问张先生在第 3 年年末得到多少利息？第 5 年年末本利和是多少？

　　解：根据式（3-6）计算第 3 年年末利息，得

$$I_3=Pni=1\ 000\ 元×3×5\%=150\ 元$$

　　根据式（3-5）计算第 5 年年末本利和，得

$$F_5=P(1+ni)=1\ 000\ 元×(1+5×5\%)=1\ 250\ 元$$

　　答：第 3 年年末得到利息 150 元，第 5 年年末本利和为 1 250 元。

（二）复利计息法

　　复利计息法以本金与累计利息之和为基数计算利息，即不仅本金计算利息，而且利息还要生利息，俗称"利滚利"。复利计息计算的本利和公式的推导过程如表 3-3 所示。由表 3-3 可知，n 年年末本利和的复利计算公式为

$$F_n=P(1+i)^n \tag{3-7}$$

表 3-3　复利计息法计算公式的推导过程

年　份	年　初　欠　款	年　末　欠　利　息	年　末　欠　本　利　和
1	P	Pi	$P+Pi=P(1+i)$
2	$P(1+i)$	$P(1+i)i$	$P(1+i)+P(1+i)i=P(1+i)^2$
3	$P(1+i)^2$	$P(1+i)^2i$	$P(1+i)^2+P(1+i)^2i=P(1+i)^3$
⋮	⋮	⋮	⋮
n	$P(1+i)^{n-1}$	$P(1+i)^{n-1}i$	$P(1+i)^{n-1}+P(1+i)^{n-1}i=P(1+i)^n$

　　【例 3-3】　某人以复利方式从银行贷款 50 000 元购买房屋，年利率为 5%，5 年后应向银行还款多少元？

　　解：根据式（3-7）有

$$F_5=P(1+i)^n=50\ 000\ 元×(1+5\%)^5=63\ 814\ 元$$

　　答：该人 5 年后应向银行还款 63 814 元。

　　由于采用复利计息法计算比较符合资金在社会再生产过程中运动的实际状况，因此在技术经济分析中，一般采用复利计息。通常以年为计息周期，但在实际经济活动中，计息周期有年、季、月、周、日等多种，这样就出现了不同计息周期的换算问题，即出现了名义利率与实际利率之别。若按单利计息法计算利息，名义利率与实际利率是一致的；若按复利计息法计算利息，一般情况下名义利率小于实际利率。

　　所谓名义利率，是指每一计息周期的利率与每年的计息周期数的乘积。它通常是银行规定的利率。若以 r、i_0、m 分别表示名义利率、计息期利率和计息期数，则名义利率的计算公式为

$$r = i_0 m \qquad (3\text{-}8)$$

在式（3-8）两边同乘以本金 P，则有

$$Pr = P i_0 m \qquad (3\text{-}9)$$

式（3-9）和式（3-6）具有相同的结构，因此，可以说名义利率是按单利计息法计算所得，即名义利率的实质是单利下计算所得的年利率。

所谓实际利率，是指考虑了计息周期内的利息增值因素，并按计息周期利率运用间断复利计算出来的利率。

设 i 表示年实际利率，r 表示年名义利率，m 表示一年中的计息期数，则计息周期的实际利率为 r/m。根据复利计息法式（3-7），本金 P 在一年后的本利和 F 为

$$F = P\left(1 + \frac{r}{m}\right)^m$$

一年中得到的利息为

$$F - P = P\left(1 + \frac{r}{m}\right)^m - P$$

按利率定义得年实际利率为

$$i = \frac{F - P}{P} = \frac{P\left(1 + \dfrac{r}{m}\right)^m - P}{P} = \left(1 + \frac{r}{m}\right)^m - 1$$

因此，实际利率的计算公式为

$$i = \left(1 + \frac{r}{m}\right)^m - 1 \qquad (3\text{-}10)$$

由式（3-10）可知，当 $m=1$ 时，名义利率等于实际利率；当 $m>1$ 时，名义利率小于实际利率；当 $m \to \infty$ 时，即一年之中有无限多次计息，称为连续复利计息，连续复利计息的实际利率为 $i = e^r - 1$（式中 e 为自然对数的底）。

【例 3-4】 假如月利率为 1%，求名义利率 r 和实际利率 i。

解：根据式（3-8）计算名义利率，得

$$r = i_0 m = 1\% \times 12 = 12\%$$

根据式（3-10）计算实际利率，得

$$i = \left(1 + \frac{12\%}{12}\right)^{12} - 1 = 12.68\%$$

答：在月利率为 1% 的情况下，名义利率为 12%，实际利率为 12.68%。

三、现金流量与现金流量图

（一）现金流量

技术方案的实施与运行的过程，从物质形态来看，通常表现为人们利用各种工具和设备，消耗一定的资源，将各种原材料加工、转化成所需要的产品；从货币形态来看，表现为投入一定的资金，花费一定量的成本费用，通过销售产品或提供劳务获取一定量的货币收入。投入的资金、花费的成本和获取的收入，都以货币形式表现为资金流出或资金流入。在技术经济分析中，要把分析的对象（可以是一个技术方案、一个投资项目、一个企业，也

可以是一个地区、一个部门或一个国家）视作一个独立的经济系统，该系统在其整个寿命期（或计算期）各时点上实际发生的资金流出和资金流入称为现金流量。流入该系统的资金（货币）称为现金流入，流出该系统的资金（货币）称为现金流出，系统在某一时点上发生的现金流入与现金流出的差额称为净现金流量。

技术经济系统的现金流入与现金流出的过程，构成了系统的资金流动。为了区别现金流入与现金流出，通常以正数表示现金流入，以负数表示现金流出。因此，净现金流量可能是正值，也可能是负值或者零。分析技术方案的现金流量，必须弄清其资金流动的内容、流动的方向、发生的时间和实际发生的数额。

现金流量表达了技术方案整个寿命期内资金运动的全貌，不同技术方案的经济性比较实际上就是现金流量的比较。因此，正确分析和准确估计技术方案的现金流量，是做好经济评价和投资决策的关键。

（二）现金流量图

现金流量图是为了直观、形象地表示建设项目或技术方案在整个寿命期内所有的现金流量与时间之间的对应关系而采用的图形。它反映项目在一定时期内资金运动的状况，是进行技术方案动态分析的有效工具。现金流量图可以采用箭线法和标注法两种形式，下面分别介绍。

1. 箭线法表示的现金流量图

箭线法表示的现金流量图如图 3-1 所示，具体画法如下：

（1）以水平线代表时间轴，表示技术方案整个寿命期（或计算期）。在轴上画出等分间隔，一般以年为单位，并由左向右依次用 0，1，2，3，…，n 编号，表示各年年末，零点表示资金运动的起点，某年年末时点同时也是下一年度年初时点。

（2）在时间轴的每个时点上，相对于时间轴画垂直箭线代表现金流量。箭头向上表示现金流入，箭头向下表示现金流出；箭头的长度依据现金流量的大小按比例画出（不严格要求），并注明现金流量的数额。

（3）假定任何现金流量只发生在时点上，而不发生在两个时点之间。一般认为投资（支出）发生在期初，年收益、经营费用、残值均发生在当期的期末。

建设项目在同一年度内往往既有现金流入又有现金流出，在现金流量图上可仅画出项目的净现金流量。例如，某建设项目第 1 年年初投资 200 万元，第 2 年年初又投资 100 万元，第 2 年投产，当年收入 500 万元，支出 350 万元，第 3 年至第 5 年年现金收入均为 800 万元，年现金支出均为 550 万元，第 5 年年末回收资产余值 50 万元，则该项目的净现金流量图如图 3-2 所示。

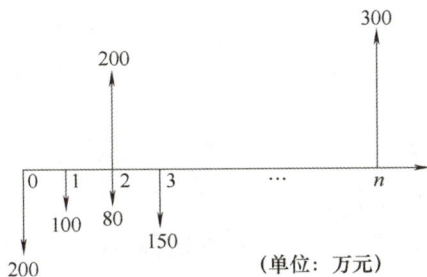

图 3-1 用箭线法表示的现金流量图

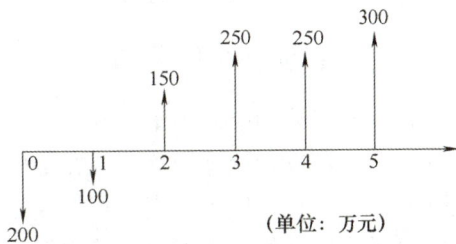

图 3-2 用箭线法表示的某项目的现金流量图

2. 标注法表示的现金流量图

在分析问题时，为了简化，现金流量图也可以直接采用标注法表示，即在时间轴上用带有正负号的数据表示现金流量，现金流入为正（一般省略），现金流出为负。如果在同一时点上既有现金流入又有现金流出，则应标注净现金流量。上例用标注法表示的现金流量图如图 3-3 所示。

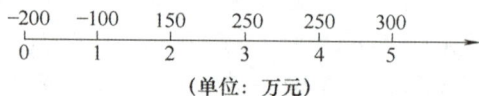

图 3-3　用标注法表示的现金流量图

四、资金等值

资金时间价值表明同一数额的资金，在不同的时点上具有不同的价值，而在不同时点上数额不等的资金有可能具有相同的价值。例如，现在的 100 元与一年后的 112 元，其数额并不相等，但如果年利率为 12%，则两者是等值的。因为现在的 100 元，在 12% 的年利率下，一年后的本金与利息之和为 112 元。资金等值是指考虑时间因素后不同时点上数额不等的相关资金在一定利率条件下具有相等的价值。影响资金等值的因素有三个：资金额大小、资金发生的时间和利率，它们是构成现金流量的三要素。

利用资金等值的概念，将不同时点上的资金按一定的资金时间价值率换算为某一时点等值资金的过程称为资金等值计算。资金等值和资金等值计算在技术方案的经济分析中是很重要的概念和计算方法。进行资金等值计算，还需明确以下几个概念：

（1）时值与时点。由于资金的数值随时间的延长而增值，因此，在每个计算期期末，资金的数值是不同的。在某个时间节点上资金的数值称为时值。在现金流量图上，时间轴上的某一点称为时点。

（2）现值。现值是指资金"现在"的价值。现值是一个相对的概念，一般来说，将 $t+k$ 个时点上发生的资金折现到第 t 个时点，所得的等值资金金额就是第 $t+k$ 个时点上资金金额在 t 时点的现值。现值用符号 P 表示。

（3）终值。终值是和现值对应的一个概念。终值是指资金经过一定时间的增值后的资金数值，是现值在未来时点上的等值资金。终值又称将来值，用符号 F 表示。

（4）等年值。等年值是指分期等额收付的资金值，如折旧、租金、利息、保险金、养老金等通常都采取等年值形式。由于各期间隔通常为一年，且各年金额相等，故又称为年金，用符号 A 表示。

（5）贴现与贴现率。把将来某一时点的资金金额换算成现在时点的等值资金称为贴现或折现。贴现时所用的利率称为贴现率或折现率。

五、资金等值计算公式

在技术经济分析中，为了考察技术方案的经济效益，必须对方案寿命期内不同时间发生的全部现金流量进行计算和分析。在考虑资金时间价值的情况下，不同时点上发生的现金流入或现金流出，其数值不能直接相加或相减，必须通过资金等值计算将它们换算到同一时点上进行分析。资金等值计算通常采用复利计息的方式。下面给出按复利计息法得出的几个常用资金等值换算公式。

（一）一次收付终值公式

一次收付又称整收或整付，是指所分析的现金流量中无论是现金流入还是现金流出，均在某一时点上一次收入或支付。如期初一笔资金 P，在利率为 i 的条件下，等值于 n 年后的资金 F，其现金流量的等值关系如图 3-4 所示。

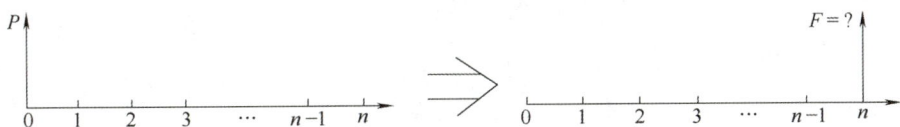

图 3-4　一次收付终值的现金流量的等值关系

一次收付终值公式为

$$F = P(1+i)^n = P(F/P, i, n) \tag{3-11}$$

式（3-11）的推导见表 3-3。该式表明在利率为 i 的条件下，现值 P 与 n 期后的终值 F 的等值关系，它适用于已知 P、i、n 求 F 的情况。式中，$(1+i)^n$ 称为一次收付终值系数，用符号 $(F/P, i, n)$ 表示，其含义是单位资金经复利计息 n 期后的本利和，其值可查复利系数表。

【例 3-5】　某项目现在投资 10 万元，年利率为 10%，5 年期满后一次收回本利，问能收回多少资金？

解：已知 $P = 10$ 万元，$i = 10\%$，$n = 5$，根据式（3-11）有

$$F = P(1+i)^n = 10 \text{ 万元} \times (1+10\%)^5 = 16.11 \text{ 万元}$$

或

$$F = P(F/P, i, n) = 10 \text{ 万元} \times (F/P, 10\%, 5)$$
$$= 10 \text{ 万元} \times 1.611 = 16.11 \text{ 万元}$$

答：5 年期满后一次收回本利 16.11 万元。

（二）一次收付现值公式

一次收付现金流量中，在利率为 i 的条件下，若期末一笔资金 F 等值于 n 年前的资金 P，则其现金流量的等值关系如图 3-5 所示。

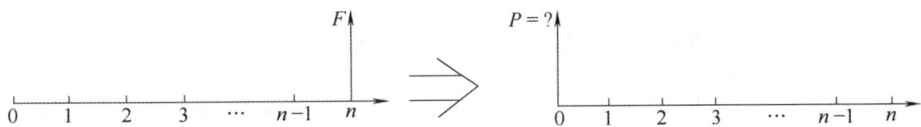

图 3-5　一次收付现值的现金流量的等值关系

一次收付现值公式为

$$P = F \frac{1}{(1+i)^n} = F(P/F, i, n) \tag{3-12}$$

式（3-12）可由式（3-11）直接导出。该公式表明在利率为 i 的条件下，终值 F 与 n 期前的现值 P 的等值关系。它适用于已知 F、i、n 求 P 的情况。式中，$\dfrac{1}{(1+i)^n}$ 称为一次收付现

值系数，用符号（P/F，i，n）表示，其含义是 n 期后的单位终值的现值，其值可查复利系数表。

【例3-6】 某人计划5年后从银行提取1万元，如果银行利率为10%，按复利计算，问现在应存入银行多少钱？

解：已知 $F=1$ 万元，$i=10\%$，$n=5$，根据式（3-12）有

$$P=F\frac{1}{(1+i)^n}=1\text{万元}\times\frac{1}{(1+10\%)^5}=0.620\ 9\text{万元}$$

或

$$P=F(P/F,i,n)=1\text{万元}\times(P/F,10\%,5)$$
$$=1\text{万元}\times0.620\ 9=0.620\ 9\text{万元}$$

答：现在应存入银行 0.620 9 万元。

（三）等额分付终值公式

等额序列现金流量的特点是 n 个等额资金 A 连续地发生在每期期末（或期初）。等额分付终值的现金流量的等值关系如图3-6所示。

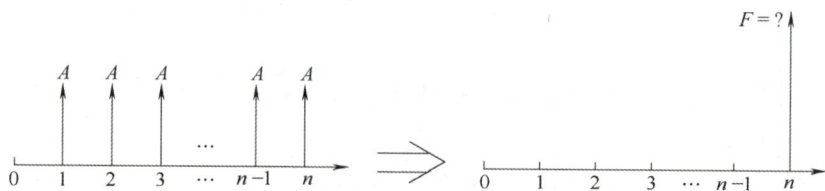

图3-6 等额分付终值的现金流量的等值关系

等额分付终值公式为

$$F=A\frac{(1+i)^n-1}{i}=A(F/A,i,n) \tag{3-13}$$

式（3-13）可由式（3-11）推得，即

$$F=A(1+i)^0+A(1+i)^1+A(1+i)^2+\cdots+A(1+i)^{n-1}$$
$$=A\frac{1-(1+i)^n}{1-(1+i)}$$
$$=A\frac{(1+i)^n-1}{i}$$

该公式表示在利率为 i 的情况下，n 个等额资金 A 与 n 期末终值 F 之间的等值关系。它适用于已知 A、i、n 求 F 的情况。式中，$\frac{(1+i)^n-1}{i}$ 称为等额分付终值系数，用符号（F/A，i，n）表示，其含义是 n 期末单位年金的终值，其值可查复利系数表。

【例3-7】 某工程项目计划3年建成，每年年末等额投资 1 000 万元，全部资金均为银行贷款，年利率为8%，问项目建成投产时贷款的本利和为多少？

解：已知 $A=1\ 000$ 万元，$i=8\%$，$n=3$，由式（3-13）得

$$F=A\frac{(1+i)^n-1}{i}=1\ 000\text{万元}\times\frac{(1+8\%)^3-1}{8\%}=3\ 246\text{万元}$$

或

$$F = A(F/A, i, n) = 1\ 000\ 万元 \times (F/A, 8\%, 3)$$
$$= 1\ 000\ 万元 \times 3.246 = 3\ 246\ 万元$$

答：项目建成投产时贷款的本利和为 3 246 万元。

（四）等额分付偿债基金公式

偿债基金是指借款者借款后，每年必须按一定的利率把一定量现金存入银行，使各年存款金额加利息的总和等于应还的本利和。每年存款金额叫作偿债基金。等额分付偿债基金的现金流量的等值关系如图 3-7 所示。

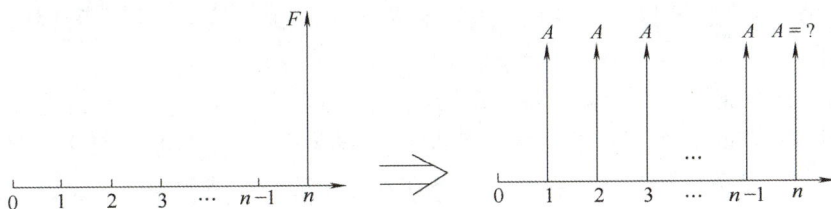

图 3-7　等额分付偿债基金的现金流量的等值关系

等额分付偿债基金公式为

$$A = F \frac{i}{(1+i)^n - 1} = F(A/F, i, n) \tag{3-14}$$

式（3-14）可由式（3-13）直接导出。该公式表示在利率为 i 的情况下，n 期末终值 F 与 n 个等额支付值 A 之间的等值关系。它适用于已知 F、i、n 求 A 的情况。式中，$\dfrac{i}{(1+i)^n - 1}$ 称为等额分付偿债基金系数，用符号 $(A/F, i, n)$ 表示，其含义是单位终值的年金，其值可查复利系数表。

【例 3-8】　某企业资金利润率为 20%，从现在起每年年末应将多少利润投入再生产，才能在第 5 年年末取得 1 000 万元的资金？

解：已知 $F = 1\ 000$ 万元，$i = 20\%$，$n = 5$，由式（3-14）得

$$A = F \frac{i}{(1+i)^n - 1} = 1\ 000\ 万元 \times \frac{20\%}{(1+20\%)^5 - 1} = 134.4\ 万元$$

或

$$A = F(A/F, i, n) = 1\ 000\ 万元 \times (A/F, 20\%, 5)$$
$$= 1\ 000\ 万元 \times 0.134\ 4 = 134.4\ 万元$$

答：从现在起每年年末应将 134.4 万元的利润投入再生产，才能在第 5 年年末取得 1 000万元的资金。

（五）等额分付现值公式

等额分付现值的现金流量的等值关系如图 3-8 所示。

等额分付现值公式为

$$P = A \frac{(1+i)^n - 1}{i(1+i)^n} = A(P/A, i, n) \tag{3-15}$$

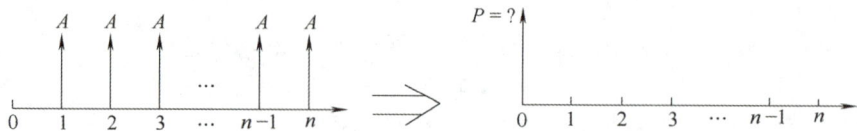

图 3-8　等额分付现值的现金流量的等值关系

式（3-15）可由式（3-12）和式（3-13）导出。该公式表示在利率为 i 的情况下，等额支付值 A 与现值 P 之间的等值关系。它适用于已知 A、i、n 求 P 的情况。式中，$\dfrac{(1+i)^n-1}{i(1+i)^n}$ 称为等额分付现值系数，用符号 $(P/A,i,n)$ 表示，其含义是单位年金的现值，其值可查复利系数表。

【例 3-9】　某企业拟购买一台设备，预计该设备每年获净收益 1 万元，设备寿命 10 年，残值不计。问在投资收益率不低于 10% 的条件下，企业可接受的设备最高售价是多少？

解：企业购买设备是为了获得收益，设备在其寿命期内创造的净收益现值即为可接受的最高售价。

已知 $A=1$ 万元，$i=10\%$，$n=10$，由式（3-15）得

$$P=A\frac{(1+i)^n-1}{i(1+i)^n}=1\text{万元}\times\frac{(1+10\%)^{10}-1}{10\%\times(1+10\%)^{10}}=6.145\text{万元}$$

或

$$P=A(P/A,i,n)=1\text{万元}\times(P/A,10\%,10)$$
$$=1\text{万元}\times6.145=6.145\text{万元}$$

答：可接受的最高售价为 6.145 万元。

（六）等额分付资金回收公式

等额分付资金回收是指对于银行贷款，在计息期内按预期的利率每期回收等额的资金。资金回收的现金流量的等值关系如图 3-9 所示。

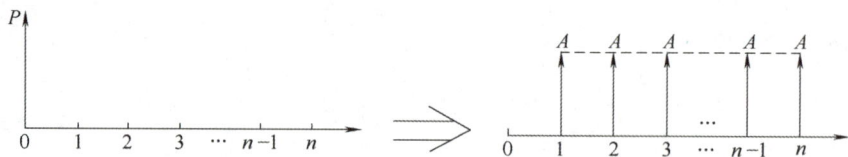

图 3-9　资金回收的现金流量的等值关系

等额分付资金回收公式为

$$A=P\frac{i(1+i)^n}{(1+i)^n-1}=P(A/P,i,n) \tag{3-16}$$

式（3-16）可由式（3-15）直接导出。该公式表示在利率为 i 的情况下，现值 P 与等额支付值 A 之间的等值关系。它适用于已知 P、i、n 求 A 的情况。式中，$\dfrac{i(1+i)^n}{(1+i)^n-1}$ 称为等额分付资金回收系数，用符号 $(A/P,i,n)$ 表示，其含义是单位现值的年金，其值可查复利系数表。

【例 3-10】 某工程项目需初始投资 1 000 万元，预计年投资收益率为 15%，问每年年末至少应等额回收多少资金，才能在 5 年内将全部投资收回？

解：已知 $P=1\,000$ 万元，$i=15\%$，$n=5$，由式（3-16）得

$$A=P\frac{i(1+i)^n}{(1+i)^n-1}=1\,000\ \text{万元}\times\frac{15\%\times(1+15\%)^5}{(1+15\%)^5-1}=298.3\ \text{万元}$$

或

$$A=P(A/P,i,n)=1\,000\ \text{万元}\times(A/P,15\%,5)$$
$$=1\,000\ \text{万元}\times0.298\,3=298.3\ \text{万元}$$

答：每年至少应等额回收 298.3 万元，才能将全部投资收回。

（七）等差序列现金流量公式

等差序列现金流量即每期期末收支的现金流量是在一定的基础数值上逐期等差增加或逐期等差减少的。其现金流量图如图 3-10 所示。

每期期末现金流入以 G 为公差，A 为基础，现金流量分别为 A，$A+G$，$A+2G$，…，$A+(n-2)G$，$A+(n-1)G$。显而易见，图 3-10 中的现金流量可分解为两部分：第一部分是由现金流量 A 构成的等额支付序列现金流量；第二部分是由等差额 G 构成的递增等差支付序列现金流量，如图 3-11 所示。

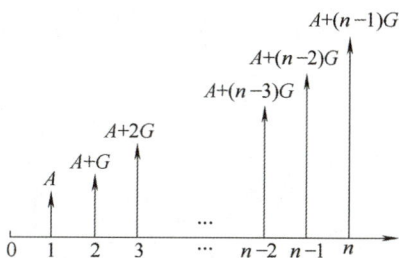

图 3-10 等差序列的现金流量图

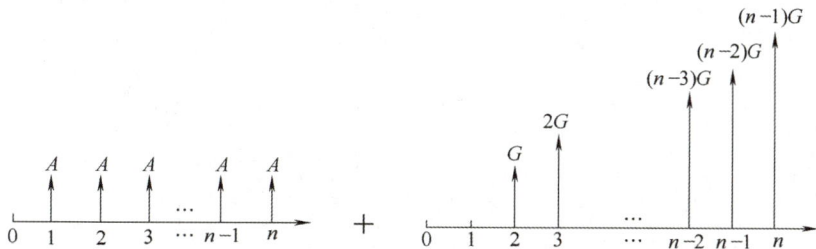

图 3-11 等差序列的现金流量的分解

1. 等差现金流量终值公式

等差现金流量终值的计算可用图 3-12 表示。其现金流量终值的计算公式为

$$F_{AG}=F_A+F_G=A\,(F/A,\,i,\,n)\,+\frac{G}{i}\left[\frac{(1+i)^n-1}{i}-n\right] \tag{3-17}$$

其中，由 A 组成的等额支付序列的终值为 $F_A=A\,(F/A,\,i,\,n)$；由 G，$2G$，$3G$，…，$(n-1)\,G$ 组成的等差支付序列的终值为

$$F_G=G\,(1+i)^{n-2}+2G\,(1+i)^{n-3}+3G\,(1+i)^{n-4}+\cdots+(n-1)\,G$$

即

$$F_G=\frac{G}{i}\left[\frac{(1+i)^n-1}{i}-n\right] \tag{3-18}$$

式（3-17）表示在利率为 i 的情况下，n 期末终值 F_{AG} 与等差现金流量 A，$A+G$，$A+2G$，…，

$A+(n-2)G$，$A+(n-1)G$ 之间的等值关系。它适用于已知 A、i、n、G 求 F_{AG} 的情况。式中，$\dfrac{1}{i}\left[\dfrac{(1+i)^n-1}{i}-n\right]$ 称为等差现金流量终值系数，用符号 $(F/G，i，n)$ 表示，其含义是单位公差为 G 的等差现金流量的终值，其值可查复利系数表。

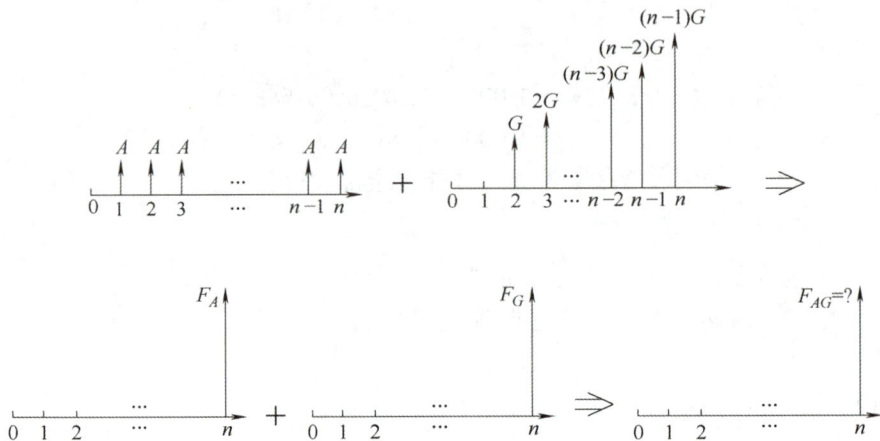

图 3-12 等差现金流量终值的计算

2. 等差现金流量现值公式

等差现金流量现值的计算可用图 3-13 表示。其现金流量现值的计算公式为

$$P_{AG}=P_A+P_G=A\ (P/A，i，n)\ +\frac{G}{i}\left[\frac{(1+i)^n-1}{i}-n\right]\frac{1}{(1+i)^n} \tag{3-19}$$

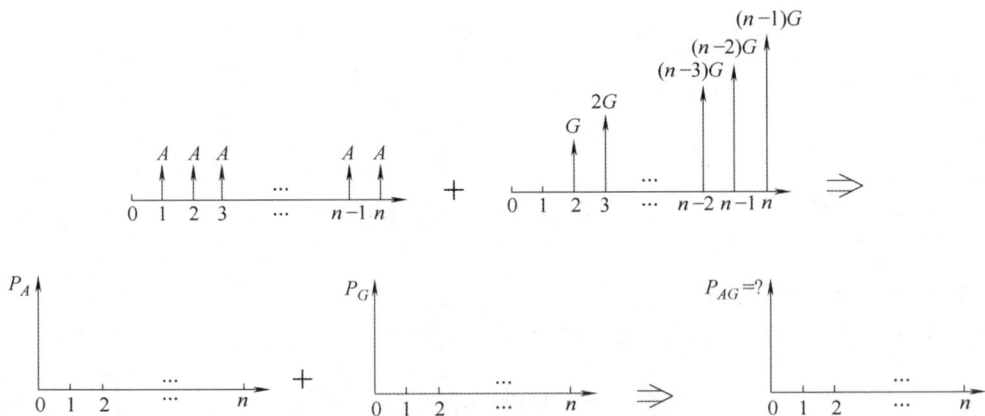

图 3-13 等差现金流量现值的计算

其中，由 A 组成的等额支付序列的现值 $P_A=A\ (P/A，i，n)$；由 G，$2G$，$3G$，$\cdots$，$(n-1)G$ 组成的等差序列的现值，根据式（3-12）、式（3-18）可推导出

$$P_G=\frac{G}{i}\left[\frac{(1+i)^n-1}{i}-n\right]\frac{1}{(1+i)^n}=G\ (P/G，i，n) \tag{3-20}$$

式（3-19）和式（3-20）表示在利率为 i 的情况下，n 期末终值 P_{AG} 与等差现金流量 A，

$A+G$，$A+2G$，$\cdots$，$A+(n-2)$ G，$A+(n-1)$ G 之间的等值关系。它适用于已知 A、i、n、G 求 P_{AG} 的情况，式中，$\dfrac{1}{i}\left[\dfrac{(1+i)^n-1}{i}-n\right]\dfrac{1}{(1+i)^n}$ 称为等差现金流量现值系数，用 $(P/G, i, n)$ 表示，其值可查复利系数表。

3. 等差现金流量年金公式

等差现金流量年金的计算可用图 3-14 表示。其现金流量年金的计算公式为

$$A_{AG}=A+A_G=A+G\left[\dfrac{1}{i}-\dfrac{n}{(1+i)^n-1}\right]=A+G\ (A/G, i, n) \tag{3-21}$$

其中，由 A 组成的等额现金流量的年金为 A；由 G，$2G$，$3G$，$\cdots$，$(n-1)G$ 组成的等差序列的年金即 G $(A/G, i, n)$，根据式（3-14）、式（3-18）可推导出

$$A_G=\dfrac{G}{i}\left[\dfrac{(1+i)^n-1}{i}-n\right]\left[\dfrac{i}{(1+i)^n-1}\right]$$

$$=G\left[\dfrac{1}{i}-\dfrac{n}{(1+i)^n-1}\right] \tag{3-22}$$

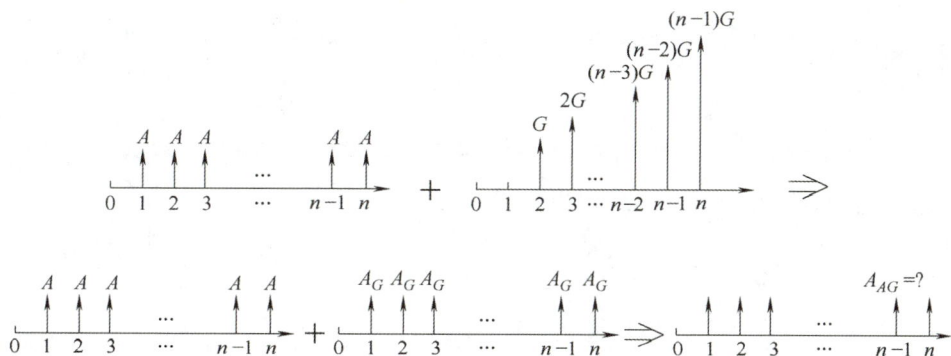

图 3-14　等差现金流量年金的计算

式（3-21）表示在利率为 i 的情况下，n 期末终值 A_{AG} 与等差现金流量 A，$A+G$，$A+2G$，$\cdots$，$A+(n-2)$ G，$A+(n-1)$ G 之间的等值关系。它适用于已知 A、i、n、G 求 A_{AG} 的情况，式中，$\dfrac{1}{i}-\dfrac{n}{(1+i)^n-1}$ 称为等差年金系数，用 $(A/G, i, n)$ 表示，其值可查复利系数表。

【例 3-11】　某企业拟购买一台设备，其年收益额第 1 年为 10 万元，此后直至第 8 年年末逐年递减 2 000 元。设年利率为 10%，按复利计息，试求该设备 8 年的收益现值及等额收益年金。

解：先画出该设备的现金流量图，如图 3-15 所示。

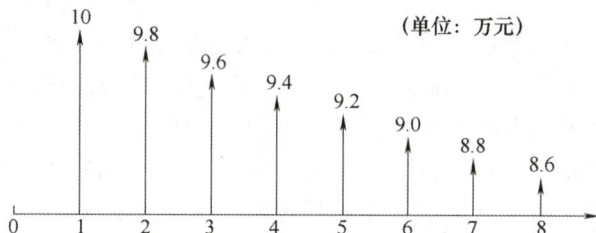

图 3-15　该设备的现金流量图

（1）求收益现值。将图 3-15 的现金流量分解为两部分。第一部分是以第一年收益额 10 万元为等额值的等额现金流量，第二部分是公差 $G=-2\ 000$ 元的等差现金流量。

根据式（3-19），其收益现值为

$$P_A = A\frac{(1+i)^n-1}{i\ (1+i)^n} = 10\ \text{万元} \times \frac{(1+10\%)^8-1}{10\% \times (1+10\%)^8} = 53.35\ \text{万元}$$

或

$$P_A = 10\ \text{万元} \times (P/A,\ 10\%,\ 8) = 53.35\ \text{万元}$$

$$P_G = \frac{G}{i}\left[\frac{(1+i)^n-1}{i}-n\right]\frac{1}{(1+i)^n}$$

$$= \frac{-0.2}{10\%}\text{万元} \times \left[\frac{(1+10\%)^8-1}{10\%}-8\right] \times \frac{1}{(1+10\%)^8} = -3.205\ 6\ \text{万元}$$

或

$$P_G = G\ (P/G,\ 10\%,\ 8) = -0.2\ \text{万元} \times 16.028 = -3.205\ 6\ \text{万元}$$

因此

$$P_{AG} = P_A + P_G = 53.35\ \text{万元} + (-3.205\ 6\ \text{万元}) = 50.144\ 4\ \text{万元}$$

（2）求收益年金。根据式（3-21），其收益年金为

$$A_{AG} = A + G\left[\frac{1}{i}-\frac{n}{(1+i)^n-1}\right]$$

$$= 10\ \text{万元} + (-0.2\ \text{万元}) \times \left[\frac{1}{10\%}-\frac{8}{(1+10\%)^8-1}\right] = 9.399\ 1\ \text{万元}$$

答：该设备 8 年的收益现值及等额收益年金分别为 50.144 4 万元和 9.399 1 万元。

（八）总结

资金时间价值计算主要介绍了按复利计息法得出的几个常用的资金等值换算公式。其中，一次收付终值公式、一次收付现值公式、等额分付终值公式、等额分付偿债基金公式、等额分付现值公式、等额分付资金回收公式是 6 个基本公式，要熟练掌握；等差序列现金流量公式是在上述公式的基础上的应用与推广。在 6 个基本公式中，又以一次收付终值（或现值）公式为最基本的公式，其他公式都是在此基础上经数学运算得到的。在具体运用公式时应注意下列问题：

（1）利用公式进行资金等值计算，要充分利用现金流量图。现金流量图不仅可以准确地反映现金收支情况，而且有助于确定计息期数，使计算不致发生错误。

（2）应用公式时要把画出的现金流量图和推导公式的现金流量图加以对比，只有画出的现金流量图（或图中部分）和推导公式的现金流量图完全一致，才可直接应用公式。

（3）厘清公式的来龙去脉，灵活运用。等值换算公式之间存在内在联系，其系数之间的数学关系如下：

$$(F/P, i, n) = \frac{1}{(P/F, i, n)} \qquad (3\text{-}23)$$

$$(F/A, i, n) = \frac{1}{(A/F, i, n)} \qquad (3\text{-}24)$$

$$(P/A, i, n) = \frac{1}{(A/P, i, n)} \qquad (3\text{-}25)$$

掌握各系数之间的关系，便于进行等值换算。但应注意，只有在 i、n 等条件相同的情况下，上述关系才能成立。

为了学习和应用的方便，现将复利计算公式进行归纳，如表3-4所示。

表 3-4 资金等值计算公式

支付方式		复利系数		已知	所求	复利计算公式
一次收付	终值系数	$(1+i)^n$	$(F/P,i,n)$	P	F	$F=P(1+i)^n$
	现值系数	$\dfrac{1}{(1+i)^n}$	$(P/F,i,n)$	F	P	$P=F\dfrac{1}{(1+i)^n}$
等额分付	终值系数	$\dfrac{(1+i)^n-1}{i}$	$(F/A,i,n)$	A	F	$F=A\dfrac{(1+i)^n-1}{i}$
	现值系数	$\dfrac{(1+i)^n-1}{i(1+i)^n}$	$(P/A,i,n)$	A	P	$P=A\dfrac{(1+i)^n-1}{i(1+i)^n}$
	偿债基金系数	$\dfrac{i}{(1+i)^n-1}$	$(A/F,i,n)$	F	A	$A=F\dfrac{i}{(1+i)^n-1}$
	资金回收系数	$\dfrac{i(1+i)^n}{(1+i)^n-1}$	$(A/P,i,n)$	P	A	$A=P\dfrac{i(1+i)^n}{(1+i)^n-1}$
变额支付	等差折算系数	$\dfrac{1}{i}\left[\dfrac{(1+i)^n-1}{i}-n\right]$	$(F/G,i,n)$	G	F_G	$F_G=\dfrac{G}{i}\left[\dfrac{(1+i)^n-1}{i}-n\right]$
		$\dfrac{1}{i}\left[\dfrac{(1+i)^n-1}{i}-n\right]\dfrac{1}{(1+i)^n}$	$(P/G,i,n)$	G	P_G	$P_G=\dfrac{G}{i}\left[\dfrac{(1+i)^n-1}{i}-n\right]\dfrac{1}{(1+i)^n}$
		$\dfrac{1}{i}-\dfrac{n}{(1+i)^n-1}$	$(A/G,i,n)$	G	A_G	$A_G=G\left[\dfrac{1}{i}-\dfrac{n}{(1+i)^n-1}\right]$

课后案例

大学生"校园贷"

大学生信贷市场上的"校园贷"平台种类杂多且质量良莠不齐。大学生"校园贷"主要分为电商信贷平台、分期购物平台和P2P贷款平台。这些信贷产品审核宽松、流程简单、到款迅速、授信额度高，吸引了大批学生。

我国的电商信贷平台主要是基于提供信贷产品方自身的交易、资金信息累积，从而为客户提供一定的信用额度，以刺激其潜在消费欲望的一种信贷形式，包括蚂蚁花呗、京东白条等。蚂蚁花呗是支付宝推出的可以为客户提供超前消费服务的一款信贷产品，平台根据客户以往的购买记录、还款情况等设置不同的信用额度，客户在提前使用蚂蚁花呗提供的金额后，可享受次月9日再还款，且期间不产生额外的利息费用。随后，为了满足消费者更高额度的信贷需求，蚂蚁借呗进入信贷市场。相对蚂蚁花呗而言，客户可以通过蚂蚁借呗获取一定的款项，用于自己的各项支出，而非仅仅局限于天猫或淘宝等平台的购物消费，其贷款额度主要与客户的芝麻信用分息息相关，个人消费贷款的额度最高可达5万元。更重要的是，相对于目前网络上的其他"校园贷"等产品而言，其不管是在安全性方面还是在利息成本方面都有着更为突出的优势，为此，电商信贷平台得到了越来越多的人的喜爱和使用。北京七悦社会公益服务中心针对大学生信贷行为的问卷数据显示，通过电商信贷平台进行信贷的大学生占比最高，说明电商信贷平台在大学生信贷市场上占有着不可小觑的地位。因而，为合理引导大学生的信贷行为，规避大学生的信贷风险，就要把更多的重心放在电商信贷平台自身的政策指导以及互联网电商平台与传统信贷金融机构的有效合作上。

分期购物平台主要以趣分期、分期乐为例。2014年3月，大学生信贷平台趣分期正式上线，主要为大学生群体提供分期消费服务，拥有全国大学生用户近3 000万，2016年7月，趣分期获融资额达30亿元人民币。趣分期的审核放款流程较为快速简单，大学生在平台上选择自己想要进行分期付款的产品后，就会有专门的线下工作人员通过电话联系见面地点并告知所要携带的证件，一般只要学生的身份证照片即可，通过签订借款合同，学生就可以提前拿到所需的消费产品。同时，针对不同学历的学生，也会提供不同的授信额度，专科生的授信额度在6 000~7 000元人民币，本科生或者研究生的授信额度相对高出2 000~3 000元人民币。分期乐的核心产品除了趣分期提供的分期购物业务外，还包括用于客户现金借款的信用钱包，在利用京东等电商平台的基础上，将自身的业务专注于有分期需求的用户获取方面，同时也在逐步向学校以外的年轻群体市场延伸。

P2P贷款平台是一种基于网络技术形式，个体之间通过第三方交易平台实现小额的信贷行为的一种信贷形式。P2P贷款的出现，为满足大学生的信贷需求提供了一条全新的通道。P2P通过将市场上小额的闲散金额进行第三方集聚，从而来满足借贷者的资金需求的一种商业模式。而大学生通过P2P贷款实现信贷需求之所以得到广泛关注，却是由于"裸贷""陷阱贷""暴力催债"等问题的频频发生。不可否认的是，这种网络贷款的确满足了一部分大学生群体的信贷需求，但是随着P2P校园贷款的发展，相关法律未能及时跟进完善，一部分网贷机构一味追求盈利，大学生群体的辨别意识普遍较低，也造成了较高的大学生信贷风险。2017年6月，银保监会、教育部、人力资源和社会保障部三个部门联合下发通知，叫停网贷机构对大学生信贷的发放，仅一个月时间就有59家校园贷平台退出大学生信贷市场，与此同时，银行等正规金融机构开始承办大学生信贷业务。

（资料来源：赵忠燕. 大学生信贷态度、行为及其风险回避研究［D］. 扬州：扬州大学，2020）

讨论题：

结合资金报酬原理分析大学生信贷的利弊。

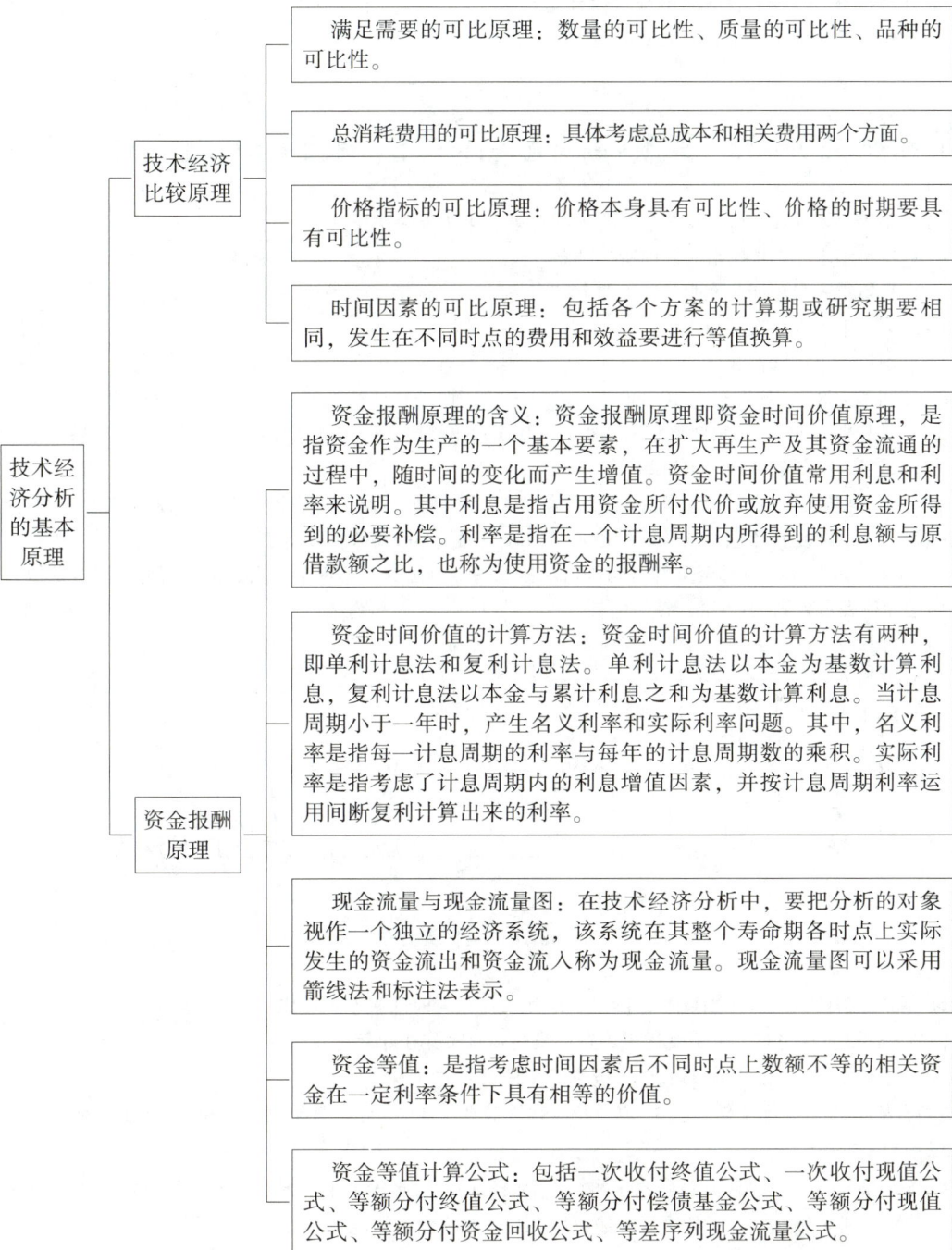

本 章 小 结

满足需要的可比原理：数量的可比性、质量的可比性、品种的可比性。

总消耗费用的可比原理：具体考虑总成本和相关费用两个方面。

技术经济比较原理

价格指标的可比原理：价格本身具有可比性、价格的时期要具有可比性。

时间因素的可比原理：包括各个方案的计算期或研究期要相同，发生在不同时点的费用和效益要进行等值换算。

技术经济分析的基本原理

资金报酬原理的含义：资金报酬原理即资金时间价值原理，是指资金作为生产的一个基本要素，在扩大再生产及其资金流通的过程中，随时间的变化而产生增值。资金时间价值常用利息和利率来说明。其中利息是指占用资金所付代价或放弃使用资金所得到的必要补偿。利率是指在一个计息周期内所得到的利息额与原借款额之比，也称为使用资金的报酬率。

资金时间价值的计算方法：资金时间价值的计算方法有两种，即单利计息法和复利计息法。单利计息法以本金为基数计算利息，复利计息法以本金与累计利息之和为基数计算利息。当计息周期小于一年时，产生名义利率和实际利率问题。其中，名义利率是指每一计息周期的利率与每年的计息周期数的乘积。实际利率是指考虑了计息周期内的利息增值因素，并按计息周期利率运用间断复利计算出来的利率。

资金报酬原理

现金流量与现金流量图：在技术经济分析中，要把分析的对象视作一个独立的经济系统，该系统在其整个寿命期各时点上实际发生的资金流出和资金流入称为现金流量。现金流量图可以采用箭线法和标注法表示。

资金等值：是指考虑时间因素后不同时点上数额不等的相关资金在一定利率条件下具有相等的价值。

资金等值计算公式：包括一次收付终值公式、一次收付现值公式、等额分付终值公式、等额分付偿债基金公式、等额分付现值公式、等额分付资金回收公式、等差序列现金流量公式。

思 考 题

1. 什么是技术经济比较原理？该原理包括哪些具体内容？请举例说明。
2. 什么是资金报酬原理？考虑资金时间价值有何意义？

3. 利息的计算方法有哪些？什么是名义利率和实际利率？

4. 什么是现金流量？什么是现金流量图？如何画现金流量图？

5. 什么是资金等值？什么是资金等值计算？

6. 常用的现金流量等值换算公式有哪些？

<h2 style="text-align:center">练 习 题</h2>

1. 张红获得 1 万元贷款，偿还期 5 年，年利率为 10%，试就下面几种还款方式，分别计算 5 年还款总额及利息：

（1）每年年末只还 2 000 元本金，所欠利息第 5 年年末一次还清。

（2）每年年末还 2 000 元本金和所欠利息。

（3）每年年末只还所欠利息，本金在第 5 年年末一次还清。

（4）第 5 年年末一次还清本息。

（5）每年年末还款额相同。

2. 年利率为 8%，现在存入 10 000 元，存期 6 年，按复利计算，求第 6 年年末的本利和。

3. 若月利率为 8%，在第 2 年年末要得到 4 000 元的款项，那么每月月末（包括第 2 年最后一个月的月末在内）要存入银行多少钱？

4. 某企业拟购买一台设备，其年收益额第 1 年为 10 万元，此后直至第 8 年年末逐年递减 3 000 元。设年利率为 15%，按复利计息，试求该设备 8 年的收益现值和收益终值及等额支付收益年金。

5. 如图 3-16 所示，考虑资金的时间价值后，总现金流出等于总现金流入。试利用各种资金等值计算系数，用已知项表示未知项：

（1）已知 A_1、A_2、P_1、i，求 P_2。

（2）已知 A_1、P_2、P_1、i，求 A_2。

（3）已知 A_2、P_2、P_1、i，求 A_1。

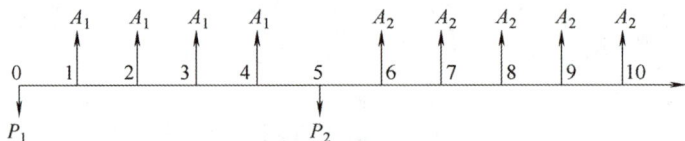

图 3-16　现金流量图

6. 某企业拟购买一台大型设备，价值 500 万元，有两种付款方式可供选择：一种是一次性付款，优惠 12%；另一种是分期付款，不享受优惠，首期支付 40%，第 1 年年末支付 30%，第 2 年年末支付 20%，第 3 年年末支付 10%。若资金利率为 10%，应选择哪种付款方式？

7. 某人从 25 岁参加工作起至 59 岁，每年存入养老金 5 000 元，若年利率为 6%，则他在 60~74 岁间每年可以领到多少钱？

8. 某厂准备今天一次存入银行 800 万元，希望从存款的第 3 年年末开始，连续 7 年年末等额取完存款本息，若银行利率为 10%，打算每年等额取出 250 万元现金，问能否实现？

9. 每年年末等额存入 1 500 元，连续 10 年，准备在第 6 年、第 10 年、第 15 年的年末支取 3 次，金额相等，若年利率为 12%，每次支取金额为多少？

10. 某永久性投资项目，预计建成后年净收益为 5 600 万元，若期望投资收益率为 12%，求允许的最大投资现值为多少？

11. 某人向银行贷款 10 万元，银行要求每年偿还 1 万元，若银行的贷款年利率为 5%，按复利计息，问多少年后才能把贷款还完？

12. 年利率为 12%，每半年计息一次，从现在起连续 5 年的等额年末存款为 2 000 元，问与其等值的第 5 年年末的存款金额为多少？

练习题参考答案

用微信扫描二维码，可以查看练习题的参考答案。

确定性评价方法

1. 掌握各种静态评价方法和各种动态评价方法。
2. 掌握各种方法中相应指标的含义、计算方法和评价准则。
3. 熟练使用各种评价方法进行评价。
4. 了解备选方案经济效果评价的标准和运用。

内容提要

确定性评价方法是技术经济分析中常用的评价方法。它按照是否考虑资金时间价值可分为静态评价方法和动态评价方法。静态评价方法主要包括静态投资回收期法和投资收益率法。动态评价方法主要包括动态投资回收期法、现值法、年值法和内部收益率法。

技术实践活动中一个重要的环节就是技术方案的选择。方案的选择是否恰当是技术活动成败的关键。在方案的选择过程中，方案评价是核心内容。因此，为了确保技术实践活动的正确和科学，选择合适的技术方案经济评价方法就显得十分必要。

技术经济评价方法根据技术项目未来状态是否确定分为确定性评价方法和不确定性评价方法。确定性评价方法是针对技术项目未来的状态完全确定的情况，或基于技术项目未来的状态完全确定的假设而提出的一类经济评价方法。不确定性评价方法是针对影响技术方案经济效果的因素的不确定性而采用的经济评价方法。对同一个项目必须同时进行确定性评价和不确定性评价。本章主要介绍确定性评价方法，不确定性评价方法在下一章介绍。

确定性评价方法是技术经济分析中常用的评价方法。它按照是否考虑资金时间价值可分为静态评价方法和动态评价方法。前者不考虑资金时间价值，后者则考虑资金时间价值。静态评价方法主要包括静态投资回收期法和投资收益率法；动态评价方法主要包括动态投资回收期法、现值法、年值法和内部收益率法。

第一节　静态评价方法

静态评价方法是在不考虑资金时间价值的前提下，对方案在研究期内的收支情况进行分析、评价的方法。静态评价方法比较简单，易于计算，主要用于投资方案的初选。静态评价方法主要有静态投资回收期法、投资收益率法等。

一、静态投资回收期法

投资回收期是指用技术方案每年的净收益回收其全部投资所需要的时间。投资回收期是反映方案投资回收速度的重要指标，通常以年表示。需要注意的是，回收期计算的起点对投资回收期计算的结果有很大影响，有人主张从投资年算起，也有人主张从投产日算起。但不管从何时算起，前后必须统一，并应注明投资回收期是从何时算起的。

静态投资回收期是指不考虑资金时间价值，从项目投建之日起到项目投产后，用方案各年的净收益回收其全部投资所需要的时间。一般情况下，计算静态投资回收期可采用累计计算法。根据项目各年的净现金流量，从投资时刻（即零时刻）开始，依次求出以后各年的净现金流量之和，即累计净现金流量。累计净现金流量等于零时对应的年份数，即为项目从投资年份开始算起的静态投资回收期。其计算公式为

$$\sum_{t=0}^{T_{j}} (CI - CO)_{t} = 0 \quad (t = 0, 1, 2, 3, \cdots, n) \quad (4\text{-}1)$$

式中　CI——现金流入；

　　　CO——现金流出；

　　　T_{j}——静态投资回收期。

计算中，累计净现金流量等于零可能出现在非整数年份，这时引用线性插值法计算静态投资回收期，其计算公式为

$$T_{j} = 累计净现金流量开始出现正值的年份数 - 1 + \frac{上年累计净现金流量的绝对值}{当年净现金流量} \quad (4\text{-}2)$$

【例4-1】　某项目的投资及净现金流量数据见表4-1，试计算该项目的静态投资回收期。

表4-1　某项目的投资及净现金流量数据　　　　　　　（单位：万元）

项　目	年　份						
	0	1	2	3	4	5	6
1. 总投资	6 000	4 000					
2. 收入			5 000	6 000	8 000	8 000	7 500
3. 支出			2 000	2 500	3 000	3 500	3 500
4. 净现金收入			3 000	3 500	5 000	4 500	4 000
5. 累计净现金流量	−6 000	−10 000	−7 000	−3 500	1 500	6 000	10 000

解：从表4-1可见，静态投资回收期在3~4年之间，根据式（4-2）有

$$T_{j} = 4 \,年 - 1 \,年 + \left| \frac{-3\,500}{5\,000} \right| 年 = 3.7 \,年$$

答：该项目静态投资回收期为3.7年。

静态投资回收期指标的优点是概念明确，简单易用，能兼顾反映项目的经济性和风险性，因而是人们容易接受和乐于使用的一种经济评价方法。静态投资回收期指标的缺点是：没有反映资金时间价值；由于它舍弃了回收期以后的收支情况，故不能全面反映项目在寿命期内的真实经济效果，难以对不同方案的比较选择做出正确判断。所以，这种方法在实际应用中只能作为辅助性指标，必须结合其他评价指标做出决策。

静态投资回收期法单方案评价时的判别准则为：将计算出的静态投资回收期与标准投资

回收期 T_b 做比较,当 $T_j \le T_b$ 时,该技术方案可以接受;当 $T_j > T_b$ 时,该技术方案不予接受。T_b 可以是国家或部门制定的标准,也可以是企业自己制定的标准,确定的主要依据是全社会或全行业投资回收期的平均水平,或者是企业期望的投资回收期水平。

若例 4-1 中给出了 $T_b = 5$ 年,则 $T_j = 3.7$ 年 $< T_b$,故可以判断该项目可以接受。

当两个技术方案进行经济比较时,通常采用静态追加投资回收期法。静态追加投资回收期法是用增量分析法进行技术方案经济评价的方法之一。当对投资额不同的两个方案进行比较时,必须考虑追加(差额)投资部分的经济效益,才能得出正确的评价结论。追加投资回收期实际上是投资增量的回收期,又称差额投资回收期。其计算公式为

$$\Delta T = \frac{K_2 - K_1}{C_1 - C_2} = \frac{\Delta K}{\Delta C} \tag{4-3}$$

式中 ΔT——追加投资回收期,表示方案 Ⅱ 和方案 Ⅰ 的追加投资回收期;

K_1、K_2——分别代表方案 Ⅰ 和方案 Ⅱ 的初始投资,且 $K_2 > K_1$;

C_1、C_2——分别代表方案 Ⅰ 和方案 Ⅱ 的经营成本,且 $C_2 < C_1$;

ΔK——表示方案 Ⅱ 比方案 Ⅰ 多追加的投资,$\Delta K = K_2 - K_1$;

ΔC——表示方案 Ⅱ 比方案 Ⅰ 节约的经营成本,$\Delta C = C_1 - C_2$。

静态追加投资回收期 ΔT 的含义为:用方案 Ⅱ 比方案 Ⅰ 所节约的经营成本($\Delta C = C_1 - C_2$)来补偿方案 Ⅱ 比方案 Ⅰ 多追加的投资($\Delta K = K_2 - K_1$)时所需要的时间。

静态追加投资回收期指标多用于两个相互替代技术方案的经济比较,因此不能反映单个方案的经济效益。应用静态追加投资回收期法的条件是:$K_2 > K_1$,$C_2 < C_1$,并且投资小的方案被证明是可行的。

静态追加投资回收期法用于方案评价时的判别准则为:当 $\Delta T \le T_b$ 时,方案 Ⅱ 优于方案 Ⅰ;当 $\Delta T \ge T_b$ 时,方案 Ⅰ 优于方案 Ⅱ。

应用静态追加投资回收期法对多方案进行择优决策的方法是:先按各可行方案投资额的大小顺序由小到大依次排列,然后采用环比法计算追加投资回收期,逐个比较,进行替代式淘汰,最后留下的一个方案为最优方案。

【例 4-2】 某企业要对某成套设备进行技术改造,提出了三个方案,各方案投资总额及年经营费用见表 4-2。其中,方案 Ⅰ 已被认为是合理的。若标准投资回收期 $T_b = 5$ 年,试选出最优方案。

表 4-2   设备技术改造方案数据   (单位:万元)

方 案	投 资 总 额	年经营费用
Ⅰ	275	230
Ⅱ	335	215
Ⅲ	365	210

解:因方案 Ⅰ 投资最少,且已被认为是合理的,以其为比较基础,计算方案 Ⅱ 相对方案 Ⅰ 的追加投资回收期,即

$$\Delta T_{21} = \frac{335 - 275}{230 - 215} \text{年} = 4 \text{ 年}$$

由于 $\Delta T_{21} < T_b$,说明方案 Ⅱ 优于方案 Ⅰ,淘汰方案 Ⅰ,用方案 Ⅱ 代替方案 Ⅰ;再计算方案 Ⅲ 相对方案 Ⅱ 的追加投资回收期 ΔT_{32}。

$$\Delta T_{32} = \frac{365-335}{215-210} \text{年} = 6 \text{ 年}$$

由于 $\Delta T_{32} > T_b$，说明方案Ⅲ不可取，应舍弃。故最优方案为方案Ⅱ。

二、投资收益率法

投资收益率又称投资效果系数，是指每年获得的净收入与原始投资的比值。它是考察项目单位投资盈利能力的静态指标。其计算公式为

$$E = \frac{NB}{I} \tag{4-4}$$

式中　E——投资收益率；

　　　I——总投资，即固定资产投资、建设期利息、流动资金之和；

　　　NB——达产年净收益或年均净收益。

运用投资收益率法评价方案时的判别准则为：当 $E > E_0$（标准投资收益率）时，认为被评价项目或技术方案的投资效果已达到预期要求，项目或技术方案在经济上是可行的；反之，则说明项目或技术方案的投资效果达不到国家或行业的平均水平，项目或技术方案在经济上是不可行的。

在实际项目论证中，常用的投资收益率有以下三种形式：

（一）投资利润率

投资利润率是指项目达到设计生产能力后，正常生产年份的年利润总额与项目总投资的比率。其计算公式为

$$\text{投资利润率} = \frac{\text{年利润总额}}{\text{项目总投资}} \times 100\% \tag{4-5}$$

投资利润率可根据利润表中的有关数据计算求得。在财务评价中，将投资利润率与行业平均投资利润率相比较，以判别项目单位投资盈利能力是否达到本行业的平均水平。

（二）投资利税率

投资利税率是指项目达到设计生产能力后，正常生产年份的年利税总额与项目总投资的比率。其计算公式为

$$\text{投资利税率} = \frac{\text{年利税总额}}{\text{项目总投资}} \times 100\% \tag{4-6}$$

投资利税率可根据利润表中的有关数据计算求得。在财务评价中，将投资利税率与行业平均投资利税率相比较，以判别项目单位投资对国家积累的贡献水平是否达到本行业的平均水平。

（三）资本金利润率

资本金利润率是指项目达到设计生产能力后，正常生产年份的年利润总额与项目资本金的比率。它反映投入项目的资本金的盈利能力。其计算公式为

$$\text{资本金利润率} = \frac{\text{年利润总额}}{\text{项目资本金}} \times 100\% \tag{4-7}$$

其中，项目资本金是指企业自有资本减去资本溢价。使用资本金利润率评价项目也是将该指

标与行业平均水平进行比较，以判别项目的财务获利能力。

【例4-3】 某项目寿命期内的有关资料见表4-3，求该项目的投资利润率（表中年序均为年末）。

表4-3 某项目寿命期数据 （单位：万元）

项　　目	年　　份										
	前期	建　设　期		投　产　期		达　产　期					
	0	1	2	3	4	5	6	7	8	9	10
1. 固定资产投资	10	30	10								
2. 流动资金				10	20						
3. 净收入				5	10	20	20	20	20	20	20

解：取正常生产年份的净收入 NB = 20 万元，I = 80 万元。根据式（4-5）有

$$投资利润率 = \frac{NB}{I} \times 100\% = \frac{20}{80} 万元 \times 100\% = 25\%$$

答：该项目的投资利润率为25%。

第二节　动态评价方法

一、动态投资回收期法

动态投资回收期是指考虑资金时间价值，从项目投建之日起到项目投产后，在给定的基准收益率 i_0 下，用方案各年净收益的现值来回收全部投资的现值所需要的时间。其计算公式为

$$\sum_{t=0}^{T_d}(CI - CO)_t(1 + i_0)^{-t} = 0 \tag{4-8}$$

式中　T_d——动态投资回收期；

i_0——基准收益率。

若各年的净收益相等，均为 R，项目的总投资现值为 K_0，不考虑建设期，引用年金现值公式及动态投资回收期的定义，可直接写出下述公式

$$R(P/A, i_0, T_d) - K_0 = 0$$

移项整理后两边取对数，整理得动态投资回收期的公式为

$$T_d = \frac{\lg R - \lg(R - i_0 K_0)}{\lg(1 + i_0)} \tag{4-9}$$

式中的投资总额 K_0 应为一次性投入的初始投资，因此，若项目为分期投资，则应将各期投资折算成期初一次性投资的总现值后，才能代入式（4-9）进行计算。

【例4-4】 某建设项目计划引进外资227万元兴建，投产后预计每年可创利税17.5万元，贷款年利率为7.5%，如果全部利税用来偿还贷款，需要偿还多少年？

解：（1）求静态投资回收期。利用静态投资回收期公式计算为

$$T_j = \frac{227}{17.5} 年 \approx 13 \text{ 年}$$

（2）求动态投资回收期。利用动态投资回收期公式计算为

$$T_d = \frac{\lg 17.5 - \lg(17.5 - 7.5\% \times 227)}{\lg(1 + 7.5\%)} 年 = 49.87 \text{ 年} \approx 50 \text{ 年}$$

答：静态投资回收期和动态投资回收期分别约为 13 年和 50 年。

在实际计算时，由于各年净现金流量常常是不相等的，故常用累计计算法求解动态投资回收期 T_d。其计算公式为

$$T_d = \frac{\text{累计净现金流量现值}}{\text{开始出现正值的年份数}} - 1 + \frac{\text{上年累计净现金流量现值的绝对值}}{\text{当年净现金流量现值}} \tag{4-10}$$

【例 4-5】　用表 4-4 所示数据计算某项目的动态投资回收期（$i_0 = 10\%$）。

解：根据式（4-10），利用表 4-4 中的有关数据，该项目的动态投资回收期为

$$T_d = 5 \text{ 年} - 1 \text{ 年} + \frac{|-1\ 112|}{2\ 794} 年 \approx 4.4 \text{ 年}$$

答：该项目的动态投资回收期约为 4.4 年。

表 4-4　某项目的投资及净现金流量　　　　　　　　　（单位：万元）

项　　目	年　份						
	0	1	2	3	4	5	6
1. 现金流入			5 000	6 000	8 000	8 000	7 500
2. 现金流出	6 000	4 000	2 000	2 500	3 000	3 500	3 500
3. 净现金流量	−6 000	−4 000	3 000	3 500	5 000	4 500	4 000
4. 净现金流量现值（$i_0 = 10\%$）	−6 000	−3 636	2 479	2 630	3 415	2 794	2 258
5. 累计净现金流量现值	−6 000	−9 636	−7 157	−4 527	−1 112	1 682	3 940

与静态投资回收期指标相比，动态投资回收期指标的优点是考虑了资金时间价值，但计算复杂得多。在投资回收期不长和基准收益率不大的情况下，两种投资回收期的差别不大，不至于影响方案的选择，动态投资回收期指标不常用。只有在投资回收期较长和基准收益率较大的情况下，才需计算动态投资回收期。

动态投资回收期法评价单方案时的准则为：将计算的投资回收期 T_d 与标准投资回收期 T_b 进行比较，当 $T_d \leqslant T_b$ 时，该方案可以接受；当 $T_d > T_b$ 时，该方案不能接受。若例 4-5 中给出 $T_b = 5$ 年，则 $T_d = 4.4$ 年 $< T_b$，故可以判断该项目可以接受。

当两个技术方案进行经济比较时，通常采用动态追加投资回收期法。动态追加投资回收期法是在考虑资金时间价值的前提下，用增量分析法进行技术方案经济评价的方法之一。

动态追加投资回收期 ΔT 是指考虑资金时间价值，年经营成本节约额 ΔC 等于追加投资总额 ΔK 的时间。用公式表示则为

$$\Delta K(1+i_0)^{\Delta T} = \Delta C(1+i_0)^{\Delta T-1} + \Delta C(1+i_0)^{\Delta T-2} + \cdots + \Delta C(1+i_0) + \Delta C$$

整理后，两边取对数可得

$$\Delta T = \frac{\lg \Delta C - \lg(\Delta C - i_0 \Delta K)}{\lg(1+i_0)} \quad\quad (4-11)$$

动态追加投资回收期法用于方案评价时的判别准则为：当 $\Delta T \leqslant T_b$ 时，方案 Ⅱ 优于方案 Ⅰ；当 $\Delta T > T_b$ 时，方案 Ⅰ 优于方案 Ⅱ。

二、现值法

现值法是指将技术方案各年的净现金流量按照基准收益率折算到期初的现值，并根据现值之和来进行评价的方法。现值法依据不同情况可分为费用现值法、净现值法和净现值率法。

（一）费用现值法

当多个技术方案的产出相同时或都满足同样的需要但产出无法用货币计量时，只需比较技术方案的费用，这时可用费用现值法评价技术方案。

费用现值法是将技术方案逐年的投资与寿命期内各年的经营费用按基准收益率折算成期初的现值，然后对各方案的费用现值总和进行比较选择的方法。费用现值的计算公式为

$$PC = \sum_{t=0}^{n} CO_t (P/F, i_0, t) \quad\quad (4-12)$$

式中　PC——费用现值；

　　CO_t——第 t 年的现金流出；

　　n——技术方案的寿命期；

　　i_0——基准收益率（基准折现率）。

费用现值法用于多个方案的比较选择，其判别准则是：当比较方案的寿命期相同时，费用现值最小的方案为优；当比较方案的寿命期不同时，可以利用最小公倍数法处理后再选取费用现值最小的方案作为最优方案。

【例 4-6】　某项目有三个方案 A、B、C，均能满足同样的需要，但各方案的投资及年运营费用不同，见表 4-5。在基准收益率 $i_0 = 15\%$ 的情况下，采用费用现值法评价。

表 4-5　三个方案的费用数据　　　　　　　　　　　（单位：万元）

方　案	期 初 投 资	1~5 年运营费用	6~10 年运营费用
A	70	13	13
B	100	10	10
C	110	5	8

解：各方案的费用现值计算如下：

$PC_A = 70$ 万元 $+ 13$ 万元 $\times (P/A, 15\%, 10) = 135.247$ 万元

$PC_B = 100$ 万元 $+ 10$ 万元 $\times (P/A, 15\%, 10) = 150.19$ 万元

$PC_C = 110$ 万元 $+ 5$ 万元 $\times (P/A, 15\%, 5) + 8$ 万元 $\times$

$(P/A, 15\%, 5) \times (P/F, 15\%, 5) = 140.093$ 万元

由于 $PC_A < PC_C < PC_B$，故方案 A 最优，方案 C 次之，方案 B 最差。

【例 4-7】　某企业购买辅助设备空压机，可供选择的两种方案 Ⅰ 和 Ⅱ 均能满足相同的工

作要求，其相关资料见表 4-6。基准收益率 $i_0 = 15\%$，试比较两方案。

表 4-6 两个方案的相关资料

方　案	投资(元)	年操作费(元)	寿命/年	残值(元)
Ⅰ	30 000	20 000	6	5 000
Ⅱ	40 000	18 000	9	0

解：由于两方案的寿命期不同，分别为 6 年和 9 年，取两方案寿命期的最小公倍数 18 年作为共同的研究周期，画出两方案的现金流量图，如图 4-1 和图 4-2 所示。

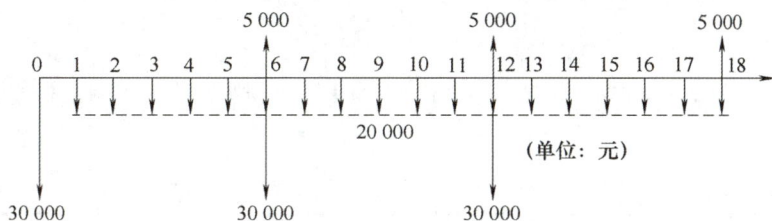

图 4-1　方案 Ⅰ 的现金流量图

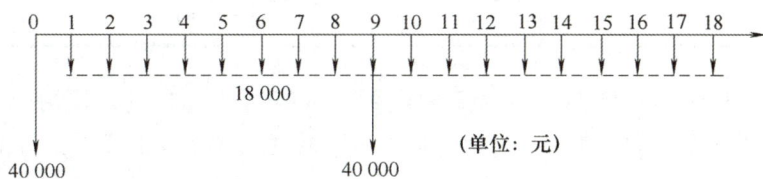

图 4-2　方案 Ⅱ 的现金流量图

$$\begin{aligned}
PC_I &= 30\,000 \text{元} + (30\,000 \text{元} - 5\,000 \text{元}) \times (P/F, 15\%, 6) + \\
&\quad (30\,000 \text{元} - 5\,000 \text{元}) \times (P/F, 15\%, 12) + 20\,000 \text{元} \times \\
&\quad (P/A, 15\%, 18) - 5\,000 \text{元} \times (P/F, 15\%, 18) \\
&= 167\,636 \text{元} \\
PC_{II} &= 40\,000 \text{元} + 40\,000 \text{元} \times (P/F, 15\%, 9) + 18\,000 \text{元} \times \\
&\quad (P/A, 15\%, 18) = 161\,676 \text{元}
\end{aligned}$$

因为 $PC_I > PC_{II}$，所以方案 Ⅱ 为优。

(二) 净现值法

净现值法是指将技术方案整个寿命期内各年的净现金流量，按基准收益率折算到寿命期初的现值之和，并根据现值之和来选出最优方案的一种方法。其计算公式为

$$NPV = \sum_{t=0}^{n} (CI - CO)_t (P/F, i_0, t) \tag{4-13}$$

式中　NPV——净现值。

净现值法用于评价单方案的判别准则为：若 $NPV \geq 0$，则该方案在经济上可以接受；若 $NPV < 0$，则该方案在经济上不能接受。用于多方案比较时，投资相同或相差不大，且方案

寿命期一致时,以 NPV 最大者为优;若投资相同或相差不大,而方案寿命期不一致时,则需确定一个共同的研究周期(通常以寿命期的最小公倍数为研究周期),才可以对方案进行评价比较。

【例 4-8】 某设备的购入价为 40 000 元,每年的运营收入为 15 000 元,运营费用为 3 500 元,4 年后该设备可以按 5 000 元转让。如果基准收益率 $i_0 = 20\%$,问此项设备投资是否值得?

解:按净现值指标进行评价

$$NPV(20\%) = -40\,000 \, 元 + (15\,000 \, 元 - 3\,500 \, 元) \times (P/A, 20\%, 4) +$$
$$5\,000 \, 元 \times (P/F, 20\%, 4)$$
$$= -7\,815 \, 元$$

由于 $NPV(20\%) < 0$,故此项投资经济上不合理。

【例 4-9】 有两种车床都能满足相同的需要,相关资料见表 4-7。试用净现值法确定哪种车床为优。

表 4-7 两种车床的相关资料

车　床	投资(元)	寿命/年	残值(元)	年收入(元)	年支出(元)	基准折现率(%)	研究周期/年
A	10 000	5	2 000	5 000	2 200	8	10
B	15 000	10	0	7 000	4 500	8	10

解:由于 A、B 两种车床使用寿命不同,用净现值法评价时,必须用研究周期,即用 A、B 两车床寿命的最小公倍数 10 年。A、B 两车床的现金流量如图 4-3 和图 4-4 所示。

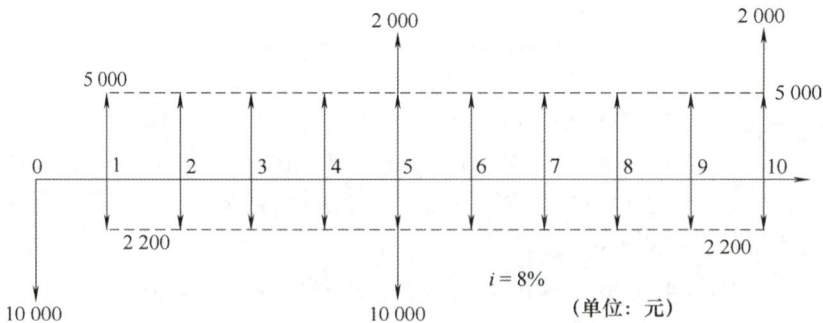

图 4-3 车床 A 的现金流量图

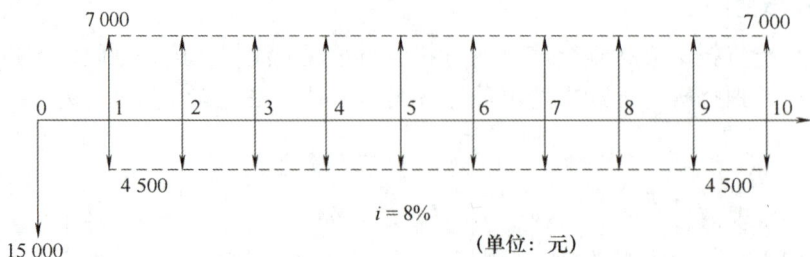

图 4-4 车床 B 的现金流量图

$$\begin{aligned}
\mathrm{NPV_A} =&-10\ 000\ \text{元}-10\ 000\ \text{元}\times(P/F,8\%,5)+(5\ 000\ \text{元}-2\ 200\ \text{元})\times(P/A,8\%,10)+\\
&2\ 000\ \text{元}\times(P/F,8\%,5)+2\ 000\ \text{元}\times(P/F,8\%,10)\\
=&4\ 269.6\ \text{元}
\end{aligned}$$

$$\begin{aligned}
\mathrm{NPV_B} =&-15\ 000\ \text{元}+(7\ 000\ \text{元}-4\ 500\ \text{元})\times(P/A,8\%,10)\\
=&1\ 775\ \text{元}
\end{aligned}$$

由于 $\mathrm{NPV_A}>0$，$\mathrm{NPV_B}>0$，所以购买车床 A、车床 B 都可行。

又由于 $\mathrm{NPV_A}>\mathrm{NPV_B}$，所以车床 A 为优。

对净现值法的实质可以有如下理解：净现值表示在基准收益率的情况下，方案或项目在整个寿命期内所能得到的净收益。如果方案的净现值等于零，则表明技术方案的动态投资回收期（从投资开始时刻算起）等于方案的计算期，说明该方案的投资收益率达到了行业或部门规定的基准收益率水平；如果方案的净现值大于零，则表明方案的动态投资回收期小于该方案的计算期，说明该方案的投资收益除达到行业或部门规定的基准收益水平外，还有超额收益，也就是说，该方案的投资收益率高于行业或部门规定的基准收益率水平。

净现值是反映技术方案投资盈利能力的一个重要动态评价指标，被广泛应用于技术方案的经济评价中。其优点是不仅考虑了资金时间价值和方案在整个寿命期内的费用和收益情况，而且直接以金额表示方案投资的收益大小，比较直观。计算净现值时，要注意以下两点：

（1）计算期内各年的净现金流量的预测。由于净现值指标考虑了技术方案在计算期内各年的净现金流量，因此，预测的准确性至关重要，直接影响技术方案净现值的大小。特别是对计算期比较长的方案，准确地预测计算期内各年净现金流量常常是一件困难的事情。

（2）收益率 i 的选取。由式（4-13）可以看出，对于某一特定的技术方案而言，净现金流量 $(\mathrm{CI-CO})_t$ 和技术方案的寿命周期 n 是确定的，此时净现值仅是收益率 i 的函数，称为净现值函数。

净现值函数曲线如图 4-5 所示，A 点是收益率 $i=0$（即不考虑资金时间价值）时的净现值，等于该方案计算期内各年净现金流量的累计值；B 点的净现值等于零，此时对应的收益率为 i^*，即内部收益率；净现值曲线是一条以 $-K_0$ 为渐近线的曲线，此时收益率趋于 $+\infty$。K_0 是方案在投资开始时刻的投资额。

由图 4-5 可以看到，一般情况下，同一净现金流量的净现值随着基准收益率 i_0 的增大而减小。选取不同的基准收益率，将导致同一技术方案净现值大小的不同，进而影响经济评价结论。i_0 定得较高，计算的 NPV 比较小，容易小于零，使方案不容易通过评价；反之，i_0 定得较低，计算的 NPV 比较大，不容易小于零，使方案容易通过评价。因此，国家正是通过制定并颁布各行业的基准收益率，作为投资调控的手段。

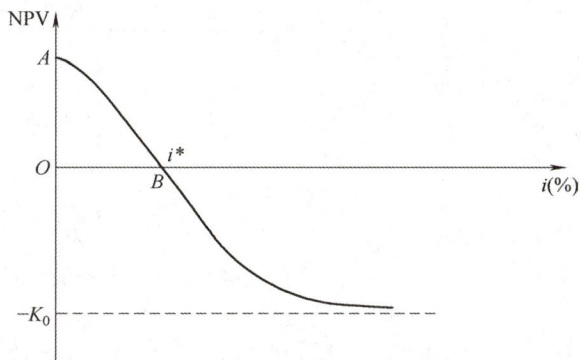

图 4-5　净现值函数曲线

（三）净现值率法

净现值指标用于多个方案比较时，没有考虑各方案投资额的大小，因而不能直接反映资金的利用效率。为了考察资金的利用效率，人们通常用净现值率作为净现值法的辅助指标。净现值率是指项目净现值与项目投资总额现值之比，是一种效率型指标，其经济含义是单位投资现值所能带来的净现值。其计算公式为

$$\text{NPVR} = \frac{\text{NPV}}{K_0} = \frac{\text{NPV}}{\sum_{t=0}^{n} K_t (1+i_0)^{-t}} \tag{4-14}$$

式中 NPVR——净现值率；

K_0——投资总额现值；

K_t——第 t 年的投资额。

净现值率法的判别标准是：用于评价单一方案时，若 NPVR≥0，则投资方案应予以接受；若 NPVR<0，则投资方案应予以拒绝。用于多方案比较选择时，净现值率大于或等于零且最大者为优。

【例4-10】 某投资项目有 A、B 两个方案，相关资料见表4-8。基准收益率 $i_0 = 10\%$，问哪个方案较优？

表4-8　两个方案的相关资料

方　案	投资(元)	年收益(元)	寿命期/年	残值(元)
A	150 000	31 000	10	15 000
B	30 000	11 000	20	1 000

解法一（重置法求解）：由于 A、B 两个方案的寿命期不相同，故假设方案在研究周期内多次重复实施。取 10 和 20 的最小公倍数 20 作为共同的研究周期，画出方案 A、方案 B 的现金流量图，如图 4-6 和图 4-7 所示。

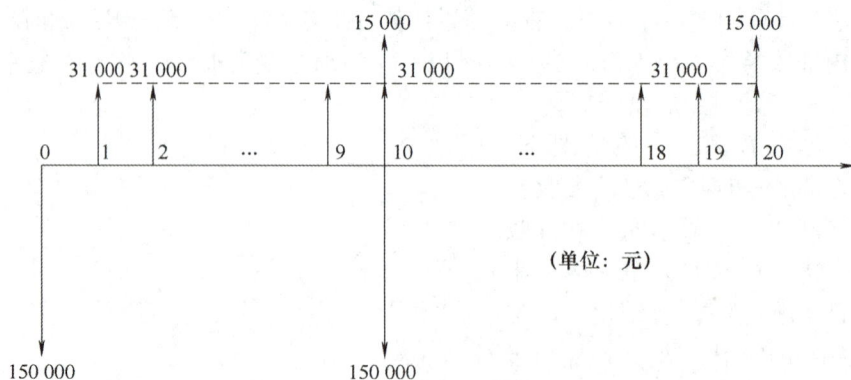

图4-6　方案 A 的现金流量图（重置法）

$$\begin{aligned}
\text{NPV}_A = &-150\,000\,\text{元} - (150\,000\,\text{元} - 15\,000\,\text{元}) \times (P/F, 10\%, 10) + \\
&31\,000\,\text{元} \times (P/A, 10\%, 20) + 15\,000\,\text{元} \times (P/F, 10\%, 20) \\
=&\ 64\,120.5\,\text{元}
\end{aligned}$$

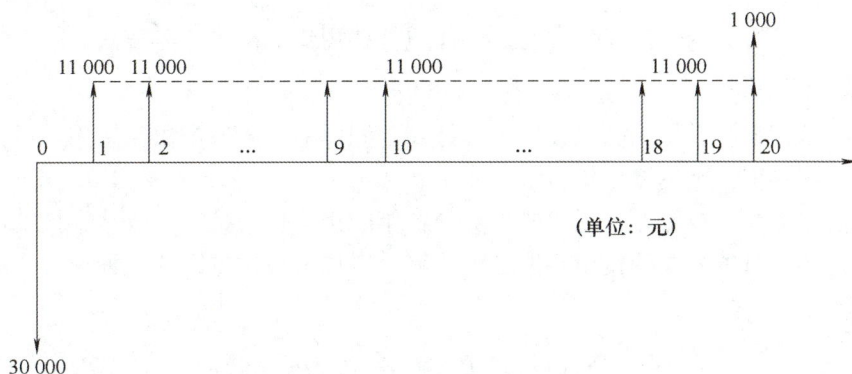

图 4-7　方案 B 的现金流量图（重置法）

$$\mathrm{NPVR_A} = \frac{64\ 120.5\ 元}{150\ 000\ 元 + 150\ 000\ 元 \times (P/F, 10\%, 10)} = 0.309$$

$$\mathrm{NPV_B} = -30\ 000\ 元 + 11\ 000\ 元 \times (P/A, 10\%, 20) +$$
$$1\ 000\ 元 \times (P/F, 10\%, 20)$$
$$= 63\ 802.6\ 元$$

$$\mathrm{NPVR_B} = \frac{63\ 802.6\ 元}{30\ 000\ 元} = 2.127$$

由于 $\mathrm{NPVR_B} > \mathrm{NPVR_A}$，所以方案 B 比方案 A 优。

解法二（非重置法求解）：依据 A、B 两个方案本身的寿命期内的经营情况分别求解净现值率，然后再根据净现值率法的相对评价准则优选方案。由于方案 B 本身的现金流量图在"解法一"中已经画出并已求出 NPV 及 NPVR，因此，现仅需画出方案 A 本身的现金流量图，如图 4-8 所示，并求解相关指标即可。

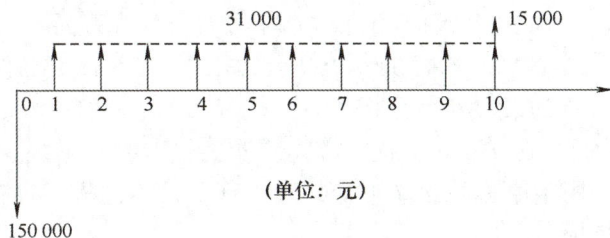

图 4-8　方案 A 本身的现金流量图（非重置法）

根据现金流量图，可求得方案 A 的净现值：
$$\mathrm{NPV_A} = -150\ 000\ 元 + 15\ 000\ 元 \times (P/F, 10\%, 10) + 31\ 000\ 元 \times (P/A, 10\%, 10)$$
$$= -150\ 000\ 元 + 15\ 000\ 元 \times 0.385\ 5 + 31\ 000\ 元 \times 6.145 = 46\ 277.5\ 元$$

$$\mathrm{NPVR_A} = \frac{46\ 277.5\ 元}{150\ 000\ 元} = 0.308\ 57$$

从解法一可知，$\mathrm{NPVR_B} = 2.127$。由于 $\mathrm{NPVR_B} > \mathrm{NPVR_A}$，所以方案 B 比方案 A 优。

三、年值法

年值法是指通过资金等值计算，将技术方案的现金流量折算成寿命期内各年的等额年值，用以评价技术方案的经济评价方法。具体包括费用年值法和净年值法。

（一）费用年值法

当多个技术方案的产出相同或技术方案都满足同样的需要但产出无法用货币计量时，只需比较技术方案费用，可用费用年值法来评价。

费用年值法是指将投资方案逐年的投资与各年的经营费用按基准收益率换算成寿命期内各年的年值，然后对各方案的费用年值进行比较，以选出最优方案的一种评价方法。费用年值的计算公式为

$$AC = \sum_{t=0}^{n} CO_t(P/F, i_0, t)(A/P, i_0, n) \tag{4-15}$$

式中　AC——费用年值。

费用年值法用于多个方案的比较选择，其判别准则是：费用年值最小的方案为最优。

【例4-11】　某项目有A、B、C三个方案，均能满足同样的需要，但各方案的投资及年运营费用不同，见表4-9。在基准收益率 $i_0 = 15\%$ 的情况下，采用费用年值法选优。

表4-9　三个方案的费用数据　　　　　　　　　　（单位：万元）

方　　案	期 初 投 资	1~5年运营费用	6~10年运营费用
A	70	13	13
B	100	10	10
C	110	5	8

解：各方案的费用年值计算如下：

$$AC_A = 70\,万元 \times (A/P, 15\%, 10) + 13\,万元 = 26.951\,万元$$
$$AC_B = 100\,万元 \times (A/P, 15\%, 10) + 10\,万元 = 29.93\,万元$$
$$AC_C = [110\,万元 + 5\,万元 \times (P/A, 15\%, 5) + 8\,万元 \times$$
$$(P/A, 15\%, 5) \times (P/F, 15\%, 5)] \times (A/P, 15\%, 10)$$
$$= 27.921\,万元$$

由于 $AC_A < AC_C < AC_B$，故方案A最优，方案C次之，方案B最差。

由费用现值法与费用年值法的含义可知，费用现值最小的方案即为费用年值最小的方案，两者是等效评价指标。

（二）净年值法

净年值法是指将方案的净现值折算成寿命期内各年的等额年金的技术经济评价方法。其计算公式为

$$NAV = NPV(A/P, i_0, n) = \sum_{t=0}^{n} (CI - CO)_t (P/F, i_0, t)(A/P, i_0, n) \tag{4-16}$$

式中　NAV——净年值。

净年值法用于单方案评价的判别准则为：若 $NAV \geqslant 0$，则该投资方案可接受；若 $NAV < 0$，则该投资方案不能接受。用于多方案比较选择时，NAV最大者为优。

【例4-12】　用净年值法求解例4-9。

解：$NAV_A = 5\,000\,元 - 2\,200\,元 + 2\,000\,元 \times (A/F, 8\%, 5) -$

$$10\ 000\ 元 \times (A/P,8\%,5)$$
$$= 636\ 元$$
$$\mathrm{NAV_B} = 7\ 000\ 元 - 4\ 500\ 元 - 15\ 000\ 元 \times (A/P,8\%,10)$$
$$= 265\ 元$$

因为 $\mathrm{NAV_A} > \mathrm{NAV_B}$，所以车床 A 为优。

实质上，年值法和现值法是等价的评价方法。现值法是把投资方案在不同时点上的现金流量折算到投资开始时刻，加总后进行方案比较。而年值法是把投资过程发生的资金在寿命期内"平均"，即变成等额年金形式进行比较。年值法更适用于寿命期不等的方案比较，因为它排除了寿命期对方案经济性的影响，且计算较为简单。两种方法的结论总是一致的，不会出现矛盾。

现值法与年值法的缺点是需要预先确定基准收益率才能进行现金流量换算。正确地确定基准收益率是运用这两种方法的前提条件。

四、内部收益率法

净现值法虽然简单易行，但必须事先给定一个基准收益率，而且采用该法时只知道技术方案是否达到或超过基准收益，并没有求得项目实际达到的效率。内部收益率法是指通过计算技术方案在寿命期内的内部收益率来评价技术方案的一种方法。该方法求出的是项目实际能达到的投资效率（即内部收益率）。因此，在所有的经济评价指标中，内部收益率是最重要的评价指标之一。

内部收益率（IRR）简单地说就是净现值为零时的基准收益率。在图 4-5 中，随着基准收益率的不断增大，净现值不断减小，当基准收益率取 i^* 时，净现值为零，此时的基准收益率 i^* 即为内部收益率。

内部收益率也可以通过解下述方程求得：

$$\sum_{t=0}^{n} (\mathrm{CI} - \mathrm{CO})_t (1 + \mathrm{IRR})^{-t} = 0 \tag{4-17}$$

上式是一个高次方程式，不容易直接求解，通常采用"试算内插法"求内部收益率 IRR 的近似解，其原理如图 4-9 所示。

从图 4-9 可以看出，IRR 在 i_n 和 i_{n+1} 之间，用 i_{n+2} 近似代替内部收益率 IRR，当 i_n 与 i_{n+1} 的距离控制在一定范围内时，可以达到要求的精度。具体计算步骤如下：

（1）设初始收益率为 i_1，一般可以先取行业的基准收益率 i_0 作为 i_1，并计算对应的净现值 NPV（i_1）。

（2）若 NPV（i_1）$\neq 0$，则根据 NPV（i_1）是否大于零，再设 i_2。若 NPV（i_1）>0，则设 $i_2 > i_1$；若 NPV（i_1）<0，则设 $i_2 < i_1$。i_2 与 i_1 的差距取决于 NPV（i_1）绝对值的大小，较大的绝对值可以取较大的差距；反之，取较小的差距。计算对应的 NPV（i_2）。

（3）重复步骤（2），直到出现NPV（i_n）>0、

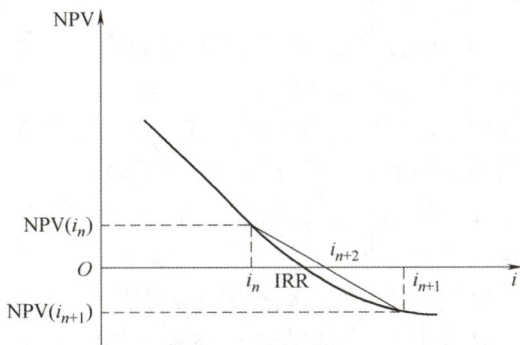

图 4-9　试算内插法求内部收益率图解

$NPV(i_{n+1})<0$，或 $NPV(i_n)<0$、$NPV(i_{n+1})>0$ 时，用线性内插法求得内部收益率 IRR 的近似值，即

$$IRR \approx i_{n+2} = i_n + \frac{NPV(i_n)}{|NPV(i_n)| + |NPV(i_{n+1})|}(i_{n+1}-i_n) \qquad (4-18)$$

（4）计算的误差取决于 $i_{n+1}-i_n$ 的大小，一般控制在 $|i_{n+1}-i_n|<0.05$ 之内。

设基准收益率为 i_0，用内部收益率指标 IRR 评价单个方案的判别准则是：若 $IRR \geq i_0$，则项目在经济效果上可以接受；若 $IRR<i_0$，则项目在经济效果上应予以否定。

一般情况下，当 $IRR>i_0$ 时，$NPV(i_0) \geq 0$；反之，当 $IRR<i_0$ 时，$NPV(i_0)<0$。因此，对于单个方案的评价，内部收益率法与净现值法的评价结论是一致的。

【例 4-13】 根据表 4-1 和表 4-4 所列数据，计算该项目的内部收益率。

解：从表 4-4 可知，当 $i_0=10\%$ 时，$NPV(10\%)=3\,940$ 万元，说明该项目的内部收益率（IRR）大于 10%。为此，提高 i，如取 $i_2=20\%$ 和 $i_3=25\%$，计算对应的 NPV 值，列于表 4-10 中。

表 4-10　20%、25%时的累计净现值　　　　　　　（单位：万元）

年　份	0	1	2	3	4	5	6
净现金流量	−6 000	−4 000	3 000	3 500	5 000	4 500	4 000
20%时净现金流量现值	−6 000	−3 333	2 083	2 025	2 412	1 809	1 340
20%时累计净现值	−6 000	−9 333	−7 250	−5 225	−2 813	−1 004	336
25%时净现金流量现值	−6 000	−3 200	1 920	1 792	2 048	1 475	1 048
25%时累计净现值	−6 000	−9 200	−7 280	−5 488	−3 440	−1 965	−917

由表 4-10 可知：

$$i_2=20\%,\quad NPV(20\%)=336 \text{ 万元}>0$$
$$i_3=25\%,\quad NPV(25\%)=-917 \text{ 万元}<0$$

因此

$$IRR \approx 20\% + \frac{336}{336+|-917|} \times (25\%-20\%) = 21.3\%$$

即该项目的内部收益率为 21.3%。如果基准收益率为 10%，则该项目在经济效果上是可以接受的。

内部收益率是项目投资的盈利率，由项目现金流量决定，反映了投资的使用效率。但是，内部收益率反映的是项目寿命期内没有回收的投资的盈利率，而不是初始投资在整个寿命期内的盈利率。因为在项目的整个寿命期内始终存在未被回收的投资，如表 4-10 所示，而在寿命结束时，投资恰好被全部收回。也就是说，在项目寿命期内，项目始终处于"偿付"未被收回的投资的状况，内部收益率正是反映了项目"偿付"未被收回投资的能力，它取决于项目自身。

例如，某方案初期投资 1 000 万元，IRR 为 10%，第一年净收入 350 万元，第二年净收入 300 万元。由于初期投资在第一年年末的等值为 1 100（即 1 000×1.1）万元，所以第一年年末未被回收的资金为 750（即 1 100−350）万元。根据 IRR 的经济含义，10%是未回收

的资金的收益率，那么第一年年末未回收的 750 万元到第二年年末的等值为 825（即 750×1.1）万元，减去第二年的净收入 300 万元，到第二年年末未回收的资金为 525（即 825－300）万元。以此类推，到寿命期结束，使得未回收的资金正好等于零。在这里假定了已回收资金用于再投资的收益率与 IRR 相等。

需要指出的是，内部收益率计算仅适用于常规投资方案，否则会出现 IRR 的多个解，导致评价失败。所谓常规投资方案，是指方案在寿命期内，除建设期或者投产初期的净现金流量为负值之外，其余年份的净现金流量均为正值，即方案在寿命期内净现金流量的正负号只从"负"到"正"变化一次，并且所有负现金流量都出现在正现金流量之前。

判断方案优劣时仅仅根据方案内部收益率指标判断有时会得到错误的结论。如图 4-10 所示，按净现值指标判断有 $NPV_甲（i_0）>NPV_乙（i_0）$，则方案甲优于方案乙；而按内部收益率大者为优判断有 $IRR_乙>IRR_甲$，则方案乙优于方案甲。这样就得出了矛盾的结论。当出现这种情况时，就需要采用增量内部收益率（ΔIRR）指标来判断方案优劣。所谓增量内部收益率，是指增量净现值等于零的折现率，增量净现值可根据两个方案的增量现金流量计算得出。

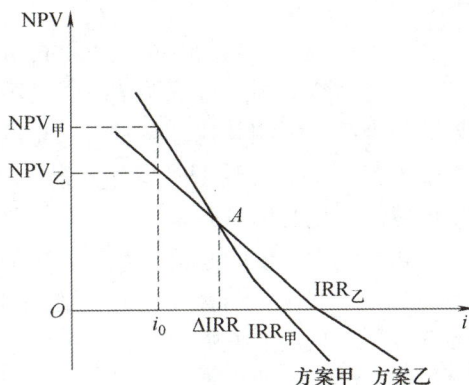

图 4-10 增量内部收益率示意图

增量内部收益率的计算表达式为

$$\Delta NPV(\Delta IRR) = \sum_{t=0}^{n} (\Delta CI - \Delta CO)_t (1 + \Delta IRR)^{-t} = 0 \tag{4-19}$$

式中 ΔNPV——增量净现值；

ΔIRR——增量内部收益率；

ΔCI——方案 A 与方案 B 的增量现金流入，即 $\Delta CI = CI_A - CI_B$；

ΔCO——方案 A 与方案 B 的增量现金流出，即 $\Delta CO = CO_A - CO_B$。

将式（4-19）变换，即

$$\sum_{t=0}^{n} (CI_A - CO_A)_t (1 + \Delta IRR)^{-t} = \sum_{t=0}^{n} (CI_B - CO_B)_t (1 + \Delta IRR)^{-t} \tag{4-20}$$

或者

$$NPV_A(\Delta IRR) = NPV_B(\Delta IRR) \tag{4-21}$$

式中 NPV_A——方案 A 的净现值；

NPV_B——方案 B 的净现值；

ΔIRR——增量内部收益率。

因此，增量内部收益率计算的另一表达式是两个方案净现值（或净年值）相等时的折现率。利用式（4-19）、式（4-20）和式（4-21）求解的 ΔIRR 的结果是一致的。

用增量内部收益率比较选择两个方案的判别准则是：若 $\Delta IRR \geq i_0$，则增量投资部分达到了规定的要求，增加投资有利，投资（现值）大的方案为优；若 $\Delta IRR < i_0$，则投资小的方案为优。

第三节　备选方案与经济性评价方法

技术方案经济性评价除了采用前述评价指标（如投资回收期、净现值、内部收益率等）来分析技术方案评价指标值是否达到了标准的要求（如 $T_j \leq T_b$，$NPV \geq 0$，$\Delta IRR \geq i_0$）之外，往往还需要在多个备选方案中进行比较选择。多方案比较选择的方法与备选方案之间的关系有关。

通常，备选方案之间的相互关系可分为如下三种类型：

（1）独立型。独立型是指各个方案的现金流量是独立的，不具有相关性，且任一方案的采用与否都不影响其他方案是否采用的决策。独立方案的特点是具有"可加性"。

（2）互斥型。互斥型是指各方案之间具有排他性，在各方案当中只能选择一个。比如，同一地域的土地利用方案是互斥方案，是建居民住房还是建写字楼等，只能选择其中之一。厂址问题、建设规模问题也是互斥方案的选择问题。

（3）混合型。混合型是指独立方案与互斥方案混合的情况。比如，在有限的资源制约条件下有几个独立的投资方案，在这些独立方案中又分别包含着若干互斥方案，那么所有方案之间就是混合型的关系。

一、独立型方案的经济效果评价

在独立型方案中，分为无资源限制和有资源限制两种情况，就多个独立型投资方案评价与选择的过程中评价的方法是不同的，因此下面就两种情况分别讲解。

1. 无资源限制的独立型方案评价

无资源限制的独立型方案是指在多个独立型方案的投资决策过程中到底会选择哪个或哪些投资方案组合，仅与投资方案本身的经济性评价的可行与否有关，而与投资额无关，即不会受到投资总额的限制。因此，在无资源限制情况下的多个独立型投资方案的评价方法与单个方案的评价方法是相同的，即仅需要评价方案本身的经济性评价是否可行。此时的经济性评价通常使用净现值、净年值、净现值率、内部收益率或投资回收期等评价指标。无资源限制的独立方案又称为完全不相关的独立方案。

【例4-14】　现有三个独立型方案 A、B、C，其现金流量见表4-11，假设基准折现率 $i_0 = 10\%$，在没有资金限制的条件下，请选择投资方案组合。

表4-11　独立型方案 A、B、C 的净现金流量　　　　　（单位：万元）

方　案	年　份		
	0	1~10	残　值
A	3 500	820	20
B	4 500	985	30
C	7 000	1 000	50

解：本例为独立型方案，可参见本章第二节中的计算方法，计算出相应评价指标（比如 NPV、NPVR、NAV 等），然后依据相关评价方法的评价准则判断独立方案的经济性，以决定各个独立型方案是否可以纳入到投资方案组合当中。

（1）用净现值（NPV）法判断每个独立型方案的经济性。

$NPV_A = -3\,500\text{万元} + 820\text{万元} \times (P/A,10\%,10) + 20\text{万元} \times (P/F,10\%,10)$

$= -3\,500\text{万元} + 820\text{万元} \times 6.144\,57 + 20\text{万元} \times 0.385\,54 = 1\,546.258\text{万元} > 0$

所以，方案 A 可行。

$NPV_B = -4\,500\text{万元} + 985\text{万元} \times (P/A,10\%,10) + 30\text{万元} \times (P/F,10\%,10)$

$= -4\,500\text{万元} + 985\text{万元} \times 6.144\,57 + 30\text{万元} \times 0.385\,54 = 1\,563.968\text{万元} > 0$

所以，方案 B 可行。

$NPV_C = -7\,000\text{万元} + 1000\text{万元} \times (P/A,10\%,10) + 50\text{万元} \times (P/F,10\%,10)$

$= -7\,000\text{万元} + 1\,000\text{万元} \times 6.144\,57 + 50\text{万元} \times 0.385\,54 = -836.153\text{万元} < 0$

所以，方案 C 不可行。

用净现值（NPV）法来判断三个独立型方案的经济性时，可纳入投资方案组合的是 A、B 两个方案。

（2）用净现值率（NPVR）法判断每个独立型方案的经济性。

$$NPVR_A = \frac{1\,546.258\text{万元}}{3\,500\text{万元}} = 0.441\,8 > 0$$

所以，方案 A 可行。

$$NPVR_B = \frac{1\,563.968\text{万元}}{4\,500\text{万元}} = 0.347\,5 > 0$$

所以，方案 B 可行。

$$NPVR_C = \frac{-836.153\text{万元}}{7\,000\text{万元}} = -0.119\,5 < 0$$

所以，方案 C 不可行。

用净现值率（NPVR）法来判断三个独立型方案的经济性时，可纳入投资方案组合的是 A、B 两个方案。

（3）用净年值（NAV）法判断每个独立型方案的经济性。

$$NAV_A = NPV_A(A/P,10\%,10)$$
$$= 1\,546.258\text{万元} \times 0.162\,75 = 251.65\text{万元} > 0$$

所以，方案 A 可行。

$$NAV_B = NPV_B(A/P,10\%,10)$$
$$= 1\,563.968\text{万元} \times 0.162\,75 = 254.53\text{万元} > 0$$

所以，方案 B 可行。

$$NAV_C = NPV_C(A/P,10\%,10)$$
$$= -836.153\text{万元} \times 0.162\,75 = -136.08\text{万元} < 0$$

所以，方案 C 不可行。

用净年值（NAV）法来判断三个独立型方案的经济性时，可纳入投资方案组合的是 A、B 两个方案。

说明：本例题也可以用内部收益率法来判断方案的经济性即可行性，再确定投资方案组合。

2. 有资源限制的独立型方案评价

当有资源限制时，尽管独立型方案之间不存在相互排斥或相互关联的关系，但由于存在投资限额的约束，不能把所有方案都纳入投资方案组合当中，而是将现有多个独立型方案择优纳入投资方案组合当中来。

有资源限制的多个独立型方案的投资方案选择常用的方法有两种：一是独立方案互斥化法；二是效率指标排序法。

（1）独立方案互斥化法。在互斥型方案中，各个方案相互之间具有互斥性，因此，在互斥型方案之间的经济评价就是从中找出最优方案，这种操作相对简单。而在多方案的独立型方案中，各方案之间具有可加性，而非互斥性。

独立方案互斥化法的基本思路就是通过方案组合的方式，首先把各个独立型方案按照所有可能的方式进行组合，然后在各种组合中选择最优组合，这就把独立型方案转化成了互斥型方案。因此，把这种方案称为独立方案互斥化法。

【例4-15】 有三个独立型方案A、B、C，相关数据见表4-12，假设基准收益率 $i_0 = 10\%$，总投资限额为6 000万元，请用独立方案互斥化法选择投资方案组合。

表4-12　独立型方案A、B、C的相关数据

方 案	投资（万元）	净现金流量（万元）	残值（万元）	寿命期/年
A	2 680	800	45	10
B	3 000	985	60	10
C	2 800	900	50	10

解：A、B、C三个方案的投资总额为2 680万元+3 000万元+2 800万元=8 480万元，超过了投资限额6 000万元。所以，不可能同时选择三个方案，最多只能选择两个方案。

独立方案互斥化法的基本步骤为：

第一步，把独立型方案按所有的可能性进行组合，此时，有A、B、C三个方案，所有的可能性组合有七种，即A、B、C、A+B、A+C、B+C、A+B+C。组合结果见表4-13。

第二步，在所有可能性组合中，把明显不符合要求的方案组合删除。此时A+B+C方案组合已超过投资限额，因此，可删除（可不计算）。

第三步，采用净现值法、差额内部收益率法选择最优方案组合（本例题采用净现值法优选投资方案组合）。

表4-13　用净现值法优选投资方案组合　　（单位：万元）

序 号	方案组合	投 资	NPV	决 策
1	A	2 680	2 253.01	
2	B	3 000	3 075.53	
3	C	2 800	2 749.39	
4	A+B	5 680	5 328.54	
5	A+C	5 480	5 002.40	
6	B+C	5 800	5 824.92	最大，最优
7	A+B+C	8 480		超过投资限额

从表 4-13 可知，最优的投资方案组合应选择独立型方案 B 与 C。

独立方案互斥化法比较适合方案数量较少的情况，如果方案数量较多，则方案组合数将会成倍增加，导致计算工作量大大增加。方案数量较多时，可采用效率指标排序法优选投资方案。

（2）效率指标排序法。效率指标排序法是通过选择能够反映投资效率的指标，用这些指标把投资方案的投资效率按由高到低的顺序排列，在有资源限制的条件下选择最优投资方案组合，使有限的资源获得最大效益。效率指标排序法通常选用净现值率（NPVR）和内部收益率（IRR）两个指标进行排序，由于净现值率指标相对于内部收益率指标的计算更加方便，因此常采用净现值率排序法。

效率指标排序法的基本思路是：在从多个独立型方案中选择投资方案组合的时候，如果受到投资总额的限制，则优先选择经济效果最好的方案来投资；如果未超过投资限额，那么再试选次优方案，若此时已选择的方案总投资未超过投资限额，则次优方案可纳入投资方案组合中来；然后再试选第三优方案，如果此时三个方案的总投资仍未超过投资限额，则第三优方案可纳入投资方案组合中；依此类推，如果再选择一个次优方案，此时的总投资超过投资限额，则表示不能再选择该方案纳入投资方案组合中。具体的求解步骤或过程可参见下面的例题。

【例 4-16】　现有 A、B、C、D、E 五个独立型方案，相关数据见表 4-14，假设基准折现率 $i_0 = 10\%$，总投资限额为 18 000 万元。请用效率指标（NPVR）排序法优选投资方案。

表 4-14　五个独立型方案（A、B、C、D、E）的相关数据

方　案	投资（万元）	年净收益（万元）	残值（万元）	寿命期/年
A	3 200	1 200	100	10
B	3 500	1 600	180	10
C	3 900	1 660	200	10
D	4 300	1 850	250	10
E	4 800	2 280	300	10

解：（1）分别求解五个独立型方案的净现值（NPV）。

$\text{NPV}_A = -3\,200$ 万元 $+1\,200$ 万元 $\times (P/A, 10\%, 10) + 100$ 万元 $\times (P/F, 10\%, 10)$

　　　$= -3\,200$ 万元 $+1\,200$ 万元 $\times 6.144\,57 + 100$ 万元 $\times 0.385\,54 = 4\,212.04$ 万元

$\text{NPV}_B = -3\,500$ 万元 $+1\,600$ 万元 $\times (P/A, 10\%, 10) + 180$ 万元 $\times (P/F, 10\%, 10)$

　　　$= -3\,500$ 万元 $+1\,600$ 万元 $\times 6.144\,57 + 180$ 万元 $\times 0.385\,54 = 6\,400.71$ 万元

$\text{NPV}_C = -3\,900$ 万元 $+1\,660$ 万元 $\times (P/A, 10\%, 10) + 200$ 万元 $\times (P/F, 10\%, 10)$

　　　$= -3\,900$ 万元 $+1\,660$ 万元 $\times 6.144\,57 + 200$ 万元 $\times 0.385\,54 = 6\,377.09$ 万元

$\text{NPV}_D = -4\,300$ 万元 $+1\,850$ 万元 $\times (P/A, 10\%, 10) + 250$ 万元 $\times (P/F, 10\%, 10)$

　　　$= -4\,300$ 万元 $+1\,850$ 万元 $\times 6.144\,57 + 250$ 万元 $\times 0.385\,54 = 7\,163.84$ 万元

$\text{NPV}_E = -4\,800$ 万元 $+2\,280$ 万元 $\times (P/A, 10\%, 10) + 300$ 万元 $\times (P/F, 10\%, 10)$

　　　$= -4\,800$ 万元 $+2\,280$ 万元 $\times 6.144\,57 + 300$ 万元 $\times 0.385\,54 = 9\,325.28$ 万元

（2）分别求解五个独立型方案的效率指标（NPVR）。

$$\text{NPVR}_A = \frac{4\,212.04\,万元}{3\,200\,万元} = 1.32$$

$$\text{NPVR}_B = \frac{6\,400.71\,万元}{3\,500\,万元} = 1.83$$

$$\text{NPVR}_C = \frac{6\,377.09\,万元}{3\,900\,万元} = 1.64$$

$$\text{NPVR}_D = \frac{7\,163.84\,万元}{4\,300\,万元} = 1.67$$

$$\text{NPVR}_E = \frac{9\,325.28\,万元}{4\,800\,万元} = 1.94$$

将五个独立型方案的效率指标（NPVR）列表并排序，见表4-15。

表 4-15 五个独立型方案的效率指标及排序

方　案	净现值（万元）	净现值率	排　序
A	4 212.04	1.32	5
B	6 400.71	1.83	2
C	6 377.09	1.64	4
D	7 163.84	1.67	3
E	9 325.28	1.94	1

由表4-15可知，五个方案的净现值率均大于零，可知五个方案均为可行方案，可作为备选方案。同时，根据净现值率从大到小的排序可知，方案的优先顺序为E-B-D-C-A，经计算，前四个方案E、B、D、C的投资额为16 500万元<18 000万元（投资限额），但不能同时选五个方案，因为五个方案的投资总和为19 700万元，超过了投资限额。所以，当投资限额为18 000万元时，最优的投资方案组合是：E、B、D、C。

二、互斥型方案的经济效果评价

在方案互斥的决策结构形式下，经济效果评价包含了两部分内容。首先是考察各个方案自身的经济效果，即进行绝对经济效果检验。其次是考察哪个方案最优，即进行相对经济效果评价。

下面分方案寿命期相等与方案寿命期不相等两种情况讨论互斥型方案的经济效果评价。讨论中使用的主要评价指标有净现值、净年值、费用现值、费用年值和内部收益率。

（一）寿命相等的互斥型方案的经济效果评价

对于寿命相等的互斥型方案，通常将方案的寿命期设定为分析期（或称计算期），这样，在利用资金等值原理进行经济效果评价时，各方案在时间上具有可比性。

1. 净现值法（净年值法、费用现值法、费用年值法）

用净现值法对寿命相等的互斥型方案的经济效果进行评价可以通过以下例题说明（净年值法、费用现值法、费用年值法与净现值法相类似）。

【例4-17】 设A、B两个方案为互斥型方案，其寿命期内各年的净现金流量见表4-16。试用净现值法进行选择（$i_0 = 10\%$）。

表 4-16　互斥型方案 A、B 的现金流量表　　　　　　（单位：万元）

方　案	年　　份	
	0	1~10
A	-502	100
B	-629	150

解：计算并判断如下：

（1）计算各方案的绝对经济效果并加以检验。根据净现值的计算公式计算两方案的净现值如下：

$$\text{NPV}_A = -502\ 万元 + 100\ 万元 \times (P/A, 10\%, 10) = 112.5\ 万元$$

$$\text{NPV}_B = -629\ 万元 + 150\ 万元 \times (P/A, 10\%, 10) = 292.75\ 万元$$

由于 $\text{NPV}_A > 0$，$\text{NPV}_B > 0$，故这两个方案均通过了绝对经济效果检验，即它们在经济效果上均是可行的。

（2）计算两方案的相对经济效果。采用净现值法计算两方案的相对经济效果：

$$\text{NPV}_{B-A} = \text{NPV}_B - \text{NPV}_A = 292.75\ 万元 - 112.5\ 万元$$

$$= 180.25\ 万元$$

由于 $\text{NPV}_{B-A} > 0$，故认为方案 B 优于方案 A，记作 B>A。

（3）确定最优方案。由于 A、B 两方案均通过了绝对经济效果检验，且相对经济效果检验的结论是 B>A，故应选择方案 B，拒绝方案 A。

采用净现值法评价互斥型方案，均应遵循上述实质性步骤。但在实践中，只要计算出各方案自身现金流量的净现值（绝对经济效果），再将其直接比较，就可判定有无最优可行方案。

综合以上分析可得结论如下：在多个互斥型方案中，只有通过绝对经济效果检验的最优方案才是唯一应被接受的方案。对于净现值法而言，可表述为：净现值大于或等于零且净现值最大的方案是最优可行方案。

用净现值指标进行互斥型方案评价的上述判别准则可以推广至净现值的等效指标净年值，即净年值大于或等于零且净年值最大的方案是最优可行方案。对于仅有或仅需计算费用现金流量的互斥型方案，只需进行相对经济效果检验，判别准则是：费用现值或费用年值最小者为最优方案。

2. 内部收益率法

用内部收益率法对寿命相等的互斥型方案的经济效果进行评价时，通常采用增量内部收益率法。采用增量内部收益率法判断方案优劣的步骤如下：

（1）将各技术方案按投资费用从小到大排列，将投资最小的方案作为第一个方案，并计算第一个方案的内部收益率 IRR。如果第一个方案的 IRR 大于等于标准收益率，则保留该方案；否则，淘汰该方案，以此类推。

（2）将保留的方案与下一个方案进行比较，计算两方案的增量内部收益率，若增量内部收益率大于或等于标准收益率，则保留投资大的方案，淘汰投资小的方案；否则，反之。

（3）按上述步骤选出的方案依次与后一个方案比较，直到比较完所有的方案，最终保留的方案为最优方案。

用内部收益率法对寿命相等的互斥型方案的经济效果进行评价可以通过以下例题说明。

【例4-18】 设 $15\% \leqslant i_0 \leqslant 20\%$，A、B、C 为互斥型方案，现金流量见表4-17。选择最优方案。

表4-17 A、B、C互斥型方案的现金流量 （单位：万元）

方　　案	期　初　投　资	净收益(1~10年)
A	5 000	1 400
B	8 000	1 900
C	10 000	2 500

解：用增量内部收益率法比较选择，按投资由小到大排列次序为 A、B、C，方案 A 为第一方案。首先计算第一方案的内部收益率，然后依次比较，过程如下：

(1) A：由 1 400 万元× $(P/A, \Delta IRR_A, 10)$ = 5 000 万元解得

$$\Delta IRR_A = 25\%$$

因为 $\Delta IRR_A > i_0$，所以保留方案 A。

(2) B–A：由 (1 900 万元–1 400 万元) × $(P/A, \Delta IRR_{B-A}, 10)$ = 8 000 万元–5 000 万元解得

$$\Delta IRR_{B-A} = 10.85\%$$

因为 $\Delta IRR_{B-A} < i_0$，所以选择投资小的方案 A。

(3) C–A：由 (2 500 万元–1 400 万元) × $(P/A, \Delta IRR_{C-A}, 10)$ = 10 000 万元–5 000 万元解得

$$\Delta IRR_{C-A} = 17.6\%$$

当 $i_0 = 15\% \sim 17.6\%$ 时，$\Delta IRR_{C-A} \geqslant i_0$，选投资大的方案 C；

当 $i_0 = 17.6\% \sim 20\%$ 时，$\Delta IRR_{C-A} \leqslant i_0$，选投资小的方案 A。

(二) 寿命不相等的互斥型方案的经济效果评价

就评价的基本原则而言，寿命不相等的互斥型方案的经济效果评价与寿命相等的互斥型方案的经济效果评价一样，通常都应进行各方案的绝对经济效果检验与方案之间的相对经济效果检验（仅有费用现金流量的互斥型方案只进行相对经济效果检验）。方案绝对经济效果检验的方法前面已经叙述过，下面讨论寿命不相等的互斥型方案的相对经济效果检验（方案比较选择）。

1. 净年值法

对寿命不相等的互斥型方案进行比较选择时，净年值法是最为简便的方法。评价标准为：净年值大于或等于零且净年值最大的方案是最优可行方案。

【例4-19】 某公司计划更新一台设备，有两方案可供选择，相关数据见表4-18。试做决策（$i_0 = 12\%$）。

表4-18 两方案的相关数据

方　　案	初投资(元)	寿命/年	残值(元)	运行费(元)
设备 A	34 000	3	1 000	20 000
设备 B	65 000	6	5 000	18 000

解：计算两方案费用年值：

$AC_A = 34\,000\,元 \times (A/P, 12\%, 3) - 1\,000\,元 \times (A/F, 12\%, 3) + 20\,000\,元$
$\quad\quad = 33\,857.9\,元$

$AC_B = 65\,000\,元 \times (A/P, 12\%, 6) - 5\,000\,元 \times (A/F, 12\%, 6) + 18\,000\,元$
$\quad\quad = 33\,192\,元$

因为 $AC_A > AC_B$，所以应选设备 B。

2. 净现值法

各方案寿命不相等，其净现值不具有可比性，若采用净现值法需设定一个共同的分析期。分析期的设定应根据决策的需要和方案的技术经济特征来决定。

（1）寿命期最小公倍数法。取各备选方案寿命期的最小公倍数作为共同分析期，对寿命期小于分析期的技术方案可以假设方案在寿命期结束后按原方案重复实施若干次，直至达到分析期。

（2）分析期截止法。净年值法和寿命期最小公倍数法实际上隐含了这样一种假设：各备选方案在其寿命结束时，均可按原方案无限次重复实施，这通常被认为是合理的。但在某些情况下并不符合实际，因为技术进步往往使方案完全重复变得不经济，甚至在实践中是完全不可能的。一种比较可行的方法是利用分析期截止法，即根据对未来市场情况和技术发展的预测直接选取一个合适的分析期，一般取寿命最短方案的寿命期为分析期。这样做的好处是计算最为简便，而且可以完全避免重复性假设。通过比较各个方案在该分析期内的净现值对方案进行比选，净现值最大的方案为最优方案。

分析期截止法涉及寿命期末结束、方案未使用价值的处理问题。其处理方式有三种：①完全承认方案未使用价值；②完全不承认方案未使用价值；③预测方案未使用价值在研究期末的价值，作为现金流入量。

【例 4-20】 现有 A、B 两个互斥型方案，相关资料见表 4-19。基准收益率为 10%，试比选两方案的优劣。

表 4-19　A、B 两方案的相关资料

方　　案	投资（万元）	每年净收益（万元）	期末残值（万元）	寿命期/年
A	10	3	1.5	6
B	15	4	2	9

解：选择方案 A 的 6 年作为比较的分析期。

方式 1：完全承认方案未使用价值，则

$NPV_A = -10\,万元 + 3\,万元 \times (P/A, 10\%, 6) + 1.5\,万元 \times (P/F, 10\%, 6) = 3.9\,万元$

$NPV_B = -15\,万元 \times (A/P, 10\%, 9) \times (P/A, 10\%, 6) + 4\,万元 \times (P/A, 10\%, 6) + 2\,万元 \times (A/F, 10\%, 9) \times (P/A, 10\%, 6) = 6.7\,万元$

因为 $NPV_B > NPV_A$，所以方案 B 优于方案 A。

方式 2：不考虑分析期结束设备未使用价值，则

$NPV_A = -10\,万元 + 3\,万元 \times (P/A, 10\%, 6) + 1.5\,万元 \times (P/F, 10\%, 6) = 3.9\,万元$

$NPV_B = -15\,万元 + 4\,万元 \times (P/A, 10\%, 6) = 2.42\,万元$

因为 $NPV_A > NPV_B$，所以方案 A 优于方案 B。

方式 3：预计分析期结束设备未使用价值为 4 万元，则

$$NPV_A = -10 \text{万元} + 3 \text{万元} \times (P/A,10\%,6) + 1.5 \text{万元} \times (P/F,10\%,6) = 3.9 \text{万元}$$

$$NPV_B = -15 \text{万元} + 4 \text{万元} \times (P/A,10\%,6) + 4 \text{万元} \times (P/F,10\%,6) = 4.68 \text{万元}$$

因为 $NPV_B > NPV_A$，所以方案 B 优于方案 A。

应当强调，选用以上方法时要特别注意各种方法所做的假设。例如，最小公倍数法和净年值法尽管计算简便，但它们不适用于技术更新快的产品和设备方案的比较，因为项目在没有达到计算期前，某些方案存在的合理性已经成了问题。同样，最小公倍数法和年值法也不适于处理更新改造的项目，因为假设不进行改造项目和进行改造的项目反复地实施多次，实际上是不可能的。因此，当人们对项目提供的服务或产品有比较明确的期限时，把这个期限作为计算期来进行各个方案的比较更符合实际。

三、混合型方案的经济效果评价

混合型方案就是在一组备选方案中，既有互斥型方案组合又有独立型方案组合。对于这种类型的投资决策问题，需要认真研究诸方案的相互关系，最终选择的不是单个方案，而是最佳的方案组合。混合型方案的评价和选择的基本程序如下：

（1）形成所有可能的组间方案独立、组内方案互斥的方案组合。

（2）以互斥型方案评价原则进行组内方案评价。

（3）在总的投资限额下，以独立型方案的评价原则选择最优的方案组合。

以下举例说明混合型方案的选择。

【例 4-21】 某公司有三个下属部门 A、B 和 C，各部门提出了若干投资方案，见表 4-20。三个部门之间是独立的，但每个部门内的投资方案之间是互斥的，寿命均为 10 年，$i_0 = 10\%$。试问：

（1）若资金供应没有限制，应如何选择方案？

（2）若资金供应有限制，资金限制在 500 万元之内，应选择哪几个方案？

（3）现在有三种资金供应渠道甲、乙和丙，其资金成本有差别。甲的资金成本为 10%，最多可供应 300 万元；乙的资金成本为 12%，最多可供应 300 万元；丙的资金成本为 15%，最多也可供应 300 万元。应如何选择方案？

（4）当 B 部门的投资方案是该公司必须优先投资方案，资金供应同（3）时，又该如何选择方案？

表 4-20　某公司的投资方案　　　　　　　　　　　（金额单位：万元）

A 部门				B 部门				C 部门			
方案	0 年投资	1~10 年年收入	收益率 IRR（%）	方案	0 年投资	1~10 年年收入	收益率 IRR（%）	方案	0 年投资	1~10 年年收入	收益率 IRR（%）
A_1	100	27.2	24	B_1	100	12.0	3.5	C_1	100	50.9	50
A_2	200	51.2	22.1	B_2	170	30.1	12	C_2	200	63.9	28.8
				B_3	300	45.6	8.5	C_3	300	87.8	26.2

解：采用增量内部收益率法比较选择。预先假定存在各部门的 0 方案（投资和年利润均为 0 万元），这样便于进行增量内部收益率计算。

（1）因为资金供应无限制，A、B、C 部门之间独立，所以此时实际上是各部门间互斥型方案的比较选择，分别计算三个部门方案的增量内部收益率。

A 部门：由 $\Delta IRR_{A_1-0}=0$，$\Delta IRR_{A_2-A_1}=0$，有

-100 万元 $+27.2$ 万元 $\times$（P/A，ΔIRR_{A_1-0}，10）$=0$

-200 万元 $-$（-100 万元）$+$（51.2 万元 -27.2 万元）（P/A，$\Delta IRR_{A_2-A_1}$，10）$=0$

解得

$$\Delta IRR_{A_1-0}=24\%>i_0=10\%，\quad \Delta IRR_{A_2-A_1}=20\%>i_0=10\%$$

所以方案 A_2 优于方案 A_1，应选择方案 A_2。

用同样方法可求得：

B 部门：$\Delta IRR_{B_1-0}=3.5\%<i_0$，故方案 B_1 是无资格方案；

$\Delta IRR_{B_2}=12\%>i_0$，$\Delta IRR_{B_3-B_2}=3.34\%<i_0=10\%$，所以方案 B_2 优于方案 B_3，应选方案 B_2。

C 部门：$\Delta IRR_{C_1-0}=50\%>i_0$，$\Delta IRR_{C_2-C_1}=5\%<i_0=10\%$，所以方案 C_1 优于方案 C_2；

$\Delta IRR_{C_3-C_1}=13.1\%>i_0$，所以方案 C_3 优于方案 C_1，应选方案 C_3。

因此，资金没有限制时，三个部门应分别选择 A_2、B_2 和 C_3 方案。

（2）由于存在资金限制，三个部门投资方案的选择过程为：在上述计算的基础上，将各差额投资方案看成独立型方案问题，按 ΔIRR 由大到小作出方案选择图，如图 4-11 所示。

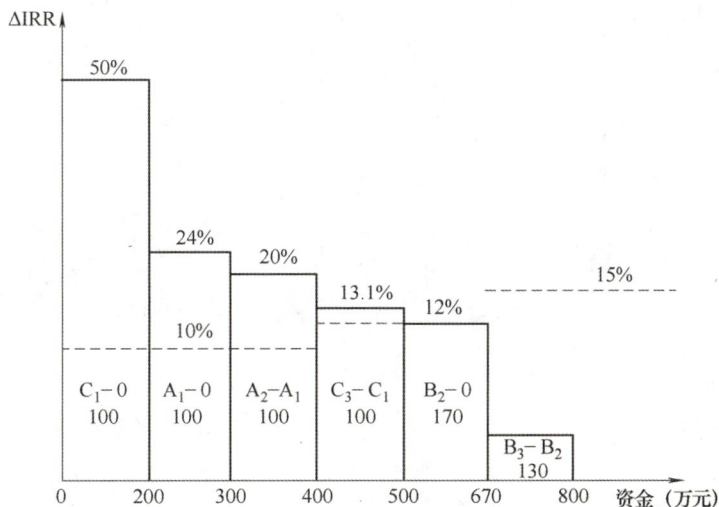

图 4-11　混合型方案的选择图

从图 4-11 可见，当资金限制为 500 万元时，可接受的方案包括 C_1-0、A_1-0、A_2-A_1、C_3-C_1。因为这四个增量投资方案的 ΔIRR 均大于 i_0，且投资额为 500 万元，因此，三个部门应选择的方案为 $(C_1-0)+(A_1-0)+(A_2-A_1)+(C_3-C_1)=A_2+C_3$，即 A 部门的方案 A_2 和 C 部门的方案 C_3。

（3）由于不同的资金供应存在资金成本的差别，把资金成本低的资金优先投资于效率高的方案，即在图 4-11 上将资金成本从小到大画成虚线（图中的三条虚线），当增量投资方

案的 ΔIRR 小于资金成本时，该方案不可接受。从图 4-11 可见，投资额在 500 万元之前的增量投资方案（即 C_1-0、A_1-0、A_2-A_1、C_3-C_1）的 ΔIRR 均大于所对应资金供应的资金成本（即 10% 和 12%）。因此，这些方案均可接受，三个部门的选择方式为 A_2+C_3，而且应将甲供应方式的资金 200 万元投资于方案 A_2，甲供应方式的其余 100 万元和乙供应方式的 200 万元投资于方案 C_3。

（4）B 部门必须投资，由于方案 B_1、方案 B_3 的内部收益率低于基准收益率 10%，所以该两方案不能选择，而方案 B_2 内部收益率为 12%，大于基准收益率 10%，因此，方案 B_2 必须优先选择（此时图 4-11 变成图 4-12）。

和（3）同样的道理，从图 4-12 可见，三个部门的方案应选择 $B_2+C_1+A_2$，即 B 部门投资 170 万元，A 部门投资 200 万元，C 部门投资 100 万元，而且甲资金供应方式的 300 万元投资于 B 部门 170 万元和 C 部门 100 万元，乙资金供应方式的 200 万元投资于 A 部门。

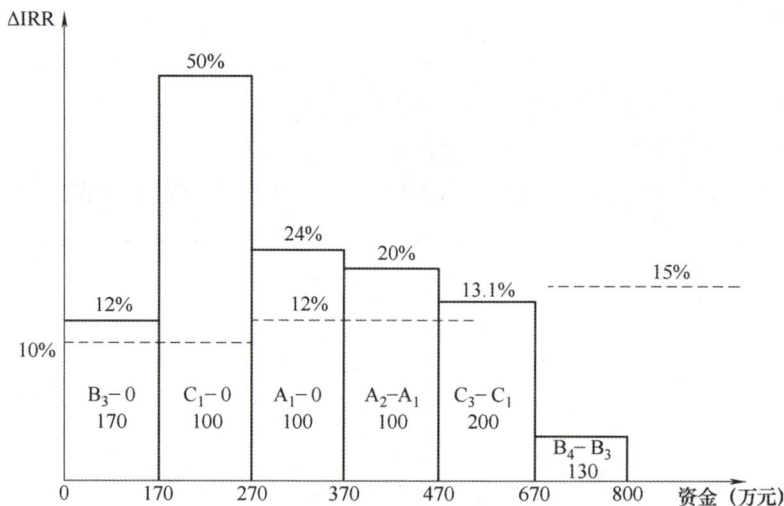

图 4-12　有优先选择的混合型方案选择图

课后案例

某物流设备制造公司的项目评价

某物流设备制造公司是一家综合性物流设施与设备研发、生产与销售的大型公司。该公司经过多年市场调查发现，我国的物流市场需求逐年扩大，从而对物流设备的需求量也逐年增加。

该物流设备制造公司经过市场调研后发现，我国对物流机器人的需求增加较快，于是决定投资研发物流机器人。公司经过广泛的市场调查发现，市场集中对五种型号（A、B、C、D、E）物流机器人的需求量较大。该物流设备制造公司一方面考虑到五种型号物流机器人的应用前景，从功能性、通用性、安全性、灵活性等方面进行比较，另一方面考虑到公司技术实力与技术积累的优势，决定研发 C 型物流机器人，本厂的物流机器人型号定为：OB-C-21。

该物流设备制造公司决定于 2021 年投资研发并生产 OB-C-21 型物流机器人。经过公司详细的测算与市场预测，相关情况为：OB-C-21 型物流机器人在 2021 年年初一次性投入研发费用共计 2 000 万元，2021 年研发成功并投入生产与销售。经预测，2021 年销售量为 200 台，2022 年—2026 年，每年销售量均为 300 台。在企业对 OB-C-21 型物流机器人的生产与销售阶段，企业每年的固定成本为 180 万元，每台物流机器人在生产加工时物料、人工等方面的变动成本为 8 万元，每台物流机器人的平均销售成本为 6 000 元，物流机器人的售价为 18.9 万元/台。

（资料来源：改编自 http：//jpkc. xcc. sc. cn：8000/xmglx/jcjs/xx2d）

讨论题：

1. 期初该物流设备制造公司在进行投资分析时，采用的贴现率（基准折现率）为 12%，为了方便计算，假设每年的固定成本、变动成本、销售成本、销售收入都计算在每年年末。根据上述条件，分析该物流设备制造公司从 2021 年至 2026 年的现金流量，并将有关数据填入表 4-21 中。计算并填表之后，请判断该项目是否可行？为什么？

表 4-21　物流设备制造公司现金流量　　　　　　（金额单位：万元）

项　　目	年　　度						
	2021（年初）	2021	2022	2023	2024	2025	2026
投资							
销售量（台）							
销售收入							
固定成本							
变动成本							
销售费用							
贴现率（12%）	1	0.892 9	0.797 2	0.711 8	0.635 5	0.567 4	0.506 6
净现值							
累计净现值							

2. 根据表 4-21 中的数据计算（$i_0 = 12\%$）该项目的动态投资回收期。

3. 如果该物流设备制造公司所用的全部资金都是银行贷款，假设贷款利率为 6%，那么该公司通过项目收益归还银行贷款的实际投资回收期与上述计算的动态投资回收期相比会有什么差异？

4. 在项目的论证中，通常需要计算项目的内部收益率，请说明项目的内部收益率计算步骤及其经济含义。

5. 投资回收期法有哪些优点与缺点？

6. 净现值法有哪些优点与缺点？

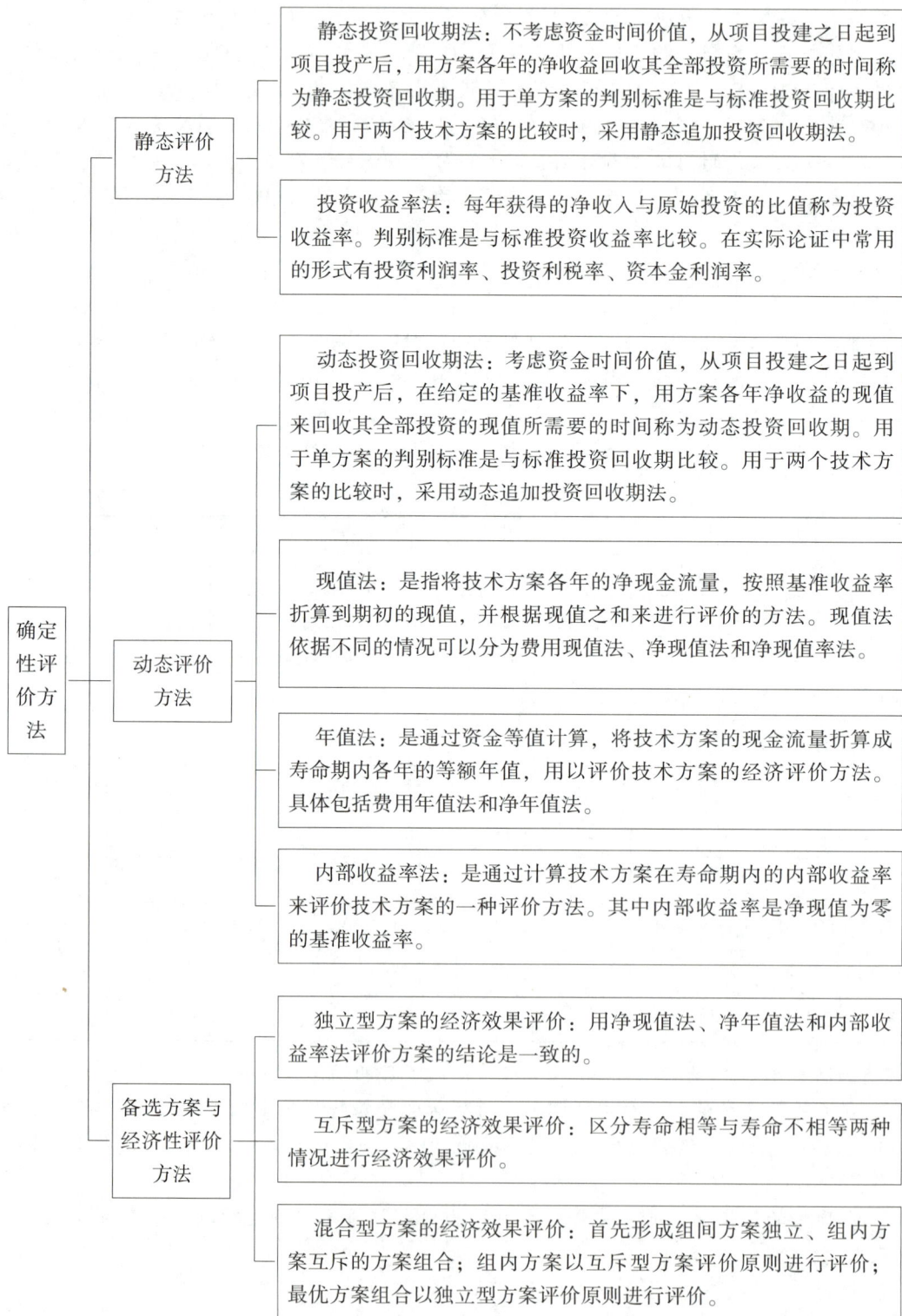

本 章 小 结

静态评价方法

静态投资回收期法：不考虑资金时间价值，从项目投建之日起到项目投产后，用方案各年的净收益回收其全部投资所需要的时间称为静态投资回收期。用于单方案的判别标准是与标准投资回收期比较。用于两个技术方案的比较时，采用静态追加投资回收期法。

投资收益率法：每年获得的净收入与原始投资的比值称为投资收益率。判别标准是与标准投资收益率比较。在实际论证中常用的形式有投资利润率、投资利税率、资本金利润率。

动态评价方法

动态投资回收期法：考虑资金时间价值，从项目投建之日起到项目投产后，在给定的基准收益率下，用方案各年净收益的现值来回收其全部投资的现值所需要的时间称为动态投资回收期。用于单方案的判别标准是与标准投资回收期比较。用于两个技术方案的比较时，采用动态追加投资回收期法。

现值法：是指将技术方案各年的净现金流量，按照基准收益率折算到期初的现值，并根据现值之和来进行评价的方法。现值法依据不同的情况可以分为费用现值法、净现值法和净现值率法。

年值法：是通过资金等值计算，将技术方案的现金流量折算成寿命期内各年的等额年值，用以评价技术方案的经济评价方法。具体包括费用年值法和净年值法。

内部收益率法：是通过计算技术方案在寿命期内的内部收益率来评价技术方案的一种评价方法。其中内部收益率是净现值为零的基准收益率。

备选方案与经济性评价方法

独立型方案的经济效果评价：用净现值法、净年值法和内部收益率法评价方案的结论是一致的。

互斥型方案的经济效果评价：区分寿命相等与寿命不相等两种情况进行经济效果评价。

混合型方案的经济效果评价：首先形成组间方案独立、组内方案互斥的方案组合；组内方案以互斥型方案评价原则进行评价；最优方案组合以独立型方案评价原则进行评价。

确定性评价方法

思 考 题

1. 经济效果评价方法有哪些?
2. 经济效果评价指标有哪些类型?
3. 静态评价指标和动态评价指标有何区别?
4. 如何理解投资回收期? 投资回收期如何计算?
5. 什么是内部收益率? 内部收益率的本质如何理解?
6. 什么是净现值? 净现值小于零是什么意思?
7. 能否运用内部收益率指标进行方案优劣的比较? 为什么?
8. 确定性评价方法中的静态评价方法和动态评价方法有何区别和联系? 试列表比较。
9. 独立型方案的选择、互斥型方案的选择和混合型方案的选择三者之间有何异同?

练 习 题

1. 某方案的现金流量见表 4-22,$i_0 = 10\%$,试求该投资方案的静态投资回收期和动态投资回收期。

表 4-22 方案现金流量　　　　　　　　（单位: 万元）

年　　份	0	1	2	3	4	5	6
净现金流量	−60	−40	30	50	50	50	50

2. 某项目初始投资为 8 000 元,在第 1 年年末现金流入为 2 000 元,第 2 年年末现金流入 3 000 元,第 3、4 年年末的现金流入均为 4 000 元,试计算该项目的净现值、净年值、净现值率、内部收益率、动态投资回收期 ($i_0 = 10\%$)。

3. 在某一项目中,有两种机器可以选用,都能满足生产需要。机器 A 买价为 10 000 元,在第 6 年年末的残值为 4 000 元,其年运行费用前 3 年为 5 000 元,后 3 年为 6 000 元。机器 B 买价为 8 000 元,第 6 年年末的残值为 3 000 元,其年运行费用前 3 年为 5 500 元,后 3 年为 6 500 元。运行费用增加的原因是维护修理工作量及效率上的损失随着机器使用时间的延长而增加。若基准收益率为 15%,试用费用现值法和费用年值法进行选择。

4. 某企业为满足生产需要,有两种方案可供选择:一是以 40 000 元购置一台旧机床,年运行费用估计为 32 000 元,当该机床在第 4 年更新时残值为 7 000 元。二是以 60 000 元购置一台新机床,其年运行费用为 26 000 元,当它在第 4 年更新时残值为 9 000 元。若基准收益率为 10%,问应选择哪个方案?

5. 某制造企业考虑三个投资方案。在 5 年计划期中,这三个投资方案的现金流量见表 4-23（该企业的最低期望收益率为 10%）。

（1）假设这三个方案是独立的,且资金没有限制,那么应选择哪个或哪些方案?

（2）在（1）中假定资金限制在 160 000 元,试选出最好的方案。

（3）假设方案 A、B、C 是互斥型的,试用增量内部收益率法选出最合适的投资方案。

表 4-23 三个投资方案的现金流量　　　　　　（单位: 元）

方　　案	A	B	C
最初成本	65 000	58 000	93 000
年净收入（1~5 年年末）	18 000	15 000	23 000
残　　值	12 000	10 000	15 000

6. 某企业拟购置机器设备一套,有 A、B 两种型号可供选择,两种型号机器的性能相同,但使用年限不同,有关资料见表 4-24。如果基准收益率为 10%,应选用哪一种型号的设备?

表 4-24　设备的有关资料　　　　　（单位：元）

设备	设备售价	维修及操作成本								残值
		第1年	第2年	第3年	第4年	第5年	第6年	第7年	第8年	
A	20 000	4 000	4 000	4 000	4 000	4 000	4 000	4 000	4 000	3 000
B	10 000	3 000	4 000	5 000	6 000	7 000				1 000

7. 某企业现有若干互斥型投资方案，有关数据见表 4-25。

表 4-25　投资方案的有关数据　　　　　（单位：万元）

方　　案	初 始 投 资	年 净 收 入
0	0	0
A	2 000	500
B	3 000	900
C	4 000	1 100
D	5 000	1 380

以上各方案寿命期均为 7 年，试问：当基准收益率为 10% 时，资金无限制，哪个方案最佳？

8. 某石化公司为发展精细化工，现准备在 A、B、C、D 四个方向上投资。每个方向上都有若干方案，每个方案的寿命均为 5 年，有关资料见表 4-26。

表 4-26　某石化公司投资方案的有关资料　　　　　（单位：万元）

投资部门	方　　案	投　　资	年　收　益
A	A_1	10 000	2 505
	A_2	20 000	5 548
	A_3	30 000	7 904
B	B_1	10 000	3 344
	B_2	20 000	6 399
	B_3	40 000	11 700
C	C_1	10 000	3 494
	C_2	20 000	6 299
	C_3	30 000	9 321
D	D_1	10 000	3 200

（1）若无资金限额，基准内部收益率为 10% 时，如何选择方案？
（2）若投资总额为 90 000 万元，期望投资收益率为 12% 时，又应如何选择？

练习题参考答案

用微信扫描二维码，可以查看练习题的参考答案。

不确定性评价方法

1. 掌握盈亏平衡分析的含义、理论和应用。
2. 掌握敏感性分析的含义、步骤和应用。
3. 掌握概率分析的含义、步骤和应用。

内容提要

　　由于信息和资料来源有限，技术方案的经济评价具有一定程度的不确定性。为了提高技术方案经济评价的可靠性，需要深入分析不确定因素对经济评价指标的影响，即进行不确定性分析。不确定性分析就是计算分析各种不确定因素的变化对技术方案经济效果（财务上的和国民经济上的）的影响，估算技术方案可能承担的风险，以便确定技术方案在财务上、经济上的可靠性，提高技术方案投资的科学性。不确定性分析的主要方法有：盈亏平衡分析、敏感性分析、概率分析。盈亏平衡分析只用于财务评价，而敏感性分析和概率分析可同时用于财务评价和国民经济评价。

第一节　盈亏平衡分析

　　盈亏平衡分析是在一定市场、生产能力、经营管理条件下，通过对产品产量、成本、利润相互关系的分析，确定技术方案收益与成本平衡时的盈亏平衡点（BEP），计算出技术方案可承受多大风险而不至于发生亏损的经济界限。这是从经营保本的角度来估计投资风险性的一种方法。

　　各种不确定因素（如成本、销售量等）的变化会影响技术方案的经济效果，当这些因素的变化达到某一临界值时，就会影响技术方案的取舍。因此，盈亏平衡分析的主要目的就是找到这种临界值，以判断技术方案对不确定因素变化的承受能力，为评价和决策提供科学的依据。盈亏平衡分析只用于财务评价。

一、盈亏平衡分析的含义

　　盈亏平衡分析又称损益平衡分析或量本利分析，是指通过分析产品产量、成本和盈利之间的关系，找出技术方案盈利和亏损在产量、单价、成本等方面的临界点，以判断不确定因素对技术方案经济效果的影响程度，说明技术方案实施的风险大小的一种不确定性评价方法。这些临界点称为盈亏平衡点（Break-even Point，BEP）。

盈亏平衡点是技术方案盈利与亏损的分界点，它表示技术方案不盈不亏的生产经营临界水平，反映了在一定的生产经营水平下，技术方案的收益与成本的平衡关系。盈亏平衡点越低，说明技术方案盈利的可能性越大，风险越小。

技术方案的收益与成本都是产品产量的函数。若按分析要素间的函数关系不同，即根据生产成本及销售收入与产量（销售量）之间是否呈线性关系，盈亏平衡分析可以分为线性盈亏平衡分析和非线性盈亏平衡分析。线性盈亏平衡分析是指技术方案的总成本费用、销售收入与产量呈线性关系；非线性盈亏平衡分析是指技术方案的总成本费用、销售收入与产量呈非线性关系。本书只介绍线性盈亏平衡分析。

二、盈亏平衡分析的基本理论

（一）线性盈亏平衡分析的假设条件

线性盈亏平衡分析是指技术方案的总成本费用、销售收入与产量呈线性关系。平衡点所对应的产量（销售量）是销售收入等于总成本费用，即利润等于零时的产量（销售量）。进行线性盈亏平衡分析存在以下假设条件：

（1）成本是产量（销售量）的函数。

（2）产量等于销售量。

（3）变动成本随产量按比例变化。

（4）在所分析的产量范围内，固定成本保持不变。

（5）销售收入是销售价格和销售量的线性函数，即产品的销售价格在任何销售水平上都是相同的。

（6）所采用的数据均为正常年份（即达到设计能力生产期）的数据。

（7）只生产单一产品，或者生产多种产品，但可以换算为单一产品计算。

（二）成本分解

1. 总成本费用

总成本费用是指技术方案在一定时期内（一般为一年），为生产和销售产品而花费的全部成本和费用。总成本费用由生产成本、管理费用、财务费用和销售费用组成。生产成本包括技术方案的各项直接支出（如直接材料、直接工资和其他直接支出）及制造费用。管理费用是指为管理和组织技术方案的经营活动而发生的各项费用。财务费用是指为筹集技术方案的资金而发生的各项费用。销售费用是指销售产品和提供劳务而发生的各项费用。

2. 固定成本和变动成本

技术方案的总成本费用按其与产量的关系可以分为固定成本、变动成本和半变动成本三个部分。

（1）固定成本。固定成本是指在一定的生产规模限度内不随产量的变动而变动的费用，如厂房和机器设备的折旧、保险费、管理人员的工资等，有时也将某一较短时间内（通常为一年）的研究开发费、广告费、职工培训费等计入。固定成本不受产量变动影响是有前提条件的，即产量是在一定的范围内变动，如果产量超过这一范围，固定成本就会发生跳跃性的变动，所以，从长期角度看，不存在任何固定成本。

（2）变动成本。变动成本是指随产品产量的变动而成正比例变动的费用，如直接材料费、直接人工费等。直接材料费是指在生产过程中直接消耗于产品生产的各种物质。直接人工费是指在生产过程中直接从事产品生产的人员的工资性消耗。

（3）半变动成本。半变动成本是指随产品产量的变动而不成正比例变动的费用，如与生产批量有关的某些消耗性材料费用、工夹模具费用及运输费用等，这部分变动成本随产品产量变动的规律一般是呈阶梯形的。由于半变动成本在总成本费用中所占比例很小，在经济分析中一般可以近似地认为它也随产量的变动而成正比例变动。

由以上分析可知，总成本费用是固定成本与变动成本之和，它与产品的产量（销售量）呈线性关系，表达式为

$$C = C_f + C_v Q \tag{5-1}$$

式中　C——总成本费用；

　　　C_f——固定成本；

　　　C_v——单位产品变动成本；

　　　Q——产量（销售量）。

当然，对成本的划分不是一成不变的，哪些属于固定成本，哪些属于变动成本应视具体部门、具体行业的情况而定。

（三）销售收入

技术方案的收益就是产品的销售收入。销售收入是技术方案垫支资金的回收或资金增值的实现，是技术方案生产成果的货币表现。产品的产量、成本、利润呈线性关系，这就意味着技术方案的生产销售活动不会明显影响市场的供求状况，即在市场其他条件不变的情况下，产品价格不随其销售量的变动而变动，可以将其看作一个常数。

销售收入与销售量呈线性关系，则有

$$B = PQ \tag{5-2}$$

式中　B——税后销售收入（企业角度）；

　　　P——单位产品价格（完税价格）；

　　　Q——产品产量（销售量）。

（四）盈亏平衡点及其确定

1. 图解法

图解法是利用二维坐标的盈亏平衡图来分析成本、收入、产量三者的关系。以横坐标表示产量，以纵坐标表示销售收入与产品成本的金额，将式（5-1）和式（5-2）在同一坐标图上表示出来，在图上作出总成本费用线和销售收入线，则可以画出产量、成本、利润关系分析图，就构成了盈亏平衡分析图。

具体做法如下：首先绘制固定成本线 C_f，再绘制从原点出发的销售收入线 B 和总成本费用线 C，销售收入线和总成本费用线的交点即为盈亏平衡点，如图 5-1 所示。从图 5-1 中可见，销售

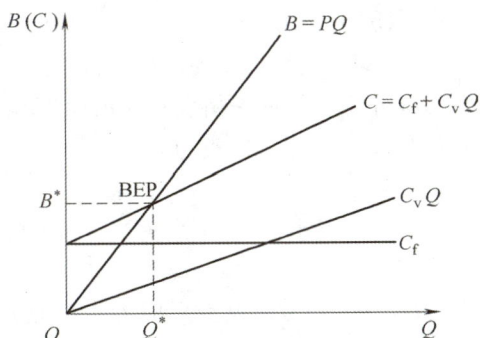

图 5-1　盈亏平衡分析图

收入线 B 与总成本费用线 C 有一交点，在此交点上销售收入等于总成本费用，这一交点就是盈亏平衡点（BEP）。从盈亏平衡点画一条垂直线与横坐标相交于 Q^* 处，Q^* 是以产量表示的盈亏平衡点；从盈亏平衡点画一条水平线与纵坐标相交于 B^* 处，B^* 是以金额表示的盈亏平衡点。

从图 5-1 中可见，BEP 就是技术方案盈利和亏损的临界点。在 BEP 的左侧，C 大于 B，技术方案亏损；在 BEP 的右侧，C 小于 B，技术方案盈利；在 BEP 上，C 等于 B，技术方案不亏不盈。

利用图解法可以分析出各种类型的拟建技术方案的盈亏平衡情况。因为固定成本是影响盈亏平衡点高低的重要因素之一，所以在对同一项目的不同技术方案进行盈亏平衡分析时，必须注意并正确把握固定成本的变化对项目盈利性的影响。

2. 代数解析法

代数解析法也称公式法，是在销售收入及总成本费用都与产量呈线性关系的情况下，以代数方程式表示产品销售的数量、成本、利润之间的数量关系，然后再以此确定盈亏平衡点的方法。盈亏平衡点既可以用实物产量、单位产品售价、单位产品变动成本、年固定成本总量表示，也可以用生产能力利用率相对量表示。其中，产量与生产能力利用率是进行项目不确定性分析中应用较广的。

当盈亏平衡时，有

$$PQ^* = C_f + C_v Q^* \tag{5-3}$$

式中　Q^*——盈亏平衡点对应的产量。

（1）以产量表示的盈亏平衡点。盈亏平衡点对应的产量为

$$Q^* = \frac{C_f}{P - C_v} \tag{5-4}$$

其中，$P-C_v$ 表示每销售一单位产品补偿变动成本后所剩余的收入，被称为单位产品的边际贡献。与此相关的两个概念分别是边际贡献率和边际贡献总额。边际贡献率是指单位产品的边际贡献与单件产品售价之比。边际贡献总额是单位边际贡献与销售量的乘积。

根据预测和估算出的成本资料，用式（5-4）可以计算出销售收入等于总成本费用时的产品生产量（销售量），即保本产量。计算出的盈亏平衡点上的产量（销售量）越低，表示投资项目的风险越小。因为只要销售少量的产品就可以不发生亏损，而实际销售量只要超过盈亏平衡点就可以盈利。因此，可以用盈亏平衡点对应的产量（销售量）的大小来判断技术方案风险的大小。

（2）以生产能力利用率表示的盈亏平衡点。生产能力利用率是指实际产量占设计生产能力的百分比。盈亏平衡点对应的生产能力利用率是指盈亏平衡点对应的产量占设计生产能力的百分比。其计算公式为

$$E^* = \frac{Q^*}{Q_0} \times 100\% = \frac{C_f}{(P - C_v)Q_0} \times 100\% \tag{5-5}$$

式中　E^*——盈亏平衡点对应的生产能力利用率；
　　　Q_0——技术方案设计的生产能力。

E^* 越小，即盈亏平衡点越低，说明技术方案的经营安全率（$1-E^*$）就越高，表明技术方案生产经营潜力大，抗风险能力强，能够取得满意的经济效益，技术方案比较合理。具体分析时的指标可以参见表 5-1。

（3）以销售价格表示的盈亏平衡点。按设计能力进行生产和销售，则盈亏平衡点对应的销售价格为

表 5-1　经营安全状态判断

经营安全状态	危险	应警惕	不太安全	比较安全	安全
经营安全率	10%以下	10%~15%	15%~25%	25%~30%	30%以上
生产能力利用率	90%以上	85%~90%	75%~85%	70%~75%	70%以下

$$P^* = C_v + \frac{C_f}{Q_0} \qquad (5\text{-}6)$$

式中　P^*——盈亏平衡点对应的销售价格。

（4）以单位产品变动成本表示的盈亏平衡点。按设计能力进行生产和销售，且销售价格已定，则盈亏平衡点对应的单位产品变动成本为

$$C_v^* = P - \frac{C_f}{Q_0} \qquad (5\text{-}7)$$

式中　C_v^*——盈亏平衡点对应的单位产品变动成本。

（5）以销售额表示的盈亏平衡点。盈亏平衡点对应的销售额为

$$S^* = \frac{C_f}{1-K} \qquad (5\text{-}8)$$

式中　S^*——盈亏平衡点对应的销售额；

　　　K——单位变动成本与销售价格之比。

【例 5-1】　某技术方案设计生产能力为 14 万 t/年，单位产品售价为 510 元/t，总固定成本为 1 500 万元，单位变动成本为 250 元/t，分别求以产量、生产能力利用率、销售价格表示的盈亏平衡点。

解：由式（5-4）得盈亏平衡点对应的产量，即

$$Q^* = \frac{C_f}{P-C_v} = \frac{1\ 500 \times 10^4\ \text{元}}{510\ \text{元/t} - 250\ \text{元/t}} = 5.77 \times 10^4\ \text{t}$$

由式（5-5）得盈亏平衡点对应的生产能力利用率，即

$$E^* = \frac{Q^*}{Q_0} \times 100\% = \frac{C_f}{(P-C_v)Q_0} \times 100\%$$

$$= \frac{1\ 500 \times 10^4\ \text{元}}{(510-250)\ \text{元/t} \times 14 \times 10^4\ \text{t}} \times 100\% = 41.2\%$$

由式（5-6）得盈亏平衡点对应的销售价格，即

$$P^* = C_v + \frac{C_f}{Q_0} = 250\ \text{元/t} + \frac{1\ 500 \times 10^4\ \text{元}}{14 \times 10^4\ \text{t}} = 357.1\ \text{元/t}$$

此时，结合表 5-1 可以看出，技术方案的生产能力利用率为 41.2%，经营安全率比较高，可以取得比较满意的经济效益，该技术方案比较合理。

【例 5-2】　某投资项目计划生产能力为 10 万台/年，年固定成本为 1 200 万元，单位产品变动成本为 620 元，产品销售价格为 820 元/台，试确定盈亏平衡点。

解：盈亏平衡点对应的产量为

$$Q^* = \frac{C_f}{P - C_v} = \frac{1\ 200 \times 10^4\ 元}{(820 - 620)\ 元/台} = 60\ 000\ 台$$

盈亏平衡点对应的生产能力利用率为

$$E^* = \frac{Q^*}{Q_0} \times 100\% = \frac{C_f}{(P - C_v)Q_0} \times 100\%$$

$$= \frac{1\ 200 \times 10^4\ 元}{(820 - 620)\ 元/台 \times 10 \times 10^4\ 台} \times 100\% = 60\%$$

所以，当产量达到 60 000 台时，该项目可实现盈亏平衡；或者说当生产能力利用率超过 60% 时，该项目可实现盈利。

三、盈亏平衡分析的应用

（一）用于单个技术方案的经济评价

用于单个技术项目或技术方案经济评价的盈亏平衡分析主要是通过计算盈亏平衡点，结合市场预测，对投资技术方案发生亏损的可能性做出大致判断。

首先计算出盈亏平衡点的产量、生产能力利用率或销售额等，再与技术方案的设计产量、要求达到的生产能力利用率或者销售额进行比较，然后对技术方案进行经济评价。

【例 5-3】　某技术方案年设计生产能力为生产某种产品 3 万件，产品售价为 3 000 元/件，总成本费用为 7 500 万元，其中固定成本 3 000 万元，总变动成本与产品产量成正比例关系，求以产量、生产能力利用率、销售价格、单位产品变动成本表示的盈亏平衡点，并做出经济评价。

解：（1）求盈亏平衡点。首先，计算单位产品变动成本：

$$C_v = \frac{(7\ 500 - 3\ 000) \times 10^4\ 元}{30\ 000\ 件} = 1\ 500\ 元/件$$

然后，由式（5-4）、式（5-5）、式（5-6）和式（5-7）可以分别得出盈亏平衡点对应的产量、生产能力利用率、销售价格和单位变动成本，即

$$Q^* = \frac{C_f}{P - C_v} = \frac{3\ 000 \times 10^4\ 元}{(3\ 000 - 1\ 500)\ 元/件} = 20\ 000\ 件$$

$$E^* = \frac{Q^*}{Q_0} \times 100\% = \frac{C_f}{(P - C_v)Q_0} \times 100\%$$

$$= \frac{3\ 000 \times 10^4\ 元}{(3\ 000 - 1\ 500)\ 元/件 \times 3 \times 10^4\ 件} \times 100\% = 66.7\%$$

$$P^* = C_v + \frac{C_f}{Q_0} = 1\ 500\ 元/件 + \frac{3\ 000 \times 10^4\ 元}{3 \times 10^4\ 件} = 2\ 500\ 元/件$$

$$C_v^* = P - \frac{C_f}{Q_0} = 3\ 000\ 元/件 - \frac{3\ 000 \times 10^4\ 元}{3 \times 10^4\ 件} = 2\ 000\ 元/件$$

（2）进行经济评价。若未来的产品销售价格及生产成本与预期值相同，方案不发生亏损的条件是年销售量不低于 20 000 件，生产能力利用率不低于 66.7%；若按设计能力进行生产并能全部销售，生产成本与预期值相同，方案不发生亏损的条件是产品价格不低于 2 500 元/件；若产品的销售量、产品价格与预期值相同，方案不发生亏损的条件是每件产品的变动成本不高于 2 000 元。

（二）用于互斥型技术方案的选择

对于互斥型技术方案，可以通过盈亏平衡分析，帮助在不确定条件下进行比较选择，这也称为优劣平衡分析。

在需要对两个或两个以上互斥型技术方案进行选择的情况下，一般要特别注意互斥型技术方案的总费用支出必须和同一经济参量有关。当该经济参量取某一数值时，互斥型技术方案的总费用相等，由此可以利用盈亏平衡点来评价各互斥技术方案之间的相对优劣。

设两个互斥型技术方案的经济效果都受不确定因素 x 的影响，可以把 x 看作一个变量，把两个技术方案的经济效果指标表示为 x 的函数，即

$$E_1 = f_1(x)$$
$$E_2 = f_2(x)$$

式中　E_1、E_2——分别为技术方案 1 与技术方案 2 的经济效果指标。

当两个技术方案的经济效果相同时，则有

$$f_1(x) = f_2(x) \tag{5-9}$$

解出使这个方程式成立的 x 值，即为技术方案 1 与技术方案 2 的盈亏平衡点。结合对不确定因素 x 未来取值范围的预测，也就决定了这两个技术方案的取舍。

下面给出由成本表示的两个技术方案的盈亏平衡点计算公式：设有两个技术方案，其固定成本总额分别是 C_{f1}、C_{f2}，单位变动成本分别为 C_{v1}、C_{v2}，在平衡点处，两个技术方案的总成本相等，即

$$C_{f1} + Q^* C_{v1} = C_{f2} + Q^* C_{v2}$$

解之得

$$Q^* = \frac{C_{f1} - C_{f2}}{C_{v2} - C_{v1}} \tag{5-10}$$

【例 5-4】　某公司生产某种产品有三种技术方案可供选择，引入成套设备的技术方案 1，年固定成本为 80 万元，单位产品变动成本为 1 元；引入关键设备的技术方案 2，年固定成本为 50 万元，单位变动成本为 2 元；购买国内先进设备的技术方案 3，年固定成本为 30 万元，单位变动成本为 3 元。分析各种技术方案使用的生产规模。

解：根据题意列出三个技术方案总成本费用函数：

$$C_1 = C_{f1} + C_{v1} Q = 80 + Q$$
$$C_2 = C_{f2} + C_{v2} Q = 50 + 2Q$$
$$C_3 = C_{f3} + C_{v3} Q = 30 + 3Q$$

根据总成本费用函数可以画出各技术方案的总成本费用函数曲线，如图 5-2 所示。由

图 5-2 可知，三个技术方案的总成本费用曲线是两两相交的，它们的交点即为相应技术方案的盈亏平衡点（优劣平衡点）。

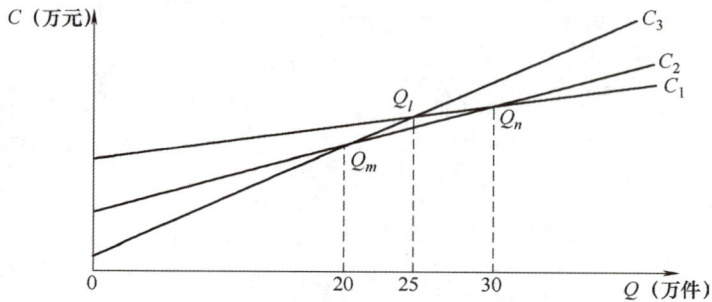

图 5-2　各技术方案的总成本费用函数曲线

当 $Q = Q_m$ 时，$C_2 = C_3$，即 $C_{f2} + C_{v2} Q_m = C_{f3} + C_{v3} Q_m$，则
$$Q_m = 20 \text{ 万件}$$
当 $Q = Q_n$ 时，$C_2 = C_1$，即 $C_{f2} + C_{v2} Q_n = C_{f1} + C_{v1} Q_n$，则
$$Q_n = 30 \text{ 万件}$$
当 $Q = Q_l$ 时，$C_1 = C_3$，即 $C_{f1} + C_{v1} Q_l = C_{f3} + C_{v3} Q_l$，则
$$Q_l = 25 \text{ 万件}$$

结合图 5-2 进行分析，根据实际情况选出最佳技术方案：当预期产量低于 20 万件时，应采用技术方案 3；当预期产量在 20 万件至 30 万件之间时，应采用技术方案 2；当预期产量高于 30 万件时，应采用技术方案 1。

（三）用于技术方案的经济合理性评价

用于对技术方案的经济合理性进行评价的盈亏平衡分析主要是分析各种不确定因素向最大可能数值变化后，通过计算其生产能力利用率或者经营安全指标，再与规定的基准值或者要求的数值进行比较。

【例 5-5】　某技术项目的设计能力为年产某产品 8 万只，固定成本总额为 180 万元，单位产品变动成本为 100 元，产品售价为 150 元/只。经科学预测，投产后总固定成本可能增长 20%，单位产品变动成本可能增加 10 元，售价可能下降 10 元，生产能力可能增加 5 000 只/年。主管部门要求经营安全率在 30% 以上，试分析此技术项目在经济上是否可行。

解：根据题意可知
$$C_f = 180 \text{ 万元} \times (1 + 20\%) = 216 \text{ 万元}$$
$$C_v = 100 \text{ 元/只} + 10 \text{ 元/只} = 110 \text{ 元/只}$$
$$Q_0 = 8 \text{ 万只} + 0.5 \text{ 万只} = 8.5 \text{ 万只}$$
$$P = 150 \text{ 元/只} - 10 \text{ 元/只} = 140 \text{ 元/只}$$

将这些数据代入式（5-5）得
$$E^* = \frac{Q^*}{Q_0} \times 100\% = \frac{C_f}{(P - C_v) Q_0} \times 100\%$$

$$= \frac{216 \times 10^4 \ 元}{(140-110) \ 元/只 \times 8.5 \times 10^4 \ 只}$$

$$= 84.7\%$$

因此，经营安全率为 $1-84.7\% = 15.3\%$。由于经营安全率低于要求的 30%，所以这个技术项目是不可行的。

可见，通过对产量、成本、销售收入三者之间的盈亏平衡分析，可以预测经济形势变化带来的影响，分析技术方案抵御风险的能力，从而为投资技术方案的优劣分析与决策提供重要的科学依据。

第二节　敏感性分析

盈亏平衡分析讨论了价格、产量、成本等不确定因素的变化对技术方案盈利的影响，但这种分析并不能判断方案本身盈利能力的大小。另外，盈亏平衡分析是一种静态分析，没有将资金的时间价值因素和方案计算期的现金流量的变化考虑在内，因此，其计算出来的结果和得出的结论仍是比较粗略的，还需要采用其他动态的不确定性分析方法来分析判断因不确定因素变化而引起方案本身盈利水平变化的幅度。敏感性分析就是这样一种在经济决策中常用的不确定性分析方法。

一、敏感性分析的含义

敏感性分析又称为灵敏度分析，是指通过分析预测技术方案的主要不确定因素（如销售收入、成本、投资等）发生变化时对经济评价指标的影响，并确定其影响程度，从中找出敏感性因素，以便提出相应的控制对策，供决策者分析研究。

一般来说，投资风险的根源是未来环境变化的不确定性，但是各种不确定因素给技术方案带来的风险程度并不完全一样，对技术方案的经济效果评价值（如净现值、内部收益率等）的影响程度也是不同的。有的因素变动幅度虽不大，但对评价值的影响程度却很大，这表明评价值对该因素的变化反应敏感，则此因素称为敏感性因素；反之，某个因素变动幅度较大，而对评价值的影响程度并不大，这表明评价值对该因素的变化反应并不敏感，则称此因素为非敏感性因素。因此，敏感性强弱是指经济效果评价值对不确定因素变化的敏感程度。显而易见，敏感性因素的不确定性给技术方案带来的风险更大一些。所以，敏感性分析的核心问题就是从众多的不确定因素中找出敏感性因素，并提出有针对性的控制措施，供决策者研究。

敏感性分析根据不确定因素每次变动数目的多少，可以分为单因素敏感性分析和多因素敏感性分析。单因素敏感性分析是假定其他因素保持不变，只考虑一个不确定因素发生变化对经济效果评价指标影响程度的分析方法。多因素敏感性分析是考虑多个不确定因素同时发生变化对经济效果评价指标影响程度的分析方法。由于敏感性分析侧重于对最敏感的关键性因素进行分析，因此，通常是进行单因素敏感性分析，必要时也可以进行多因素敏感性分析。

二、敏感性分析的步骤

敏感性分析通常以单因素敏感性分析为主，因此，单因素敏感性分析的步骤也就是敏感性分析的一般步骤。其分析的步骤如下：

（一）确定敏感性分析指标

分析指标是敏感性分析的具体分析对象，技术方案经济效果评价指标体系中的一系列评价指标都可以成为敏感性分析指标，如投资回收期、投资效果系数、内部收益率等。敏感性分析的指标必须与确定性分析的评价指标相一致，这是因为敏感性分析是在确定性分析的基础上，进一步分析不确定因素变化对经济效果的影响程度，指标一致便于进行对比。例如，在确定性分析中，评价指标采用了投资回收期或内部收益率指标，则敏感性分析的指标也应该选定投资回收期或内部收益率。具体确定分析指标时应遵循以下两个原则：

（1）分析指标应与经济效果评价指标具有的特定含义有关。如果主要分析技术方案状态和参数变化对技术方案投资回收快慢的影响，则可选用投资回收期作为分析指标；如果主要分析产品价格波动对技术方案超额净收益的影响，则可选用净现值作为分析指标；如果主要分析投资大小对技术方案资金回收能力的影响，则可选用内部收益率作为分析指标等。

（2）分析指标与分析深度和技术方案的特点有关。如果是在技术方案机会研究阶段，深度要求不高，可以选用静态的分析指标；如果是在详细可行性研究阶段，可以选用动态的分析指标。

在技术项目评价中，一般对项目内部收益率或净现值等指标进行敏感性分析，必要时也可以对投资回收期和借款偿还期进行敏感性分析。

（二）选择敏感性分析的不确定因素

影响技术方案经济指标的不确定因素有很多，逐个进行分析是不可能的，也没有必要，因此，要选择主要的不确定因素进行分析。选择主要的不确定因素应遵循以下原则：

（1）选择的因素要与确定的分析指标相联系。在可能的变动范围内，所选因素的变动应该比较强烈地影响技术方案的经济效果指标，否则，当不确定因素变化一定幅度时，并不能反映分析指标的相应变化，也就达不到敏感性分析的目的。例如，折现率因素对静态评价指标就不起作用。

（2）根据技术方案的具体情况选择。可以根据技术方案的具体情况选择那些在确定性经济分析中采用的、预测准确性把握不大的因素，或者未来变化的可能性较大，且其变动会比较强烈地影响分析指标的因素。例如，高档消费品的销售受市场供求关系变化的影响较大，这种变化不是技术方案本身所能控制的，因此销售量是主要的不确定因素。

对于一般的投资项目来说，敏感性分析的因素主要从下列因素中选定：①投资额，包括固定资产投资与流动资金占用，根据需要还可将固定资产投资划分为设备费用、建设安装费用等；②项目建设期限、投产期限、投产时的产出能力及达到设计能力所需的时间；③产品产量、销售量；④产品价格；⑤经营成本，特别是其中的变动成本；⑥项目寿命期；⑦项目寿命期末的资产残值；⑧折现率；⑨外币汇率。

（三）计算设定的不确定因素的变动对分析指标的影响数值

首先对所选定的需要进行分析的不确定因素，按照一定的变化幅度（如±15%、±10%

或 ±20% 等）改变它的数值，然后再计算出这种变化对经济效果评价指标的影响数值，并将其与该指标的原始值相比较，从而得出该指标的变化率。

（四）找出敏感性因素

敏感性因素就是其数值变动能显著影响技术方案经济效果的因素。判断敏感性因素的方法有相对测定法和绝对测定法两种。相对测定法是指设定要分析的因素均从确定性经济分析中所采取的数值开始变动，且各因素每次变动的幅度（增或减的百分数）相同，比较在同一变动幅度下各因素的变动对经济效果指标的影响程度。绝对测定法是指设定各因素均向对技术方案不利的方向变动，并取其有可能出现的对技术方案最不利的数值，据此计算技术方案的经济效果指标，看其是否变化到使技术方案无法被接受的程度。在实践中可以把这两种方法结合起来使用。

反映敏感程度的指标是敏感系数，敏感系数是指目标值的变动与参数值的变动之比。例如，以某产品的售价为参数值，以项目的净现金流量现值作为目标值，已知售价增加 10%，净现金流量现值增加 20%，则售价的敏感系数为 $20\% \div 10\% = 2$。敏感系数可正可负。敏感系数为负，说明目标值的变化与参数值的变化方向相反，敏感系数绝对值越大，则说明该因素的变化对目标值影响越大。

敏感性分析图是寻找敏感性因素的一种有效工具。敏感性分析图是通过在坐标图上作出各个不确定因素的敏感曲线，进而确定各个因素的敏感程度的一种图解方法。基本作图方法如下：

（1）以横坐标表示各个不确定因素（自变量）的变化幅度（即不确定因素变化率），以纵坐标表示项目经济效果指标（因变量）的变化幅度。

（2）根据敏感性分析的计算结果绘出各个自变量的变化曲线，其中与横坐标相交角度较大的变化曲线所对应的因素就是敏感性因素（曲线斜率最大的因素）。

（3）在坐标图上作出项目分析指标的临界曲线（如 $NPV = 0$，$IRR = i_0$ 等），求出自变量的变化曲线与临界曲线的交点，则交点处的横坐标就表示该不确定因素允许变化的最大幅度，称临界变动率，即项目由盈到亏的极限变化值。如果不确定因素的变化超过了这个极限，方案就由可行变为不可行。临界变动率绝对值小的不确定因素为敏感性因素。

（五）结合确定性分析进行综合评价

通过计算和分析敏感性因素的影响程度，可以确定项目可能存在的风险大小及风险影响因素，做出风险情况的大致判断，为科学决策提供进一步的依据。

根据敏感性因素对技术方案分析指标的影响程度，结合确定性分析的结果做进一步的综合评价，优先考虑接受对主要不确定因素变化不敏感的技术方案。这种技术方案抵抗风险的能力比较强，获得满意经济效果的潜力会比较大。

另外，决策人员还可以根据敏感性分析结果，采取必要的措施。如通过敏感性分析发现经营成本上升将使技术方案净现值指标急剧下降，就应采取相应的对策，制定强有力的节约成本的措施使经营成本控制在一定的水平。

【例 5-6】　某技术方案的设计生产能力为年生产某产品 1 500 台，预计产品售价为 1 800 元/台，经营成本为 700 元/台，估算投资额为 800 万元，技术方案寿命为 8 年，试对此技术方案的投资回收期做敏感性分析。

解：根据敏感性分析的步骤做如下分析：

（1）确定敏感性分析指标。根据题意可知，敏感性分析指标为投资回收期，计算技术方案的静态投资回收期为

$$T_j = \frac{800 \times 10^4 \, 元}{1\,500 \, 台/年 \times (1\,800 - 700) \, 元/台} = 4.85 \, 年$$

（2）选择敏感性分析的不确定因素。选定产品产量、产品售价和投资额为不确定因素。

（3）计算设定的不确定因素变动对分析指标的影响程度。设定产品产量、售价和投资额分别按 ±10%、±20% 变动，然后计算出这些因素变动对投资回收期的影响，数据见表5-2。

表5-2　不确定因素变动对投资回收期的影响

序号	变动因素			分析结果	序号	变动因素			分析结果
	投资额	产品产量	产品售价	投资回收期/年		投资额	产品产量	产品售价	投资回收期/年
0	0	0	0	4.85	7		−10%		5.39
1	+10%			5.33	8		−20%		6.06
2	+20%			5.82	9			+10%	4.17
3	−10%			4.36	10			+20%	3.65
4	−20%			3.88	11			−10%	5.80
5		+10%		4.41	12			−20%	7.21
6		+20%		4.04					

（4）找出敏感性因素。画出投资回收期的敏感性分析图，如图5-3所示，图中各曲线相交的点为4.85年。计算敏感系数，见表5-3。

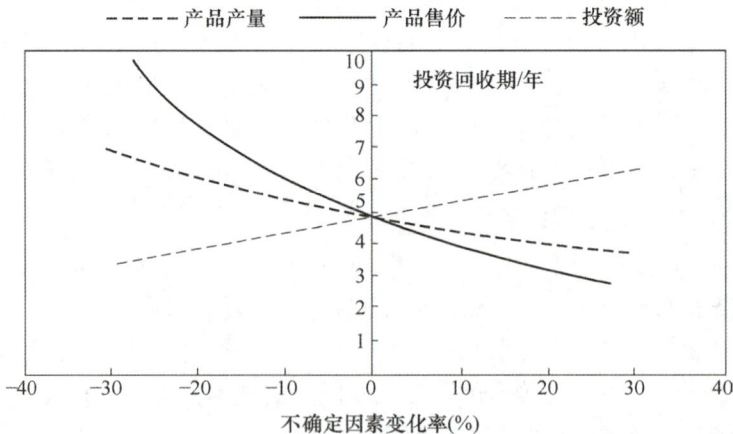

图5-3　某技术方案投资回收期敏感性分析图

表5-3　不确定因素敏感系数

变动因素	分析值			
	投资回收期变动百分比	参数值变动百分比	敏感系数	敏感程度
投资额	(5.33−4.85)/4.85 = 9.9%	+10%	0.99	
产品售价	(4.17−4.85)/4.85 = −14%	+10%	−1.4	最敏感
产品产量	(4.41−4.85)/4.85 = −9.1%	+10%	−0.91	

（5）综合评价。根据图 5-3 和表 5-3 可知，投资回收期对这三个不确定因素敏感程度的排列顺序是产品售价、投资额和产品产量。产品售价是敏感性因素，也是风险因素，因此，必须制定售价下降的防范措施，以防止投资决策失误。

三、敏感性分析的应用

（一）单因素敏感性分析

单因素敏感性分析适合分析技术方案的最敏感性因素。当计算某个不确定因素对项目投资分析指标的影响时，是以其他不确定因素均保持不变为假设前提的。

【例 5-7】 某技术方案设计年生产能力为 10 万 t，计划总投资为 1 800 万元，建设期为 1 年，投资期初一次性投入，产品销售价格为 63 元/t，年经营成本为 250 万元，项目生产期为 10 年，期末预计设备残值收入为 60 万元，基准收益率为 10%，试就投资额、产品销售价格（销售收入）、经营成本等因素对该投资技术方案的净现值指标进行敏感性分析。

解：根据敏感性分析的步骤做如下分析：

（1）确定敏感性分析指标。根据题意可知，以净现值为敏感性分析指标。由净现值指标的计算公式得

$$NPV = -1\,800\,万元 + (63\,元/t \times 10\,万\,t - 250\,万元) \times (P/A,10\%,10) +$$
$$60\,万元 \times (P/F,10\%,10)$$
$$= 558.23\,万元$$

由于 NPV>0，所以该技术方案是可行的。

（2）选择敏感性分析的不确定因素。由题意可知，投资额、产品销售价格（销售收入）、经营成本为敏感性分析的不确定因素。

（3）计算设定的不确定因素变动对分析指标的影响数值。投资额、产品销售价格和经营成本在基准值的基础上按 ±10% 和 ±20% 的变化幅度变动，分别计算相应净现值的变化情况，数据见表 5-4。

表 5-4 不确定因素变动对净现值的影响

不确定因素变化率(%)	变动因素		
	投资额(万元)	销售收入(万元)	经营成本(万元)
-20	918.23	-216.04	865.48
-10	738.23	171.10	711.86
0	558.23	558.23	558.23
10	378.23	945.37	404.61
20	198.23	1 332.50	250.98
平均变动+1%	-3.225%	+6.935%	-2.752%
平均变动-1%	+3.225%	-6.935%	+2.752%
敏感程度	敏感	最敏感	不敏感

（4）找出敏感性因素。根据表 5-4 绘制出敏感性分析图，如图 5-4 所示。由表 5-4 和图 5-4 可知，销售收入的变动对净现值的影响程度最大，当其他因素不变化时，销售收入每

下降1%，净现值下降6.935%。按净现值对各因素的敏感程度排序依次是：销售收入、投资额、经营成本，最敏感的因素是销售收入。因此，从项目决策的角度来讲，应该对产品价格进行进一步的分析，进行更准确的测算。

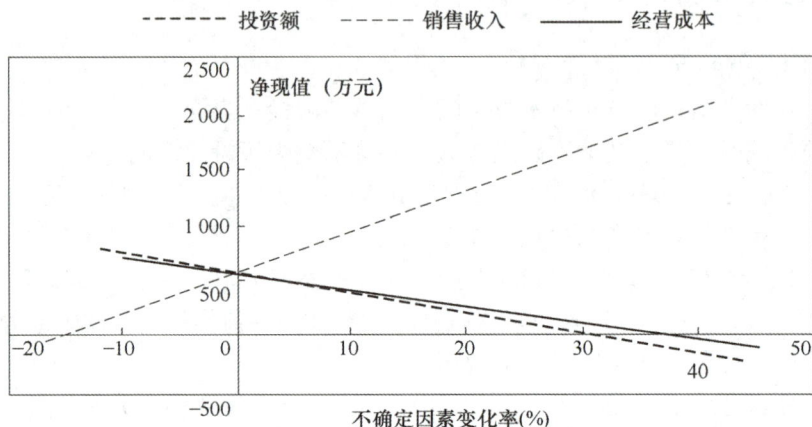

图5-4　某技术方案净现值敏感性分析图

同时，可以进行临界变动率分析。由图5-4可知，销售收入的下降不应超过14.4%，投资额的增加不应超过31%，经营成本的增加不应超过36.3%。如果这三个变量中任意一个的变化超过上述极限，净现值开始小于零，技术方案就由可行变为不可行。

从上述例题中可以看出，单因素敏感性分析在计算某个不确定因素对项目投资分析指标的影响时，是在假定其他不确定因素均保持不变的前提下进行的。在实际经济活动中，各种因素的变动相互关联，一个因素的变动往往引起其他因素的变动，如固定资产投资的变化可能导致设备残值的变化等。因此，各种不确定因素对技术方案经济效果的影响，都是相互交叉综合发生的，必须进行多因素敏感性分析。

（二）多因素敏感性分析

进行多因素敏感性分析的假定条件是：同时变动的因素互相独立，即各种因素发生变化的概率相等。

多因素敏感性分析根据技术方案的内部条件、外部环境和产品特点，将多种不确定因素组合起来使它们同时发生变化，计算分析其对经济评价指标的影响程度。由于要考虑可能发生的各种因素不同变动情况的多种组合，因此，多因素敏感性分析计算起来要比单因素复杂得多，计算工作量增加，可以应用电子计算机进行计算。下面用例题说明双因素敏感性分析。

【例5-8】　某技术方案期初一次性投资为15万元，年销售收入为3万元，年经营费用为2 000元，项目寿命期为10年，固定资产残值为2万元。基准收益率为10%，试就初始投资和年销售收入对该技术方案的净现值进行双因素敏感性分析。

解：设X表示初始投资变化率，Y表示同时改变的年销售收入的变化率，则有

$$NPV(10\%) = -15\,万元 \times (1+X) + 3\,万元 \times (1+Y) \times (P/A, 10\%, 10) - $$
$$0.2\,万元 \times (P/A, 10\%, 10) + 2\,万元 \times (P/F, 10\%, 10)$$

当 NPV（10%）≥ 0 时，该技术方案可行。即

$$2.977-15X+18.435Y\geqslant 0$$

$$Y\geqslant -0.1615+0.8137X$$

将这个不等式在坐标图上表示出来，如图 5-5 所示。斜线以上的区域，NPV（10%）>0；斜线以下的区域，NPV（10%）<0，显示了两因素允许同时变化的幅度，也就是初始投资和销售收入同时变动，只要变动范围不超过斜线以上的区域（包括斜线上的点），技术方案就可以接受。

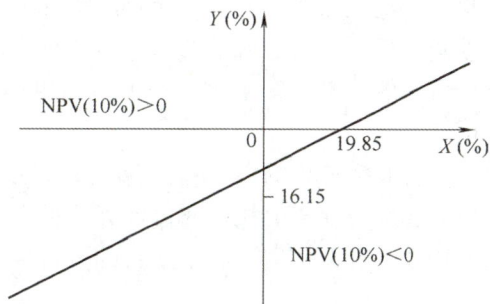

图 5-5　双因素敏感性分析图

双因素敏感性分析一般保持技术方案现金流量中其他参数不变，每次考虑两个因素同时变化对技术方案的影响。

（三）敏感性分析的局限性

敏感性分析在技术经济分析中具有广泛的应用，具有能与技术方案的具体经济分析指标紧密结合、分析方法容易掌握、便于分析和决策等优点。但敏感性分析也具有不可忽略的局限性，具体包括以下几方面：

（1）敏感性分析要求被分析的各个经济参数是互不相关的，但事实上，很多参数之间都有某种相关性，如收益与产品售价及产量之间有密切的相关性，价格下降，产量会减少，收益也会减少。各因素之间的关系有时是相当复杂的，这就给敏感性分析带来困难。

（2）敏感性分析最多只能同时对三个经济参数的变化做分析，当四个及四个以上经济参数同时变化时，现有的敏感性分析法就无法完成了。

（3）分析因素的选择及变化量的设定，会受到分析人员的主观意愿的影响。

（4）敏感性分析没有考虑不确定因素发生变动的概率及其影响，因此，根据评价技术方案的特点和实际需要，有条件时还应该进行概率分析。

第三节　概 率 分 析

各种不确定因素在未来发生变动的概率一般是不同的。可能会出现这样的情况：通过敏感性分析找出的某一敏感性因素未来发生不利变动的概率很小，实际上所带来的风险并不大，以至于可以忽略不计；而另一个不太敏感的因素未来发生不利变动的概率很大，实际上带来的风险比那个敏感性因素更大。此时，就需要进行概率分析。对风险性较小的项目进行敏感性分析即可，但对于风险大的项目，概率分析是必不可少的。

一、概率分析的含义

概率分析也称风险分析，是指研究各种不确定因素发生不同程度变动的概率，及其对技术方案经济评价指标影响的一种定量分析方法。概率分析的关键是确定各种不确定因素变动的概率，概率分析的内容则应根据经济评价的要求和技术方案的特点确定。

概率就是事件发生所产生的某种后果的可能性的大小。确定事件发生概率的方法有客观

经验和主观预测两类方法。前者以客观统计数据为基础确定概率，后者以人为预测和估计为基础确定概率。由于科学技术进步的步伐加快，投资项目很少重复过去的同样模式。所以，对于大多数技术方案来讲，不大可能单独使用客观概率就能完成，需要结合主观预测进行分析。

进行概率分析的方法主要有期望值法、模拟分析法等。其中，期望值法在概率分析中应用最为普遍。期望值法是通过计算项目净现值的期望值和净现值大于或等于零时的累计概率来比较技术方案优劣，确定项目的可行性和风险程度。

二、概率分析的步骤

这里介绍的概率分析可称为简单概率分析，它是在根据经验设定各种情况发生的概率后，计算项目净现值的期望值、标准差及净现值大于或等于零时的累计概率。其具体步骤如下：

（一）选定分析指标

选定项目效益指标作为分析对象，并分析与这些指标有关的不确定因素，同时注意概率分析时所选定的分析指标应与确定性分析的评价指标保持一致。一般应列入的指标有：

（1）投资回收期（动态）。
（2）贷款偿还期（动态）。
（3）收支平衡时的年产量及销售收入。
（4）净现值。
（5）内部收益率。
（6）国民收入新增值（动态）。
（7）换汇能力及换汇率。

（二）确定各主要因素可能发生的状态或变化范围

找出各主要因素的变化范围，最好将变化范围划分为若干个区间，并根据历史资料或经验做出预测或统计，判断出变化发生在各个区间内的可能性。例如，销售量按设计能力全部销售出去的概率为多少，超过设计能力若干个档次也能销售出去的概率各为多少，不能达到设计能力的若干个档次发生的概率各为多少。习惯上只选择 3~5 个关键性的影响因素（在计算期内可能有很大变化的因素）即可。每种不确定因素可能发生的各种情况的概率之和必须等于 1。

（三）计算投资经济效益的期望值和标准差

计算在各关键因素的影响下，投资经济效益的期望值和表明期望值稳定性的标准差，必要时还需计算变异系数。

1. 期望值

期望值也称数学期望，它是在大量重复事件中，随机变量的各种取值与相应概率的加权平均值，也是最大可能取值。随机变量可以分为离散型随机变量和连续型随机变量。离散型随机变量是指事件发生的可能结果是有限的，并且每个结果发生的概率确定的随机变量；连续型随机变量是指可能的取值在有限的区间内可以有无限多个，且概率总和为 1 的随机变量。在技术经济分析中，任何不确定因素的变化一般为有限次，可以采用离散型变量的期望

值公式，即

$$E(X) = \sum_{i=1}^{n} X_i P_i \tag{5-11}$$

式中　$E(X)$——随机变量的期望值；

　　　　i——随机变量的序号；

　　　　n——随机变量发生的次数；

　　　　X_i——随机变量的取值；

　　　　P_i——随机变量 X_i 发生的概率值。

2. 标准差

标准差也称"均方差"，用来表示随机变量的离散程度。当随机变量的可能值密集在期望值的附近时，均方差较小；反之，均方差较大。其计算公式为

$$\sigma(X_i) = \sqrt{\sum_{i=1}^{n} P_i [X_i - E(X)]^2} \tag{5-12}$$

式中　σ——标准差。

标准差越小，说明实际发生的情况与期望值越接近，期望值的稳定性也就越高，项目的风险就小；反之亦然。

【例 5-9】　某投资项目的投资回收期为 5~9 年，其中 5 年的概率是 0.1，6 年的概率是 0.4，7 年的概率是 0.2，8 年的概率是 0.2，9 年的概率是 0.1，试求该项目投资回收期的期望值和标准差。

解：随机变量 X 是投资回收期，所以期望值为

$$E(X) = 5 \text{年} \times 0.1 + 6 \text{年} \times 0.4 + 7 \text{年} \times 0.2 + 8 \text{年} \times 0.2 + 9 \text{年} \times 0.1 = 6.8 \text{年}$$

标准差为

$$\sigma(X_i) = \sqrt{\sum_{i=1}^{n} P_i [X_i - E(X)]^2}$$

$$= \sqrt{0.1 \times (5-6.8)^2 + 0.4 \times (6-6.8)^2 + 0.2 \times (7-6.8)^2 + 0.2 \times (8-6.8)^2 + 0.1 \times (9-6.8)^2} \text{年}$$

$$\approx 1.17 \text{年}$$

这说明上述投资项目最大可能的投资回收期是 6.8 年，前后会有 1.17 年的偏差。

3. 变异系数

由于标准差不能准确反映不同技术方案风险程度的差异，因此引入了变异系数。变异系数是指均方差与期望值的比值。在投资额很大的情况下，存在着不同技术方案下的期望值和标准差很大的情况，这时就应采用变异系数来估算项目的相对风险。变异系数比较小的技术方案风险比较小，较为经济合理，可以考虑接受。

变异系数的计算公式为

$$v = \frac{\sigma}{E(X)} \tag{5-13}$$

式中　v——变异系数。

三、概率分析的应用

（一）衡量技术方案承担风险的大小

概率分析一般是计算技术方案净现值的期望值及其分布状况和净现值大于或等于零时的概率，计算出的概率值越大，说明技术方案承担的风险越小。

【例5-10】 某技术方案年初投资140万元，建设期为1年，生产经营期为9年，内部收益率为10%。经科学预测，生产经营期间每年销售收入为80万元的概率为0.5，销售收入变为96万元和64万元的概率分别为0.3和0.2。每年经营成本为50万元的概率为0.5，经营成本变为60万元和40万元的概率为0.3和0.2。若此技术方案的投资额不变，其他因素的影响忽略不计，试计算该技术方案净现值的期望值以及净现值大于或等于零的概率。

解：（1）计算净现值的期望值。计算步骤为：

第一步：分别计算各可能发生事件发生的概率。例如，销售收入为80万元、经营成本为50万元事件的概率为$0.5 \times 0.5 = 0.25$。以此类推，可以得出各事件的概率，见表5-5。

第二步：分别计算各可能发生事件的净现值。例如，在销售收入为80万元、经营成本为50万元情况下的净现值为

$$NPV = -140\, 万元 + （80\, 万元 - 50\, 万元）\times （P/A，10\%，9）\times （P/F，10\%，1）$$
$$= 17.07\, 万元$$

以此类推，可以得出各事件的净现值，见表5-5。

第三步：将各事件发生的概率与其净现值分别相乘，得到加权净现值。例如，在销售收入为80万元、经营成本为50万元情况下的加权净现值为$17.07\, 万元 \times 0.25 = 4.27\, 万元$。以此类推，可以得出各事件的加权净现值，见表5-5。

表5-5 某技术方案净现值期望值的计算

事　件	概　率	净现值（万元）	加权净现值（万元）
销售收入为80万元、经营成本为60万元	$0.5 \times 0.3 = 0.15$	-35.29	$-35.29 \times 0.15 = -5.29$
销售收入为80万元、经营成本为50万元	$0.5 \times 0.5 = 0.25$	17.07	$17.07 \times 0.25 = 4.27$
销售收入为80万元、经营成本为40万元	$0.5 \times 0.2 = 0.10$	69.42	$69.42 \times 0.10 = 6.94$
销售收入为64万元、经营成本为60万元	$0.2 \times 0.3 = 0.06$	-119.06	$-119.06 \times 0.06 = -7.14$
销售收入为64万元、经营成本为50万元	$0.2 \times 0.5 = 0.10$	-66.70	$-66.70 \times 0.10 = -6.67$
销售收入为64万元、经营成本为40万元	$0.2 \times 0.2 = 0.04$	-14.35	$-14.35 \times 0.04 = -0.57$
销售收入为96万元、经营成本为60万元	$0.3 \times 0.3 = 0.09$	48.48	$48.48 \times 0.09 = 4.36$
销售收入为96万元、经营成本为50万元	$0.3 \times 0.5 = 0.15$	100.83	$100.83 \times 0.15 = 15.12$
销售收入为96万元、经营成本为40万元	$0.3 \times 0.2 = 0.06$	153.19	$153.19 \times 0.06 = 9.19$

第四步：将各加权净现值相加，得到净现值的期望值，即

$$E(X) = \sum_{i=1}^{n} X_i P_i$$

$$= -5.29\, 万元 + 4.27\, 万元 + 6.94\, 万元 - 7.14\, 万元 - 6.67\, 万元 -$$
$$0.57\, 万元 + 4.36\, 万元 + 15.12\, 万元 + 9.19\, 万元$$
$$= 20.21\, 万元$$

（2）计算净现值累计概率。将以上计算出的净现值由负到正进行排列，并将累计概率相加，可以得到净现值的期望值大于或等于零的概率，见表5-6。

表 5-6 某技术方案的净现值累计概率

净现值(万元)	累计概率	净现值(万元)	累计概率	净现值(万元)	累计概率
−119.06	0.06	−14.35	0.35	69.42	0.79
−66.70	0.16	17.07	0.60	100.83	0.94
−35.29	0.31	48.48	0.69	153.19	1

（3）画出净现值累计概率图。以净现值为横坐标，累计概率为纵坐标，绘制出净现值累计概率图，如图5-6所示。该图反映了技术方案获利机会的大小和可能存在的风险情况。由图5-6可知，净现值小于零的概率约为0.45，则净现值大于等于零的概率为

$$P(\text{NPV} \geq 0) = 1 - P(\text{NPV} < 0) = 1 - 0.45 = 0.55$$

（4）分析。通过计算结果可以看出，这个技术方案净现值的期望值为20.21万元，净现值大于或等于零的概率为0.55，经济效益比较好，可以考虑接受。

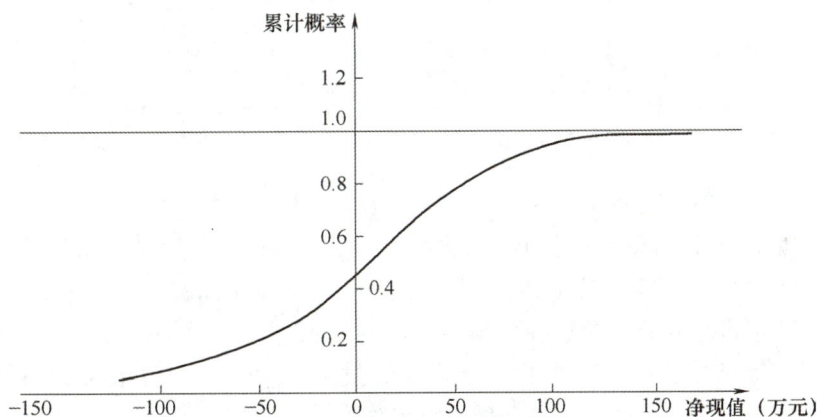

图 5-6 净现值累计概率图

（二）验证技术方案的可行性

【例 5-11】 某公司有一拟建项目，计划1年建成，项目使用年限为10年，计划总投资为240万元，基准收益率为9%，预计该项目投产后每年有52万元的净现金流入。由于目前处于生产资料价格调整阶段，总投资可能会变动，预测总投资变动见表5-7。现规定投资回收期不超过7年，在其他条件保持不变的情况下，试用概率分析验证该项目是否可行。

表 5-7 拟建项目总投资及净现金流量的变动情况

年 份	指 标	估 计 值	
		第一种情况	第二种情况
0	总投资（万元）	250	200
1~10	年净现金流量（万元）	46	60
	概率	0.6	0.4

解：计算各指标的期望值：

总投资的期望值=250 万元×0.6+200 万元×0.4＝230 万元

年净现金流量的期望值=46 万元×0.6+60 万元×0.4＝51.6 万元

按 9%的基准收益率计算各种净现金流量的现值和累计现值，并计算动态投资回收期，计算结果见表 5-8。

通过上述计算可知，在总投资存在不确定的情况下，该项目仍可望在不到 6 年的时间里回收全部投资，所以该项目可行。

表 5-8　项目投资回收期

项目	年份	年净现金流量期望值(万元)	现值(万元)	累计现值(万元)
建设期	0	−230	−230	−230
生产期	1	51.6	47.3	−182.7
	2	51.6	43.5	−139.2
	3	51.6	39.8	−99.4
	4	51.6	36.6	−62.8
	5	51.6	33.5	−29.3
	6	51.6	30.8	1.5
投资回收期/年		6−1+29.3÷30.8＝5.95		

（三）选定最优技术方案

可以利用概率分析来选择项目的最优技术方案。一般情况下，若项目风险基本相同，则应选择期望值优的技术方案；若项目期望值相同，则应选择标准差小的技术方案；对期望值、标准差都不相同的方案，应选择变异系数小的技术方案。

【例 5-12】　某项目有可以选择的三个互斥型技术方案，各个技术方案的净现值、概率情况如表 5-9 所示，要求从中选择一个最优技术方案。

表 5-9　三个互斥型技术方案的净现值、概率情况

市场销售状况	概率	技术方案净现值(万元)		
		A	B	C
滞销	0.25	200	0	100
一般	0.50	250	250	280
畅销	0.25	300	500	370

解：（1）计算各技术方案净现值的期望值和标准差。利用所给的数据以及期望值的计算公式计算各技术方案净现值的期望值和标准差如下：

$$E_A(X_i)=0.25×200 万元+0.50×250 万元+0.25×300 万元=250 万元$$

$$\sigma_A(X_i)=\sqrt{0.25×(200-250)^2+0.5×(250-250)^2+0.25×(300-250)^2} 万元$$
$$=35.36 万元$$

$$E_B(X_i)=0.25×0+0.50×250 万元+0.25×500 万元=250 万元$$

$$\sigma_B(X_i) = \sqrt{0.25 \times (0-250)^2 + 0.5 \times (250-250)^2 + 0.25 \times (500-250)^2} \text{万元}$$

$$= 176.78 \text{万元}$$

$$E_C(X_i) = 0.25 \times 100 \text{万元} + 0.50 \times 280 \text{万元} + 0.25 \times 370 \text{万元} = 257.5 \text{万元}$$

$$\sigma_C(X_i) = \sqrt{0.25 \times (100-257.5)^2 + 0.5 \times (280-257.5)^2 + 0.25 \times (370-257.5)^2} \text{万元}$$

$$= 98.08 \text{万元}$$

（2）确定最优技术方案。根据各技术方案净现值的期望值和标准差确定最优技术方案。

因为 $E_A(X_i) = E_B(X_i)$，$\sigma_A(X_i) < \sigma_B(X_i)$，所以技术方案 A 的风险小于技术方案 B，应优选技术方案 A。

再比较技术方案 A 和 C。因为 $E_A(X_i) < E_C(X_i)$，而 $\sigma_A(X_i) < \sigma_C(X_i)$，所以需要计算变异系数，$v_A = \dfrac{\sigma_A(X_i)}{E_A(X_i)} = 0.14$，$v_C = \dfrac{\sigma_C(X_i)}{E_C(X_i)} = 0.38$。

因为 $v_A < v_C$，所以最后应选择技术方案 A。

课后案例

自强不锈钢冷轧有限公司的敏感性分析

不锈钢冷轧薄板在日常生活中、工业企业里的应用比较广泛，市场需求量较大。从我国冷轧厂的生产情况来看，我国生产的不锈钢冷轧薄板产品厚度主要在 0.6~2.5mm。随着不锈钢冷轧板厚度变薄，生产加工的难度大大增加，最大的难度就是保持其良好的板形，所以，不锈钢冷轧薄板产品的附加价值随着薄板的厚度减小而增加，0.5mm 以下的不锈钢冷轧薄板附加价值更高。目前，0.5mm 以上的不锈钢冷轧薄板以国内自供为主，而且还大量出口；但 0.5mm 以下的不锈钢冷轧薄板相当一部分需要进口。因此，不仅是不锈钢冷轧薄板，在整个钢铁产品中，都表现为结构性过剩。因此，生产加工薄规格的不锈钢冷轧薄板市场前景广阔，其关键是轧机的设计与制造、生产工艺的开发与优化。

自强不锈钢冷轧有限公司发现，国内不锈钢冷轧薄板市场行情的结构性过剩（0.5mm 及以上）与部分产品供应的严重不足（0.5mm 以下），于是从设备及生产流水线入手，引进德国先进的可逆式多辊轧机，并不断试验得出了较先进的生产工艺，自强不锈钢冷轧有限公司的产品厚度为 0.2~0.5mm、宽度为 1 119~1 319mm，填补了国内的一些产品空缺，具有良好的前景。但也受到德国、日本、美国、韩国等进口不锈钢冷轧薄板的冲击。目前，国内 0.3mm 以下不锈钢冷轧薄板产品市场以进口产品占主导地位，国内生产能力严重不足，增长潜力主要挤占进口产品的市场份额。对于自强不锈钢冷轧有限公司而言，要从国外产品已占领的市场中抢占一定的份额，就需要从产品质量及生产成本等方面提高竞争力。

自强不锈钢冷轧有限公司为了确保项目投资的成功，以其主产品 304 不锈钢产品 0.3mm×1 219mm 为代表，进行敏感性分析。根据企业自身的设计，并经过国内外市场的调研分析，自强不锈钢冷轧有限公司的基本数据见表 5-10。

表 5-10   自强不锈钢冷轧有限公司的基本数据

序 号	项 目	规格或数据
1	固定资产投资	25 亿元
2	主产品	304 不锈钢板: 0.3mm×1 219mm
3	设计产量	10 万 t/年
4	销售价格	25 500 元/t
5	原料价格	19 500 元/t
6	人工费	35 元/t
7	动力及其他费用	55 元/t
8	设备残值	1 000 万元
9	寿命期年限	15 年
10	基准折现率(确定性评价时)	10%

从上述及表 5-10 可知:

(1)期初固定资产投资=25 亿元=$25×10^4$ 万元

(2)年收入=100 000t×25 500 元/t=255 000 万元=25.5 亿元

(3)年支出=19 500 元/t×100 000t+35 元/t×100 000t+55 元/t×100 000t
　　　　　=195 900 万元=19.59 亿元

(4)设备残值=1 000 万元

(5)寿命期年限=15 年

(6)基准折现率 i=10%

本案例中,使用净现值和动态投资回收期两个评价指标,分别进行敏感性分析。于是首先要在确定性评价的情况下分别计算这两个指标。

(1)净现值计算:

NPV $=-25×10^4$ 万元$+(255\ 000-195\ 900)$ 万元$×(P/A,10\%,15)+1000$ 万元$×(P/F,10\%,15)$
　　　$=-250\ 000$ 万元$+59\ 100$ 万元$×7.606\ 1+1\ 000$ 万元$×0.239\ 4$
　　　$=199\ 759.91$ 万元

(2)动态投资回收期计算。为了计算动态投资回收期,把本案例的相关数据归集于表 5-11 中。

表 5-11   动态投资回收期计算数据　　　　　　　　(单位:万元)

年 份	项 目				
	现金流出	现金流入	净现金流量	净现金流量折现值	累计净现金流量折现值
0	250 000	—	−250 000	−250 000	−250 000
1	195 900	255 000	59 100	53 727.219	−196 272.781
2	195 900	255 000	59 100	48 843.195	−147 429.586
3	195 900	255 000	59 100	44 402.421	−103 027.165
4	195 900	255 000	59 100	40 365.891	−62 661.274

（续）

年　份	项　目				
	现金流出	现金流入	净现金流量	净现金流量折现值	累计净现金流量折现值
5	195 900	255 000	59 100	36 696. 372	− 25 964. 902
6	195 900	255 000	59 100	33 360. 177	7 395. 275
7	195 900	255 000	59 100	30 327. 756	37 723. 031
8	195 900	255 000	59 100	27 570. 741	65 293. 772
9	195 900	255 000	59 100	25 064. 310	90 358. 082
10	195 900	255 000	59 100	22 785. 414	113 143. 496
11	195 900	255 000	59 100	20 713. 959	133 857. 455
12	195 900	255 000	59 100	18 831. 033	152 688. 488
13	195 900	255 000	59 100	17 118. 906	169 807. 394
14	195 900	255 000	59 100	15 562. 803	185 370. 197
15	195 900	255 000 +1 000	60 100	14 387. 339	199 757. 536

应用动态投资回收期的计算公式，再结合表5-11中的数据即可计算出该项目的动态投资回收期，即

$$T_\mathrm{d} = 6\ 年 - 1\ 年 + \frac{| - 25\ 964.\ 902 |}{33\ 360.\ 177}\ 年 = 5.\ 78\ 年$$

不锈钢冷轧薄板项目的敏感性分析见表5-12。

表 5-12　不锈钢冷轧薄板项目的敏感性分析

项　目	变动幅度	全部投资所得（税前）	
		净现值（万元）	投资回收期/年
基准值	0	199 759. 9	5. 78
固定资产投资变化	+10%	174 759. 91	7. 38
	−10%	224 759. 91	5. 48
销售价格变化	+10%	393 715. 46	3. 68
	−10%	5 804. 36	14. 31
产量变化	+10%	393 715. 46	3. 68
	−10%	5 804. 36	14. 31
经营成本变化 （表5-10中的序号5、6、7）	+10%	25 756. 411	10. 52
	−10%	323 763. 409	4. 01

（资料来源：改编自 http：//wenku. baidu. com/view/be2934de6flaffoobed 51e45. html）

讨论题：

1. 根据自强不锈钢冷轧有限公司对该项目的敏感性分析（见表5-12），请回答什么是敏

感性分析？

2. 从敏感性分析（见表5-12）中，可见哪个因素是最敏感因素？

3. 敏感性分析对项目未来实际运营具有什么作用？

4. "具有多个不确定因素的敏感性分析就是多因素敏感性分析"这句话是否正确？请说明理由。

本 章 小 结

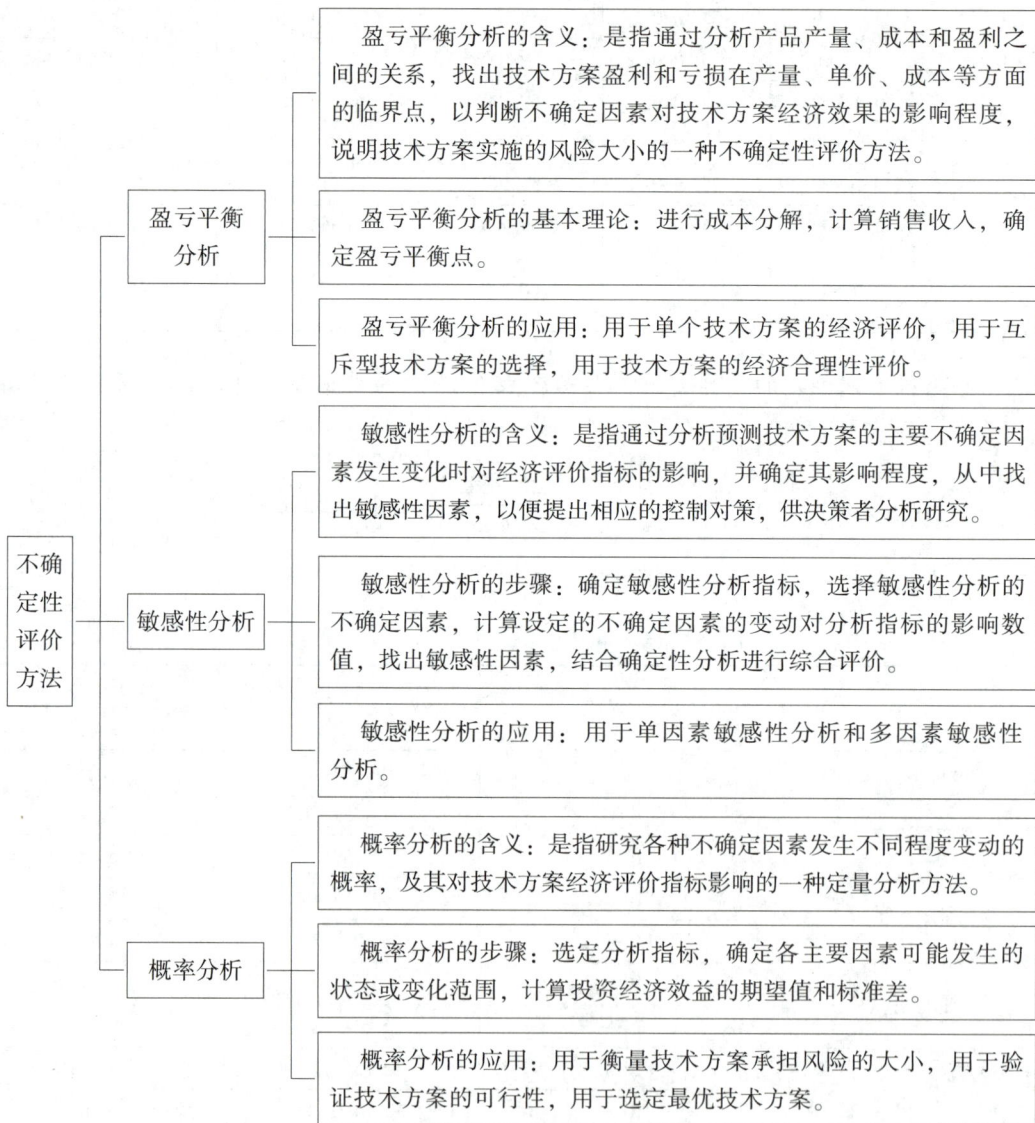

盈亏平衡分析的含义：是指通过分析产品产量、成本和盈利之间的关系，找出技术方案盈利和亏损在产量、单价、成本等方面的临界点，以判断不确定因素对技术方案经济效果的影响程度，说明技术方案实施的风险大小的一种不确定性评价方法。

盈亏平衡分析的基本理论：进行成本分解，计算销售收入，确定盈亏平衡点。

盈亏平衡分析的应用：用于单个技术方案的经济评价，用于互斥型技术方案的选择，用于技术方案的经济合理性评价。

敏感性分析的含义：是指通过分析预测技术方案的主要不确定因素发生变化时对经济评价指标的影响，并确定其影响程度，从中找出敏感性因素，以便提出相应的控制对策，供决策者分析研究。

敏感性分析的步骤：确定敏感性分析指标，选择敏感性分析的不确定因素，计算设定的不确定因素的变动对分析指标的影响数值，找出敏感性因素，结合确定性分析进行综合评价。

敏感性分析的应用：用于单因素敏感性分析和多因素敏感性分析。

概率分析的含义：是指研究各种不确定因素发生不同程度变动的概率，及其对技术方案经济评价指标影响的一种定量分析方法。

概率分析的步骤：选定分析指标，确定各主要因素可能发生的状态或变化范围，计算投资经济效益的期望值和标准差。

概率分析的应用：用于衡量技术方案承担风险的大小，用于验证技术方案的可行性，用于选定最优技术方案。

思 考 题

1. 简述盈亏平衡分析的含义。

2. 简述固定成本和变动成本的含义。

3. 确定盈亏平衡点有何意义？

4. 简述敏感性分析的含义及敏感性分析的步骤。

5. 简述概率分析的含义及概率分析的步骤。

练 习 题

1. 某企业产品单位售价为 8 元，其成本 y 是销售量 x 的函数，即该企业总成本为 $y = 50\,000 + 5x$。试计算盈亏平衡点的销售量。

2. 某产品的单价为 600 元，市场对该产品的年需求量不超过 2 万件，企业要生产这种产品，年固定成本为 200 万元，如果每年要获得目标利润 100 万元，此时应将单位产品变动成本控制在多少元以下？

3. 有一新建厂技术方案，设计能力为年产某产品 4 200 台，预计售价为 6 000 元/台，预计固定成本为 630 万元，单位产品变动成本为 3 000 元（本例未考虑销售税金及附加），试对此技术方案做出评价。

4. 某企业只生产一种产品，单价 2 元，单位变动成本 1.20 元，预计明年固定成本为 40 000 元，产销量计划达到 10 万件。试求盈亏平衡点，以及计划产销量的利润。

5. 某企业生产和销售一种产品，单价 15 元，单位变动成本为 12 元，全月固定成本为 10 万元，每月销售 4 万件。由于某些原因其产品单价将降至 13.5 元，同时每月还将增加广告费 2 万元。试计算：

（1）该产品此时的盈亏平衡点。

（2）增加销售多少件产品才能使利润比原来增加 5%？

6. 某企业现有四个设计技术方案，经济效益大体相同，其成本见表 5-13。问采用哪个技术方案最经济合理？

表 5-13　技术方案成本　　　　　　　　　　　　　　　　　　　　　（单位：元）

设计技术方案	C_f	C_v	设计技术方案	C_f	C_v
A	500	0.6	C	1 300	0.25
B	1 000	0.4	D	1 800	0.125

7. 有一个生产城市用小型电动汽车的投资技术方案，用于确定性分析的现金流量所采用的数据是根据对未来最可能出现的情况的预测估算的，见表 5-14。由于对未来影响经济环境的某些因素把握不大，投资额、经营成本、产品价格均有可能在 20% 的范围内变动。设基准收益率为 10%，不考虑所得税，分别就上述三个不确定因素做敏感性分析。

表 5-14　小型电动汽车项目现金流量　　　　　　　　　　　　　　（单位：万元）

项　　　目	年　份		
	0	1~9	10
投资	15 000		
销售收入		19 800	19 800
经营成本		15 200	15 200
期末资产残值			2 000
净现金流量	−15 000	4 600	4 600+2 000

8. 某公司欲投资一新的生产线，生产方案 A 是投资生产家庭用环保产品；生产方案 B 是投资生产环保的玩具产品。这两种投资方案的年净收益率和市场情况见表 5-15，试问应选择哪种方案？

表 5-15　投资方案的年净收益率和市场情况

方案	年净收益率(%)			市场情况概率		
	畅销	一般	滞销	畅销	一般	滞销
A	40	30	20	0.10	0.80	0.10
B	50	30	10	0.20	0.60	0.20

练习题参考答案

用微信扫描二维码，可以查看练习题的参考答案。

第六章

价 值 工 程

学习目标

1. 了解价值工程的起源、发展和作用。
2. 掌握价值工程的基本概念、特点和工作程序。
3. 掌握价值工程对象的选择方法。
4. 了解价值工程信息资料收集的内容和方法。
5. 掌握功能的分类和功能的定义。
6. 掌握功能整理的方法。
7. 掌握功能评价的方法。
8. 掌握方案创造的方法和方案的评价方法。

内容提要

价值工程是一项具有巨大实用价值的现代化管理方法。它以产品或作业的功能分析为核心，以提高产品或作业的价值为目的，力求以最低的寿命周期成本可靠地实现产品或作业的必要功能。本章主要介绍价值工程的起源与发展、价值工程的基本要素、价值工程的特点和作用、价值工程的工作程序、价值工程的对象选择和信息资料的收集、功能分析以及方案的创造与评价等内容。

第一节　价值工程概述

一、价值工程的起源与发展

价值工程起源于美国。第二次世界大战期间，由于战争需要，军用品的生产强调交货期而不注重材料的节约，结果使得在资源丰富的美国也发生了物资短缺现象。这一现实迫使企业积极寻找代用品。美国通用电气公司的设计工程师麦尔斯在采购石棉板的过程中发现，一种薄而廉价的纸可以替代石棉板起到防火和防止油漆玷污地板的作用。为了对代用品做进一步的研究，麦尔斯受公司委托组织了以物资代用为中心的功能成本分析工作，选择公司的冰箱、烤箱等产品为对象，分析产品的功能，研究如何在保证产品质量的前提下，用最少的成本来实现产品的功能。研究结果表明，在产品功能不降低的条件下，使用代用品可以达到大幅度降低成本的目的。经过四五年的研究和实践，麦尔斯总结出一套在满足客户对产品功能要求的前提下降低成本的科学方法，并把这种方法称为价值分析，于 1947 年以《价值分析》（简称 VA）为名发表在美国的《机械师》杂志上。之后，麦尔斯又将这种方法不断改进和完善，形成了目前的"价值工程"。由于在价值工程方面的杰出贡献，麦尔斯被誉为"价值工程之父"。

麦尔斯所在的通用电气公司在开发价值工程技术上投入了 80 多万美元，而在应用价值工程的前十几年中就节约了两亿多美元。这种方法自产生以来，得到了广泛的应用。1954 年，美国海军舰船局采用了价值工程，仅 1956 年一年就节约了 3 500 万美元。1964 年至 1972 年，美国国防部由于推广价值工程，共节约了 10 亿美元。20 世纪 60 年代以来，二十几个国家都迅速推广了价值工程。我国于 1978 年前后引入价值工程，引入后便在一些企业中迅速推广和应用，取得了显著的经济效果。

二、价值工程的基本要素

价值工程涉及功能、寿命周期成本和价值三个基本要素。

（一）功能

功能是指产品或作业的性能或用途，即产品或作业所承担的职能。产品的功能实质上是指产品的使用价值，功能一般用 F 表示。

对一个特定的产品或作业来讲，其功能并不是越高越好，而应视用户的要求而定。价值工程追求的是用户需求的必要功能。

（二）寿命周期成本

寿命周期成本是指产品或作业在寿命周期内所花费的全部费用。一般用 C 表示，包括设计制造成本 C_1 和使用成本 C_2。其中，产品的设计制造成本是指产品的研制成本和产品的储存、流通、销售等各种费用；产品的使用成本是指产品在整个使用过程中支出的费用。

一般来说，产品或作业的功能越高，设计制造成本就越高，但是用户在使用时的费用支出就越低；反之，如果产品或作业的功能越低，设计制造成本就越低，但是用户在使用时的费用支出就越高。产品或作业的寿命周期成本与功能之间的关系如图 6-1 所示。价值工程的目的就是以最低的寿命周期成本 $C_{\min}$，可靠地实现用户所要求的功能 F_0。即达到用户所要求的功能时，应满足寿命周期成本最小。

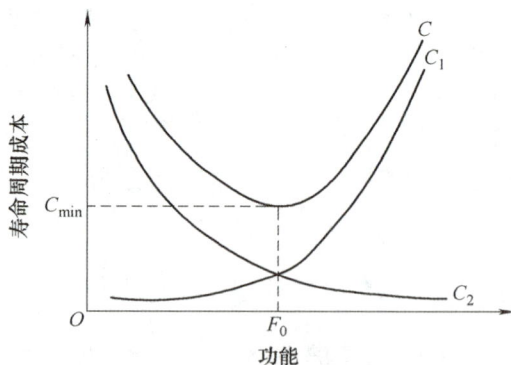

图 6-1　寿命周期成本与功能的关系图

（三）价值

价值工程中的"价值"，是指研究对象所具有的必要功能与取得该功能的寿命周期成本的比值。价值一般用 V 表示，它是对研究对象的功能和成本进行的一种综合评价。价值 V 与功能 F 和寿命周期成本 C 之间的关系表达式为

$$V = \frac{F}{C} \tag{6-1}$$

式（6-1）表明，在寿命周期成本不变的情况下，产品或作业的价值与功能成正比，即

功能越大价值越大，功能越小价值越小。在功能不变的情况下，产品或作业的价值与寿命周期成本成反比，即成本越低价值越大，成本越高价值越小。由此可见，提高产品或作业价值的五种途径为：①功能不变，成本降低；②成本不变，功能提高；③既提高功能，又降低成本；④成本略有提高，功能有较大提高；⑤功能略有下降，成本有较大下降。

实际中，这五种途径既可以单独使用，又可以同时使用。要结合具体情况找出最理想的提高价值的手段，以达到提高经济效益的目的。

三、价值工程的特点和作用

（一）价值工程的特点

价值工程是以产品或作业的功能分析为核心，以提高产品或作业的价值为目的，力求以最低的寿命周期成本可靠地实现产品或作业的必要功能的一项有组织的创造性活动。可见，价值工程具有以下特点：

（1）价值工程的核心是功能分析。由于用户购买产品不是为了获得产品本身，而是为了获得产品所具有的功能，因此，价值工程的核心是对产品进行功能分析，通过功能分析明确哪些功能是必要的，哪些功能是不必要的或过剩的，哪些功能还需要补充等，从而可以对产品进行全新设计。一方面，把承担不必要功能的零部件取消，减少不必要的费用；另一方面，补充用户需要的功能，使产品更加满足用户的要求。

（2）价值工程的目标是追求寿命周期成本最低。产品的寿命周期成本包括产品的设计制造成本和产品的使用成本。对用户来说，购买产品不仅要考虑一次性支付的购买费用，而且要考虑在使用过程中支出的使用费用。因此，价值工程对降低成本的考虑着眼于寿命周期成本，不仅要降低产品的设计制造成本，而且要降低产品的使用成本。只有这样才能满足用户的需要，才能提高产品在市场上的竞争力。

（3）价值工程的关键是创造。产品功能的实现要有具体的手段，手段不同，即使实现相同的功能，付出的成本也是不同的。因此，价值工程强调不断创新，获得尽可能多的实现功能的手段，从而简化产品结构、节约原材料、提高产品的技术经济效益。

（4）价值工程是一项有组织的活动。价值工程强调有组织地进行，这是通过实践经验总结出来的。因为提高产品的价值涉及产品的设计、制造、采购和销售等过程，为此必须集中各个方面的人才，依靠集体的智慧和力量，调动各个环节的积极性，有计划、有组织地开展活动。

（二）价值工程的作用

有关资料显示，企业开展价值工程活动一般能使产品的成本降低10%～30%。价值工程在企业的生产经营过程中应用非常广泛，不仅能用于改进企业的产品，降低产品的成本，而且可以用于企业改进设备、工具、作业和管理等。其作用具体体现在以下几个方面：

（1）运用价值工程可以有效地提高企业的经济效益。价值工程的核心是功能分析，通过功能分析，在保证产品必要功能的基础上，剔除不必要的功能和过剩的功能，从而可以减少不必要的成本支出，降低产品的成本，对提高企业的经济效益具有巨大作用。

（2）运用价值工程可以有效地提高产品在市场上的竞争力。在实施价值工程的过程中，通过功能分析，不仅可以剔除不必要功能和过剩功能，而且可以补充用户需要的功能，从而完善产品的功能结构。同时，通过开展价值工程活动，还可以改进产品的式样、结构、质量，延长产品的市场寿命，使产品在市场上具有更强的竞争力。

（3）运用价值工程有利于提高企业的管理水平。价值工程活动涉及范围广，贯穿于企业生产的各个环节。通过开展价值工程活动，可以对企业各方面的管理起到推动作用，促进企业管理水平的提高。

（4）运用价值工程有利于推动企业技术与经济的结合。技术与经济是既有区别又有联系的统一体，但实际中许多企业往往将两者隔离开。例如，注意了提高产品的质量，讲究在技术上的先进性，却忽视了产品的成本和价格。价值工程强调要对产品的技术方案进行经济效果评价，既考虑了技术上的先进性和可行性，又考虑了经济上的合理性和现实性，可推动企业技术与经济的结合。

四、价值工程的工作程序

实施价值工程的过程是一个发现问题、分析问题、解决问题的过程，一般包括实施准备、方案创造和方案实施三个基本阶段。

（一）实施准备阶段

实施准备阶段实际就是价值工程在实施之前的各项准备工作，包括选定课题和确定课题目标、建立价值工程活动的组织机构和制订价值工程活动计划等。

首先，要根据企业的经营目标、经营方针和经营战略等，针对企业当前迫切需要解决的问题选定课题，并确定课题目标。其次，由企业负责人牵头，组织企业各部门的技术和经营管理骨干，成立相应的价值工程活动的组织机构，机构成员一般由 10~15 人组成，可以根据需要进行有关价值工程知识的培训。最后，还应针对价值工程活动的内容、程序、资金和时间等相关问题进行详细安排，形成价值工程活动计划。

（二）方案创造阶段

方案创造阶段是价值工程实施的核心阶段，包括功能定义、功能评价和制订改进方案三个基本步骤。

1. 功能定义

功能定义包括对象选择、收集信息、进行功能定义和功能整理四个具体步骤。

（1）对象选择。价值工程的对象一般选择企业生产经营上迫切需要改进的产品，或者是改进潜力比较大的产品。

（2）收集信息。要围绕价值工程所选择的对象进行调查，收集相关信息，包括企业经营目标、方针和策略，用户对产品的反映和要求，产品生产、销售、成本、价格和利润等方面的情况，同行业其他企业同类产品的情况。收集信息所回答的问题是"这是什么"。

（3）进行功能定义。说明所选择对象的功能是什么，怎样实现这个功能。

（4）功能整理。在功能定义的基础上，找出各功能之间的相互关系，绘制功能系统图。功能整理回答的问题是"这是干什么的"。

2. 功能评价

功能评价包括功能成本分析、进行功能评价、选定功能改进对象三个具体步骤。

（1）功能成本分析。功能成本分析主要确定功能实现成本，并计算功能的目标成本。

功能成本分析回答的问题是"它的成本是多少"。

（2）进行功能评价。进行功能评价主要是计算功能的重要度系数、功能的价值或价值系数。

（3）选定功能改进对象。根据计算的功能价值或功能价值系数选定功能改进的对象。功能评价和选定功能改进对象回答的问题是"它的价值是多少"。

3. 制订改进方案

制订改进方案包括方案创造、方案概略评价、方案具体化、方案详细评价和提案五个详细步骤。

（1）方案创造。按照价值工程活动的原则，充分发挥集体智慧和创造精神，尽可能提出实现功能的各种设想方案。方案创造回答的问题是"有其他方法能够实现这个功能吗"。

（2）方案概略评价。对提出的各种可能的方案设想进行初选，剔除那些不能满足功能要求或成本太高的方案。

（3）方案具体化。对初选的方案进行具体化，使其详细完整，并围绕具体化的方案做进一步的调研。

方案概略评价和方案具体化回答的问题是"新方案的成本是多少"。

（4）方案详细评价。对具体化的方案从技术、经济和社会等各方面进行详细评价，并在详细评价的基础上优选方案。

（5）提案。针对优选的方案制订提案书，并上报提案。

方案详细评价和提案回答的问题是"新方案能满足功能要求吗"。

（三）方案实施阶段

为了确保优选方案的实施质量，并为今后审批提供依据，需要对优选方案进行试验。如果试验表明方案确实最优，可定为正式方案，经批准后列入实施计划。方案实施过程中要进行检查，如发现问题，应及时改进。方案实施完成后，要及时总结、评价和验收。

第二节　对象选择与信息资料的收集

一、价值工程的对象选择

一个企业往往生产许多种产品，一种产品往往又是由许多零部件组成的。因此，企业在开展价值工程活动时，必须选择一定的对象。对象选择的总体原则是改进潜力大、经济效益高、实施条件好。下面具体介绍价值工程对象选择的方法。

（一）经验分析法

经验分析法是价值工程对象选择的最简单方法。所谓经验分析法，是指由专家根据经验分析生产、经营状况和实施价值工程的影响因素，选择急需改进而且经济效果好的项目作为价值工程实施的对象。采用经验分析法主要从以下几个方面考虑：

（1）社会角度。例如，对国计民生影响较大的产品，耗能高、"三废"问题严重的产品。

（2）市场角度。例如，市场需求量大或潜在需求量大的产品，用户意见大、使用成本高以及性能需要提高的产品，正在研制的市场急需的新产品。

（3）设计角度。例如，结构复杂、技术落后、零部件多、工艺性差、工艺复杂落后的产品，体积大、质量大、材料贵、性能差的产品。

（4）生产角度。例如，产量多、批量大的产品，原材料消耗高、返工率高、废品率高的产品。

（5）成本角度。例如，成本高、利润低、经济效益差的产品。

（6）销售角度。例如，市场竞争激烈的产品，已经进入衰退期的老产品。

（7）实施角度。例如，信息资料易于收集齐全的产品，在技术、人才方面有优势的产品，改进牵扯面不需要大量人力、物力的产品，易于成功的产品。

（二）ABC 分类法

对于具有很多零部件的复杂产品（或者是生产许多种产品的企业），如果由于精力和经验的限制，不能进行全面改进，可以重点选择一部分零部件（或产品）优先实施价值工程。ABC 分类法就是适用于这种情况的选择方法。

大量分析表明，产品的零部件成本（或企业产品的成本）分布是不均匀的，往往少数零部件的成本要占整个产品成本的一半以上。根据这一特点，可以将零部件分为 A、B、C 三类。A 类是指数量占总数 10% 左右，成本占总成本 70% 左右的零部件；B 类是指数量占总数 20% 左右，成本占总成本 20% 左右的零部件；C 类是指数量占总数 70% 左右，成本占总成本 10% 左右的零部件。如图 6-2 所示。

价值工程的对象选择正是利用成本的这一分布规律，选择 A 类零部件作为价值工程的重点对象。

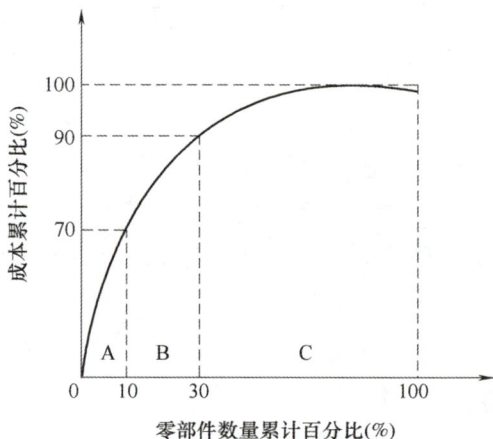

图 6-2　ABC 分类法

（三）强制确定法

强制确定法是一种适合于对具有很多零部件的复杂产品进行对象选择的方法。这种方法的基本思路是，产品的某一零部件的成本应与其功能的重要性相对应。如果某零部件在产品中所起的作用较小但其花费的成本很高，或者是某零部件在产品中所起的作用较大但花费的成本很低，这些都说明成本与功能不相匹配。强制确定法就是通过一定的分析计算，找出成本与功能不相匹配的零部件作为价值工程的对象。

强制确定法应用的步骤如下：

（1）零部件排序。将构成产品的零部件进行排列。

（2）零部件评分。将各零部件逐一进行比较、评分，重要的多得分，次要的少得分或不得分。评分可以采用 0—1 评分法或 0—4 评分法两种。评分法将在"功能分析"中的"功能评价"中详细介绍。

（3）求零部件的功能评价系数。将每个零部件所得的分数除以各零部件的总分数，得出每个零部件的功能评价系数。

（4）求零部件的成本系数。将每个零部件的目前成本除以全部零部件的总成本，得出每个零部件的成本系数。

（5）求零部件的价值系数。将每个零部件的功能评价系数除以成本系数，得出各零部件的价值系数。

（6）对价值系数进行分析。当零部件的价值系数小于1时，即零部件的功能评价系数小于成本系数，说明零部件不太重要，但目前占用的成本较多；当零部件的价值系数大于1时，即零部件的功能评价系数大于成本系数，说明零部件较为重要，但目前占用的成本不高；当零部件的价值系数等于1时，说明零部件的功能与成本相匹配。

（7）确定价值工程的对象。价值系数越小，功能成本比越不合理，改进的余地越大，应作为价值工程的对象。

二、信息资料的收集

（一）信息收集的内容

收集信息是价值工程活动中一项重要的基础性工作。通过所收集的信息，可以使企业明确价值工程实施的目标。收集的信息资料越多，价值提高的可能性越大。信息收集的内容主要有以下方面：

（1）用户信息。包括用户的性质，用户的支付能力，用户对产品的性能、价格、外观、售后服务等方面的要求，用户使用目的和使用环境等。

（2）企业内部信息。包括企业内部的原材料供应情况，生产、组织、销售情况，产品成本、利润情况等。

（3）市场信息。包括市场需求状况，同类产品的价格水平，本企业产品的市场占有率，同类产品的市场占有率等。

（4）竞争信息。包括同类企业的经营规模、经营特点、管理水平，同类企业的产品成本、利润等方面的信息。

（5）技术信息。包括国内外同类产品的技术资料，与产品有关的新材料、新技术、新工艺和新标准等。

（6）环保信息。包括与产品生产有关的环境保护的现状，"三废"状况，处理方法和国家法规标准等。

（7）政治信息。包括与企业产品生产有关的政府和部门的法规、条例等方面的信息。

（二）信息收集的方法

信息收集的方法很多，有询问法、查阅法、购买法和试验法等。

（1）询问法。询问法是指通过向调查对象提出问题获得所需信息资料的方法。询问法包括直接询问、电话询问和信函询问。

（2）查阅法。查阅法是指通过翻阅各种公开出版的书籍、报刊、广告等获得所需信息的方法。

（3）购买法。购买法是指通过支付一定的费用获得所需信息的方法。

（4）试验法。试验法是指通过产品试销的方法收集用户对产品的反映等有关信息的方法。

第三节　功能分析

功能分析是价值工程的核心内容。功能分析是对所选择的价值工程对象进行系统的功能分析，科学地评价其重要性，并通过功能与成本匹配关系定量计算价值工程对象的价值大小，确定价值工程改进的重点对象的过程。功能分析包括功能定义、功能整理以及功能评价三个步骤。

一、功能定义

（一）功能分类

功能是指某产品或某零部件所承担的职能或作用。功能可以按照不同的标准进行分类。

（1）按照功能的重要性可将功能分为基本功能和辅助功能。基本功能是产品的主要功能，是用户购买产品的原因，也是企业生产产品的依据。辅助功能则是次要功能，是为了更好地实现基本功能，或者是由于设计、制造的需要而附加的功能。

（2）按照功能的性质可将功能分为使用功能和美学功能。使用功能是指具有实际用途的功能，包括产品的可用性、可靠性、安全性和易维修性等。美学功能是指满足用户审美需要的功能，包括产品的造型、色彩、图案、包装和装潢等。

（3）按照功能的有用性可将功能分为必要功能和不必要功能。必要功能是指用户需要的、不能缺少的功能。不必要功能是指用户不需要的功能，主要表现为多余功能、重复功能和过剩功能。

（4）按照功能的目的和手段可将功能分为上位功能和下位功能。上位功能是目的性功能，下位功能是实现上位功能的手段性功能。值得注意的是，上位功能和下位功能在功能分析中是相对而言的。

（二）功能定义的含义

功能定义是指对产品或零部件所承担的职能用简单的语言进行描述。功能定义的目的是：首先，通过功能定义可以明确整个产品以及构成产品的各零部件所具有的功能，抓住问题的本质；其次，在功能定义的基础上便于进行功能评价，弄清哪些是价值低的功能，哪些是有问题的功能；最后，功能定义可以摆脱产品现有结构和设计的束缚，扩大思考范围，有利于方案的改善。

功能定义通常用一个名词和一个动词表述。例如，电线的功能可以表述为"输送电流"，钟表的功能可以表述为"显示时间"等。在功能定义中应注意以下事项：一是动词应尽量抽象，便于开阔思路，打破约束；二是名词要尽量定量化，便于功能评价时进行定量分析；三是一项功能只下一个定义，如果一个零部件能完成多个功能，则要下多个定义。

例如，对于保温瓶各组成零件的功能定义见表 6-1。

表 6-1 保温瓶零件的功能定义

序　号	零件名称	功能定义
1	底托	支承容器底部、减振
2	三眼	容纳支件、调节支承位置
3	瓶底	支承支承构件、形成外观、保护容器、方便装配
4	筒衬	方便装配
5	铆钉	固定构件

（续）

序　号	零件名称	功能定义
6	提把	方便使用、形成外观
7	铁筒	保护容器、连接支承构件、形成外观
8	瓶胆	储水、防止热对流、防止热传导、防止热辐射
9	瓶肩	保护容器、容纳支承构件、支承防尘罩、方便装配、形成外观
10	瓶盖	防尘、形成外观
11	口圈	支承容器颈部
12	瓶嘴	容纳支承件、形成外观、保护容器、减振
13	瓶塞	防尘、防止热对流、防止热传导

二、功能整理

功能整理是在功能定义的基础上，从系统的角度出发，按照一定的逻辑分析各功能之间的相互关系，通过编制功能系统图确定对象的必要功能，剔除不必要功能。功能整理的方法如下：

（1）制作功能卡片。功能卡片是记录功能及实现功能的零部件的名称和功能成本的卡片，一张卡片记录一个零部件的一个功能。功能与零部件不是一一对应的关系，一个零部件可以实现多个功能，一个功能也可能由多个零部件实现。此时，将相同功能的卡片集中形成一组，将每组卡片（或单张卡片）都视为一个功能。

（2）寻找上位、下位功能。任取一组卡片（或单张卡片），按照"目的和手段"的关系，追问其目的，可找到上位功能。逐一追寻各组卡片（或单张卡片），将具有相同目的的功能放在一起，组成一大组，这就是上一级功能，大组中的各小组和单张卡片的功能则是同位功能。仿照上述办法逐级进行组合，直到追问到零级功能为止。

（3）绘制功能系统图。将上述上位功能、下位功能进行排列，明确功能之间的关系，便可得到研究对象完整的功能系统图。

图 6-3 所示为经过上述过程整理得到的保温瓶的功能系统图。

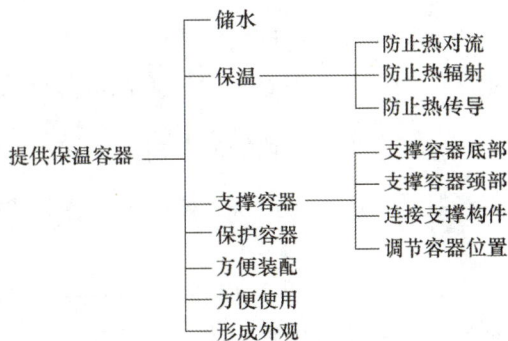

图 6-3　保温瓶的功能系统图

三、功能评价

功能评价可以采用绝对值法，也可以采用相对值法。绝对值法实际上就是定量地确定功能的价值 V 和功能 F 的改善期望值；相对值法实际上是采用价值系数进行评价。下面重点介绍绝对值法。

要定量确定价值 V 就必须定量计算出功能 F 与寿命周期成本 C。功能 F 的定量表示就是功能评价值，可以定义为实现必要功能的最低成本；寿命周期成本 C 的定量表示就是功能

的现实成本。因此，价值 V 的计算公式可以表示为

$$价值\ V = \frac{功能评价值\ F}{功能的现实成本\ C} \tag{6-2}$$

功能的改善期望值是指功能的现实成本与功能评价值之差。其计算公式为

$$功能的改善期望值 = 功能的现实成本 - 功能评价值 \tag{6-3}$$

功能评价的目的是通过定量计算确定各功能的价值 V 和改善期望值，选出价值低、改善期望值大的功能作为价值工程的重点对象。

（一）功能评价值 F 的确定

功能评价值是指实现必要功能的最低成本。确定功能评价值的方法有以下三种：

1. 经验估计法

经验估计法是指组织一些有经验的专家，在功能分析的基础上，凭经验对各项功能的成本支出进行分析和估计，并取众多估计值的平均值作为最终的功能评价值。例如，价值工程的创始人麦尔斯在分析螺杆功能时，就采用经验估计法对构成螺杆的三部分功能进行分析和估计，确定每一部分的最低成本，最后将每一部分的成本相加后得出总成本，这个总成本就是螺杆的功能评价值。

2. 理论计算法

理论计算法是指利用工程中的设计图样和计算公式，定量计算各零部件的材料用量，再根据材料的价格、综合加工费等其他费用求得功能评价值。理论计算法的优点是计算科学可靠，使用方便；缺点是材料价格受市场供求状况影响会有波动。因此，这种方法只能有条件地使用。

3. 间接评价法

间接评价法也称功能系数法，是一种常用的确定功能评价值的方法。其步骤如下：①确定产品的目标成本 C_0，并将产品的目标成本 C_0 作为总功能评价值 F；②确定各分功能 F_i 的重要性，定出各分功能的重要性系数 f_i，并且有 $\sum_{i=1}^{n} f_i = 1$，其中 n 为分功能数；③按重要性将产品的目标成本进行分摊，求出各分功能评价值。其计算公式为

$$F_i = C_0 f_i \tag{6-4}$$

从式（6-4）中可以看出，要确定各分功能评价值 F_i，必须要先确定产品的目标成本 C_0 和各分功能的重要性系数 f_i。下面分别讨论如何确定目标成本 C_0 和各分功能的重要性系数 f_i。

（1）目标成本 C_0 的确定。产品目标成本的确定可以分以下不同的情况进行：对处于行业中的一般性的企业，产品目标成本的确定应本着先进可行的原则进行。所谓先进，是指所确定的目标成本必须是企业经过努力才能达到的。所谓可行，是指所确定的目标成本是企业有可能实现的。具体确定时可以参照同行业的先进水平或企业历史上的最好情况确定。对已经处于先进水平的企业，产品目标成本的确定可以依据市场竞争的原则进行。对于企业开发的新产品，目标成本的确定可以在成本核算的基础上进行。另外，无论何种情况，考虑到价值工程普遍可以降低成本 20% 左右，在具体确定产品的目标成本时应考虑这一因素的影响。

（2）分功能的重要性系数 f_i 的确定。各分功能的重要性系数 f_i 的确定主要靠经验判断。

为了减少经验估计的偏差，一方面要求参加评价的人员应该富有经验，另一方面要求参加评价的人数不宜过少，同时最终的结果要取平均值。下面具体介绍以下三种方法：

1）0—1评分法。所谓0—1评分法，是指把要研究的对象两两对比，重要的得"1"分，次要的得"0"分。然后根据各对象的得分来确定该对象的重要性系数（具体方法见后面的例题）。

采用0—1评分法确定重要性系数时，要注意以下几点：①参加评分的人员必须熟悉评分对象；②参加评分的人数不宜多，也不宜少，一般5~15人；③参加评分的人员应独立打分，不被其他人左右；④两两比较时结果必须是"1"或"0"，不能出现其他分值。

由于采用0—1评分法出现的分值存在"0"，为了避免系数为0的情况，可以将每个评分值加"1"进行修正，用修正值进行综合评分。

【例6-1】　某产品有A、B、C、D、E、F六项功能，试用0—1评分法进行功能评价。如果产品的目标成本为1 200元，求出各功能的评价值。

解：按照0—1评分法的要求做如下工作：

将六项功能列表排列，请参加评分的专家进行打分，每个专家一张表，如评价者甲的打分情况见表6-2；汇总所有专家的打分值，求出六项功能的重要性系数，见表6-3；将目标成本1 200元按照重要性系数进行分摊后，得各功能的评价值，见表6-3。

表6-2　0—1评分法打分

评价者：甲

分功能	A	B	C	D	E	F	累计评分值	修正得分
A	×	1	1	1	1	1	5	6
B	0	×	1	1	1	1	4	5
C	0	0	×	1	1	1	3	4
D	0	0	0	×	1	1	2	3
E	0	0	0	0	×	1	1	2
F	0	0	0	0	0	×	0	1
合计							15	21

表6-3　0—1评分法综合统计

分功能	评价者						合计	重要性系数	功能评价值（元）
	甲	乙	丙	丁	戊	己			
A	6	5	6	6	5	6	34	0.27	324
B	5	6	5	5	6	5	32	0.25	300
C	4	4	4	4	4	4	24	0.19	228
D	3	3	3	3	3	1	16	0.13	156
E	2	2	2	2	2	3	13	0.10	120
F	1	1	1	1	1	2	7	0.06	72
合计	21	21	21	21	21	21	126	1.00	1 200

2）多比例评分法。0—1评分法虽然简单易行，但评分只有"0"和"1"，过于绝对化，不易反映功能千差万别的情况，因此局限性大。多比例评分法是对0—1评分法的一种改进。常用的多比例评分法有0—4评分法，其评分规则和方法与0—1评分法相同，只是两两对比时评分的比例有0—4、1—3、2—2三种，一般视比较的重要程度选择不同的比例。

【例6-2】 采用0—4评分法对例6-1中的六项功能进行评价。如果产品的目标成本为1 200元，求出各功能的评价值。

解：遵循0—4评分法的规则做如下工作：

将六项功能列表排列，请参加评分的专家进行打分，每个专家一张表，分别根据具体情况选择0—4、1—3、2—2等不同比例，如评价者甲的打分情况见表6-4；汇总所有专家的打分值，求出六项功能的重要性系数，见表6-5；将目标成本1 200元按照重要性系数进行分摊后，得各功能的评价值，见表6-5。

表6-4 0—4评分法打分

评价者：甲

分功能	A	B	C	D	E	F	评分值
A	×	3	3	4	3	4	17
B	1	×	3	3	3	4	14
C	1	1	×	3	3	2	10
D	0	1	1	×	3	2	7
E	1	1	1	1	×	2	6
F	0	0	2	2	2	×	6
合计							60

表6-5 0—4评分法综合统计

分功能	评 价 者						合计	重要性系数	功能评价值（元）
	甲	乙	丙	丁	戊	己			
A	17	19	18	19	18	17	108	0.30	360
B	14	15	15	15	15	14	88	0.25	300
C	10	10	11	10	11	10	62	0.17	204
D	7	9	9	9	9	7	50	0.14	168
E	6	4	5	4	5	6	30	0.08	96
F	6	3	2	3	2	6	22	0.06	72
合计	60	60	60	60	60	60	360	1.00	1 200

3）环比评分法。环比评分法与上述两种评分法的不同之处在于，使用环比评分法时，每个对象只与相邻上下两对象进行比较，不与全部对象进行比较。下面用例题说明。

【例6-3】 用环比评分法对例6-1中的六项功能进行功能评价。如果产品的目标成本为1 200元，求出各功能的评价值。

解：首先，列评分表，将参加评分的对象按功能相近、重要性或实现的困难度等顺序排列到环比评分表中，见表6-6；利用环比评分法确定暂定系数，即由上而下将相邻功能进行对比评分，这个评分值作为暂定值填入表中，见表6-6中的"暂定系数"；计算修正系数，即把最后一项功能的修正系数定为1，对暂定系数进行修正，见表6-6中的"修正系数"；计算重要性系数，即将各功能的修正系数除以修正系数总和，得到表6-6中的"重要性系数"；将目标成本1 200元按照重要性系数进行分摊后，得表6-6中各功能的功能评价值。

表6-6 环比评分法

分功能	功能评分			功能评价值
	暂定系数	修正系数	重要性系数	（元）
A	1.5	5.61	0.36	432
B	1.6	3.74	0.24	288
C	1.5	2.34	0.15	180
D	1.3	1.56	0.10	120
E	1.2	1.20	0.08	96
F	—	1.00	0.07	84
合计	—	15.45	1.00	1 200

（二）功能的现实成本 C 的确定

功能的现实成本 C 的确定通常采用功能成本法。由于企业中成本核算一般是以产品或产品的零部件为对象的，因此确定产品或产品零部件的成本是容易实现的。但是价值工程中功能评价的对象是功能，而不是产品或产品的零部件。一个零部件可能具有几个功能，而一个功能也可能通过几个零部件实现，因此，寻求某个功能的现实成本就有困难。下面介绍一种通过产品的零部件成本求功能的现实成本的方法，即功能成本法。

功能成本法的具体步骤如下：①将价值工程分析对象组成的零部件的现实成本列入功能成本分析表；②对照功能系统图，将功能系统图中彼此独立的功能记入功能分析表中；③分析各零部件在各功能中有无发挥作用，将发挥作用的在功能成本表中做出记号；④将各零部件的现实成本按其在各功能发挥作用的大小进行分摊，分摊时一般采用估算法；⑤将每个功能的成本合计求出各功能的现实成本。

【例6-4】 某价值工程分析的对象由五个零部件组成，每个零部件的现实成本分别为210元、400元、50元、100元、640元，经过功能分析后，得知该对象有六个功能，下面采用功能成本法求各功能的现实成本 C。

解：按照功能成本法要求的步骤进行分摊，求各功能的现实成本 C。详见表6-7。

表6-7 功能成本分析表 （单位：元）

产品的组成部分		功能领域					
零部件名称	零部件成本	A	B	C	D	E	F
L_1	210	65		145			
L_2	400	100	50		160	50	40
L_3	50			25			25

（续）

产品的组成部分		功　能　领　域					
零部件名称	零部件成本	A	B	C	D	E	F
L_4	100	70	30				
L_5	640	220	250	80	10	80	
合计	1 400	455	330	250	170	130	65

（三）价值 V 的确定和分析

如前所述，在求出功能评价值 F 和功能的现实成本 C 之后，根据公式 $V=F/C$ 就可以求出功能的价值了。根据求出的功能价值 V，可以做如下分析：

（1）当 $V=1$ 时，$F=C$，说明所花费的现实成本与实现该功能所必须花费的最低成本相当。这是一种最理想的状态，该功能没有改善的必要。

（2）当 $V>1$ 时，$F>C$，说明所花费的现实成本比实现该功能所花费的最低成本还要低，这在理论上是不可能的。实际中出现这种情况有两种可能：一是由于数据的收集和处理不当造成的，对这种情况可以不作为价值工程改善的对象；二是由于必要功能没有完全实现造成的，对此应具体分析，如果用户反映功能不足，则可以列为价值工程改善的对象，若用户无此反映，则可以不改善。

（3）当 $V<1$ 时，$F<C$，说明所花费的现实成本比实现该功能所花费的最低成本高。出现这种情况有两种可能：一是由于现实成本中有花费不合适的地方；二是由于存在过剩功能。此时，该功能可以作为价值工程改善的重点对象，应在满足用户必要功能的前提下，设法降低成本。

【例 6-5】　根据以 0—1 评分法所求出的功能评价值以及以功能成本法所求出的功能的现实成本，计算功能价值，并根据功能价值进行分析。

解：根据表 6-3 所求的功能评价值和表 6-7 所求的功能的现实成本计算六项功能的价值，见表 6-8。

通过计算的功能价值可以看出，B、C、D、E、F 五项功能的价值基本接近于 1，可以认为功能与成本是匹配的。但是功能 A 的价值小于 1，即所花费的现实成本比实现该功能所花费的最低成本高，可以作为价值工程的重点改善对象。

表 6-8　计算功能价值

功　　能	A	B	C	D	E	F
功能评价值(元)	324	300	228	156	120	72
功能的现实成本(元)	455	330	250	170	130	65
功能价值	0.71	0.91	0.91	0.92	0.92	1.11
功能的改善期望值(元)	131	30	22	14	10	—

（四）功能的改善期望值的确定

功能的改善期望值是指功能的现实成本与功能评价值之差。在进行功能分析时，通过上述计算可以获得功能的价值，通过价值分析可以确定价值 $V<1$ 的功能作为价值工程的重点改善对象。但是具体分析时，还希望计算出功能的改善期望值，从而确定将改善值大的功能

作为价值工程的最终改善对象。

仍以例 6-5 的数据计算，其功能的改善期望值见表 6-8 最后一行，可以看出，价值工程的优先改善对象应为功能 A，因为功能 A 的价值最小，功能的改善期望值最大。

（五）功能评价的进一步讨论

从上述讨论中可以看出功能评价有以下两个特点：

（1）功能评价是以功能为对象的。无论是功能评价值的确定，还是现实成本的确定，以及最终价值和改善期望值的确定，都是以功能为对象进行的。

（2）功能评价以绝对值分析为主。在功能评价的计算中，功能的评价值和现实成本都是以"元"或"万元"为单位的绝对计量值。

在实际进行功能评价时，有时根据需要可能进行以相对值为主的功能评价。以相对值为主的功能评价实际上是将 $V=F/C$ 公式中的功能评价值 F 和现实成本 C 采用相对值表示，即 F 可以采用功能评价系数，C 可以采用成本系数。所求得的 V 是价值系数，其大小仍可作为选择价值工程的对象。下面用例题说明。

【例 6-6】 对例 6-1 中的产品采用相对值法对产品的 A、B、C、D、E、F 六项分功能进行评价。

解：首先，求功能评价系数。求功能评价系数的方法与前述相同，可以采用 0—1 评分法，也可以采用其他方法。仍以 0—1 评分法为例，获得六项功能的功能评价系数，从表 6-3 可知这六项功能的评价系数分别为：0.27，0.25，0.19，0.13，0.10，0.06（即表 6-3 中的"重要性系数"）。将其列入表 6-9 中的功能评价系数中。

其次，求成本系数。利用例 6-4 中所获得的功能的现实成本数据，可以求出六项功能的成本系数，见表 6-9。

然后，计算价值系数。将功能评价系数与对应的成本系数相除得价值系数，见表 6-9。

最后，进行功能分析。选择价值系数小于 1 的功能，即功能 A，作为价值工程的重点改善对象。

表 6-9 相对值法计算功能价值

功　　能	A	B	C	D	E	F	合　　计
功能评价系数	0.27	0.25	0.19	0.13	0.10	0.06	1.00
功能的现实成本(元)	455	330	250	170	130	65	1 400
功能的成本系数	0.32	0.24	0.18	0.12	0.09	0.05	1.00
价值系数	0.84	1.04	1.06	1.08	1.11	1.20	—

第四节　方案的创造、评价与实施

经过功能分析和评价后，基本确定了价值工程的改善对象，接下来就需要创造出新的方案来代替原有方案，并付诸实施。

一、方案的创造

方案创造是价值工程的关键环节。方案创造之前的各项工作都是价值工程的准备阶段，方案创造才是价值工程出成果的阶段，也是价值工程活动中能充分发挥集体智慧和才能的阶段。方案创造要求在充分运用信息资料的基础上，充分发挥每个人的聪明才智，解放思想，集思广益，尽可能多地提出实现必要功能的各种设想。

方案创造分为两种基本形式：一是新产品的设计，通常是从最终功能出发，一步一步构想手段功能，最终创造出一个全新的设计方案；二是老产品的改造，通常是从实物对象出发，以功能系统图为依据，从功能入手，创造出一个老产品的改造方案来。下面介绍几种常用的方案创造的方法。

（一）头脑风暴法

头脑风暴法简称 BS 法，是由美国 BBDO 广告公司的奥斯本（A. F. Osborn）于 1941 年首次提出的。其做法是召集一些有经验、有专长的人员参加会议，共同构思方案。会议人数一般为 10 人左右，会前将讨论的内容通知大家，会议主持者要善于启发和综合与会者的意见，使会议气氛轻松、融洽，不受任何拘束。为此，会议要遵循以下原则：

（1）不批评和评价别人的意见和设想。

（2）不迷信权威，鼓励畅所欲言。

（3）尽量多提设想和方案。

（4）善于在别人意见或方案的基础上进行补充和完善。

（二）歌顿法

歌顿法是美国人歌顿（Gordon）于 1964 年提出的。与头脑风暴法相同的是歌顿法也是采用会议的形式，不同之处主要表现在以下几个方面：

（1）会议主持者事先不将讨论的具体内容通知大家，而是在会议中抽象地提出功能的概念，以利于开拓思维。当会议讨论到一定程度时，再宣布会议的具体要求，并在此基础上提出创新的方案。

（2）会议允许批评。

（3）会议时间较长。

（4）会议最终要产生完成目标的唯一方案。

（三）德尔菲法

德尔菲法是由美国著名的咨询机构兰德公司首先提出的。德尔菲是古希腊的阿波罗神杀死恶龙的地方，以德尔菲这个地名来命名这种方法，说明这种方法的有效性。

采用德尔菲法要求组织者将所要解决的问题按照规定的程序，用通信的方式向各位专家提出，得到答复后，把各种意见归纳、整理后再反馈给各位专家，进一步征询意见。如此反复多次，直到形成比较集中的几个创新方案。

德尔菲法具有以下特点：

（1）匿名性。应邀参加创新的专家互不知晓，这就消除了专家们的心理影响。每一个专家可以参考前一轮的结果修改自己的意见而无须做出说明，无损自己的威望。

（2）反馈性。德尔菲法通过信息反馈来进行创新，每一轮的结果经过整理后再反馈给每一位专家作为下一轮创新的参考。这就实现了意见的调整和统一，并促进最终获得正确的结论。

（3）统计性。德尔菲法可以使用统计方法对专家们的意见做定量处理。

使用德尔菲法进行方案创造一般需要较长的时间，这是德尔菲法不利的方面。

（四）检查提问法

检查提问法是指通过提问的方式，引导人们对方案提出构想。这种方法可以归纳为三个"能不能"：①价值工程的对象能不能取消？②价值工程的对象能不能与其他对象合并？③能不能用其他方法代替？

检查提问的具体内容应结合工作内容的特点提出，主要包括：①将原有的方案稍加改变，能否有新的功能产生？②有无类似产品？③可否改变一些外在的内容？例如声音、颜色、形状、味道、式样等。④能否扩大或增加一些内容？例如长度、强度、刚度、时间、次数等。⑤能否缩小或减少一些内容？例如压缩、变薄、降低、缩短、减轻等。⑥能否代用？例如用其他的材料、元件、工艺或动力等。⑦能否代换？例如换元件、型号、结构、顺序、布局、速度等。⑧能否倒换？例如正反、上下、里外、前后等。⑨能否组合？例如目标组合、部件组合、方案组合等。

二、方案的评价

（一）方案概略评价

在进行方案创造时，提出的方案可能很多，如果对所有方案都进行具体化，必然造成资源的浪费。因此，在进行方案具体化之前，首先应从大量的方案中筛选出一部分较好的方案，这就需要进行方案概略评价。

为了使评价有效，通常在概略评价之前，将方案进行整理和分类。整理和分类工作主要有以下几个方面：①归纳。将构思相同的方案归纳在一起作为一类方案，同类方案可以作为一个方案进行概略评价，从而节约时间和费用。②明确。将抽象和含糊的方案尽量明确化，最好用图的形式表达出来，便于选择评价。③分析。对表面离题太远的方案进行本质分析，因为突破的方案往往就在其中。④组合。将各种方案的构思尽量组合，这样可以节省评价时间。

进行概略评价主要从以下几个方面进行：①技术方面。主要是对新方案和旧方案在技术上实现功能的可能性进行比较。②经济方面。主要是对新方案和旧方案在经济上实现功能的成本进行比较。③社会方面。主要是对新方案和旧方案在环境污染、噪声以及有无违反国家政策等方面进行评价。

（二）方案具体化

经过方案的概略评价之后，可将实现的可能性比较低，在技术、经济和社会等方面明显有缺陷的方案舍掉，留下几个比较好的方案便可以具体化。

方案具体化内容主要包括以下几个方面：①各组成部分的具体结构和零部件的设计；②加工工艺和装配方法的确定；③材料和外购材料的选择；④检验方法的选择；⑤运输及库存方式的确定。

（三）方案详细评价

方案详细评价主要考虑技术、经济和社会三个方面的因素，并在此基础上进行综合评价。

1. 技术评价

技术评价主要评价方案能否实现所要求的功能，以及方案在技术上能否实现。技术评价的指标主要有性能、质量、寿命、可靠性、维修性、安全性、协调性等。

方案技术评价的方法很多，下面列举几种常见的评价方法。

（1）优缺点列举法。这种方法是将每一个方案在技术上的优缺点详细列出，并进行综合分析和进一步调查研究，通过各方案所具备的优缺点判断方案在技术上的优劣。这种方法实际是在分析研究中不断淘汰有缺点的方案，从不断的分析和淘汰过程中找出结论，是一种简单易行的定性的技术评价方法。

（2）直接评分法。这种方法是通过专家将各种方案对各项技术指标的满足程度进行打分，然后计算出每个方案在技术上满足程度的总分，得分高的说明技术指标的满足程度高。这实际上是一种将定性分析转化为定量评价的方法。

采用直接评分法必须做好以下三个方面的工作：

1）确定技术评价指标。技术评价指标主要根据项目自身的特点确定。例如，某产品的价值工程活动，根据产品的特点确定其技术评价指标主要是可靠性、安全性和维修性三项。

2）确定评分的具体方法，例如十分制评分法、百分制评分法、多比例评分法、环比评分法等。

3）确定方案的优选顺序。根据各方案技术评价指标的评价值的大小，排列方案的优选顺序。

（3）加权评分法。这种方法是通过专家对各种方案的各项技术指标的满足程度进行打分，并且规定各项技术指标的重要程度（即权数），最后根据评分和权数得出加权后的评分值，分数高的说明技术指标的满足程度高。这也是一种将定性分析转化为定量评价的方法，与直接评分法不同的是加权评分法考虑了技术因素的重要程度。各项技术指标的权数应通过调查研究采用科学的方法确定，不能主观臆断。

【例 6-7】 某企业实现新产品的设计有三个方案，根据三个方案对功能的满足程度，分别对可靠性、安全性和维修性三个指标打分。采用加权评分法确定三个方案在技术上的优选顺序。

解：按照加权评分法的要求做好以下工作：

（1）根据要求确定技术评价指标为可靠性、安全性和维修性。

（2）采用环比评分法确定技术评价指标的权数，见表 6-10。

表 6-10　技术评价指标权数确定

评价指标	暂定权数	修正权数	权数
可靠性	2.0	6.0	0.6
安全性	3.0	3.0	0.3
维修性	—	1.0	0.1
合计		10.0	1.0

（3）采用十分制评分法对技术评价指标的满足程度进行评价，见表 6-11。

（4）通过各项技术评价指标的权数和对各项技术评价指标的满足程度确定各方案的评

价值，见表6-11。

表6-11 评价表

技术评价指标	权数	技术评价指标的满足程度			各方案评价值		
		A	B	C	A	B	C
可靠性	0.6	2	8	6	1.2	4.8	3.6
安全性	0.3	9	6	5	2.7	1.8	1.5
维修性	0.1	7	10	7	0.7	1.0	0.7
合计					4.6	7.6	5.8

（5）通过分析各方案的评价值，确定三个方案的优选顺序为B、C、A。

2. 经济评价

经济评价主要评价方案实现必要功能所花费的成本支出。经济评价的主要指标有以下几种：

（1）成本。成本包括实现项目中有关人、财、物的费用支出。比较方案的成本支出既可以是总成本，也可以是年成本。总成本是指实现方案的所有成本支出，年成本是指将总成本按照一定的折算系数分摊到每年的成本。

（2）一次性投资。每个方案的实施都有投资支出，对不同方案的一次性投资进行比较是经济评价的重要方面。

（3）投资回收期。投资回收期是指用方案的盈利偿还投资所需要的时间，分为静态投资回收期和动态投资回收期。静态投资回收期是指不考虑资金时间价值的投资回收期，动态投资回收期是指考虑资金时间价值的投资回收期。

（4）投资利润率。投资利润率是指方案获得的利润与投资之比。

（5）利润。通过比较方案获得利润的多少来选择方案。

3. 社会评价

社会评价主要从国家、企业和用户三个方面评价方案实施后产生的影响。社会评价通常考虑的因素有国家和政府的政策与法规、环境污染、噪声、生态平衡等。

进行社会评价时，不仅需要与价值工程活动有关的人员参加，而且还要邀请有关部门的专家或用户代表参加。

4. 综合评价

技术、经济和社会评价都是从某一个方面进行的评价，一个方案的好坏不能仅仅通过某一方面的评价决定，因此还必须对方案进行综合评价。综合评价不仅包括技术、经济和社会等方面，而且还包括市场、资源等其他方面。

综合评价的方法通常采用评分法，具体有加权评分法、连加评分法、连乘评分法等。加权评分法前边已经做了介绍。连加评分法是指将方案的各项评价指标的得分做连加运算，以最终的和作为评价值。连乘评分法是指将方案的各项评价指标的得分做连乘运算，以最终的乘积作为评价值。

三、方案的试验与提案

经过上述评价后，可以选出最优方案。选出的最优方案在上报审批之前需要进行试验。

试验的目的是确保所选方案实施的可行性。具体要做好以下工作：

（1）确定试验方案。确定设备、材料、日期、负责人以及试验结果的评价标准等。

（2）进行具体试验。

（3）形成试验报告。对试验结果进行汇总、整理、比较、评价，形成试验报告。

（4）形成提案。试验通过后，可以形成正式提案。在提案中要明确技术经济指标、用户的要求、主要问题、拟达到的目标等，同时要附上功能分析、改进对象的目标和依据、改进后的试验数据和图样、改进后的预计成本和预计效益等。

提案经决策部门批准后列入实施计划。

四、方案实施的检查、评价与验收

在方案的实施过程中，还需要对方案的实施情况进行检查，发现问题及时解决。

方案实施完成后，还要进行评价。评价分为企业经济效益评价和社会效果评价。

（一）企业经济效益评价

方案实施后需要评价其对企业经济效益产生的影响。一般根据需要计算方案的如下指标：劳动生产率、材料消耗、能源消耗、资金利用情况、设备利用情况、利润、市场占有率等。

除此之外，还需计算以下经济效益指标：

（1）全年净节约额。计算公式为

$$\text{全年净节约额} = \left(\text{改进前的单位成本} - \text{改进后的单位成本} \right) \times \text{年产量} - \text{价值工程活动费用的年度分摊额} \tag{6-5}$$

（2）节约百分比。计算公式为

$$\text{节约百分比} = \frac{\text{改进前的成本} - \text{改进后的成本}}{\text{改进前的成本}} \times 100\% \tag{6-6}$$

（3）节约倍数。计算公式为

$$\text{节约倍数} = \frac{\text{全年净节约额}}{\text{价值工程活动经费}} \times 100\% \tag{6-7}$$

（4）价值工程活动单位时间节约数。计算公式为

$$\text{价值工程活动单位时间节约数} = \frac{\text{全年净节约额}}{\text{价值工程活动连续时间}} \tag{6-8}$$

（二）社会效果评价

方案实施后的社会效果评价主要包括：

（1）是否满足国民经济发展或国防建设的需要。

（2）是否填补了国内外科学技术的空白。

（3）是否节约了稀缺资源。

（4）是否减少了能源消耗。

（5）是否降低了用户的购买成本。

（6）是否减少了环境污染。

（7）是否有利于生态平衡。

价值工程的最后一项工作就是组织专家对价值工程项目进行验收。

课后案例

投资决策阶段利用"价值工程法"方案优化案例研究
——以某物资仓库及附属用房建设项目为例

价值工程法是用最低的总成本可靠地实现产品的必要功能的一种经济评价方法，其表达式为：价值(V) = 功能(F)/成本(C)。设计人员根据确定的目标，提出多个有价值的投资方案；利用价值工程法对方案进行比选，并不断优化，最终选出最佳投资方案；最后对最佳方案进行评价，以判断其可行程度。投资决策的实质，就在于选择最佳方案，使得投资资源得到最优配置，实现投资决策的科学化和民主化，从而取得更好的投资经济效益。目前多数业主容易忽视前期设计阶段的方案优化过程，造成随意投资、投资不合理、项目投资的经济性不高等问题。而业主方不安排时间做方案的比选优化就开始建造，虽然投入了大量的资金，却难以换来品质高的项目，类似的现象在工程投资领域较为普遍。就项目而言，前期设计阶段方案的选择对于项目最终投入所带来的价值，起着至关重要的作用。价值工程法可以直观地反映出不同方案的价值，使投资决策更具合理性、可行性。项目方案可以从多方面进行全面的技术经济对比，也可以仅就不同因素，计算并比较经济效益，进行局部的对比。本案例仅从投资的经济效益方面，利用价值工程法对方案的优化对比做一定的分析论述。

一、投资项目背景

某企业要在某场地新建一物资仓库及附属用房，项目建设用地 16 558.21m²，呈不规则条状，最窄处约30m，最宽处约107m。场地北侧为一条6.3m宽的进场道路，作为项目主要出入道路，西侧为正在施工的其他项目场地，南面与东面紧邻山坡，南侧为林地、东侧为耕地。场地西高东低、南高北低，地势较陡，场地内高差很大，周边山坡与场地高差9~30m，地形较复杂。场地示意图如图6-4所示。地块不涉及生态保护红线。项目已无其他建设用地可选。项目用地内道路以大货车通行为主，室外要求有露天货物堆场。建筑面积功能用房为3 000~5 000m²，附属用房为720~1 200m²，功能分区分为仓储作业区、辅助生产区。

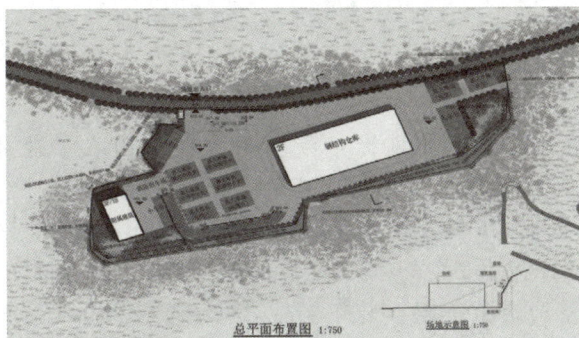

图6-4 场地示意图

二、不同方案价值的比选分析

（一）第一轮方案（场地挖方）

思路：为方便使用，场地设计较平缓，可利用范围尽量贴近用地红线。

（1）建筑规模（功能）：本轮建筑指标为仓库 4 298.48m²，为两层钢结构；辅助用房 1 721.96m²，地下一层（消防水池及消防水泵房），地上三层；其他指标满足规范及需求。

（2）总图：第一轮设计思路原则上考虑物流仓储建筑对交通便利性的要求，结合北侧的市政道路，场地现状与北侧道路存在较大高差，为方便场地内外的交通衔接，对整块用地进行挖方处理降低场地标高，并在场地内按使用功能划分为东、西侧两个台地，室外标高分别为 819.00m、829.00m。东侧场地较低贴近市政道路，为方便使用，此区域设计为仓储作业区。主要堆场设置在东、西侧场地的交界处。西侧辅助用房区域远离既有道路，且西侧场地比东侧场地高约 10m，在两个台地高差处设置高 5~10m 的桩板挡墙作为支护。

整个场地出入口设置在西北角与市政道路高差较小的位置，通过坡道连接内部场地。

优点：东侧仓储作业区场地宽阔平整，场地临道路一侧只有 2~3m 的高差，不仅交通联系便捷，而且通过设置造价较低的毛石挡墙即可解决支护问题。

缺点：场地处理挖方量大，主要功能区域场地标高较南侧的山坡高差 16~25m，造成用地南侧及东侧大量高差较大的边坡，高边坡在不采取工程措施加固的情况下很容易滑坡，造成巨大的损失。边坡下部 10m 高范围采用桩板挡墙作为护坡，上部采用坡比 1:0.5 的框格梁+锚索植被作为护坡。堆场分散设置在西侧较高场地下方与东端头，货车进入堆场需要经过仓储作业区，且对进出辅助生产区有一定干扰。

（3）费用（成本）：整个项目建安工程费预估 5 052 万元，其中，场地土方挖方 51 440m³，回填 4 411m³，土方费用约 216 万元；桩板挡墙沿整个南侧至东侧坡地设置了约 215.27m，西侧两个台地高差处设置 51.45m，抗滑桩桩径为 1.8m×2.1m，全部桩总长约 1 930m；框格梁约 2 200m²，框格内挂网喷混凝土；锚索约 3 000m；毛石挡墙 1 900m³；边坡治理费用合计约 2 194 万元。整个项目估算总投资约 6 148 万元（不含土地费）。

（4）价值分析：投资过高，功能过剩。该项目作为企业的物资仓库使用，设计从功能上是满足要求的，但从经济价值上看，一个普通的物资仓库投资过大，且抗滑桩较多，建安工程费的近 47.70% 是用于场地治理，设计不具备经济性，从而导致业主因为投资过高而否决该项目的投资行为。即：价值（V_1）= 功能（F_1）/成本（C_1）中的 F_1 过剩，存在不必要功能，C_1 过高，该方案设计还需要进一步修改优化，优化重点是别除过剩功能，降低项目成本。

（二）第二轮方案

思路：从降低投资着手，造成投资不经济的重要原因在于边坡治理投入过高（C 过高），首先应考虑如何减小边坡治理费用，其次是控制建筑面积，减少不必要的功能区面积（别除过剩功能），从而达到降低投资的目的。

（1）建筑规模（优化 F）：将仓库压缩为一层，外尺寸由 30m×70m 调整为 25m×120m；辅助用房地上三层调整为地上一层，地下不变；本轮建筑指标为仓库 3 000m²，附属用房 850.32m²；其他指标满足规范及需求。

（2）总图（降低 C）：结合场地现状及与周边道路、地形的关系，在场地设计方面考虑提高场地标高以降低场地与南侧山体的相对高差，在降低支护风险的同时节约支护成本。整个场地设置为一台，室外标高为 824.00m，钢结构仓库设置在场地中部位置，仓库东西两侧山墙开设出入口并留出前广场和堆场，附属建筑设置在西侧场地自成一区。整个场地出入口由西北角调整至场地东北角，场地通过 8% 的坡道由北侧市政道路进入。

优点：优化后的整个场地坡度不大且较平整，日常使用较方便；土方工程挖填平衡后，减少大量外运土方费用；南侧大部分边坡与场地高差减少为 4~11m，采用坡比 1:0.5~1:0.75 的框格梁+锚索植被护坡、局部高差较小段采用植被护坡即可；仅东南一侧高差较大段需在坡脚设置 3~10m 的桩板挡墙，上部采用坡比 1:0.5 的框格梁+锚索植被作为护坡；东西两侧不分台后，将取消西侧的桩板挡墙。

缺点：整个场地标高提升后，临近道路一侧高差增加到 2~6m，采用浆砌毛石及毛石混凝土挡墙解决，增加大量毛石混凝土挡墙。场地回填土最深处有 6m，但建筑物基础范围内回填土并不高。建筑面积有限，场地利用率偏低，堆场分东西两侧，不便于集中使用，且货车进入堆场需要经过仓储作业区，有一定干扰。

（3）费用（成本）：整个项目建安工程费预估 3 200 万元，其中，场地土方挖方 31 000m³，回填 22 000m³，土方费用约 170 万元；桩板挡墙仅需沿东南侧坡地布置 65.13m，1.2m×1.5m 抗滑桩总长约 382m；框格梁约 590m²；锚索约 9 400m；毛石混凝土挡墙 5 700m³；边坡治理费用合计约 1 110 万元。整个项目估算投资约 3 998 万元（不含土地费），较第一轮方案减少投资 2 150 万元，有效降低投资 34.97%。

（4）价值分析：经济性较佳，但场地布置待优化。本轮方案设计从功能上满足使用要求，从经济性看，由于减少了建筑面积、抗滑桩等工程量，使得场地治理费用从建安工程费的 47.70% 下降到 40%，即：价值（V_2）= 功能（F_2）/成本（C_2）中的 F_2 适当，C_2 降低，$V_2>V_1$，经济性优于上一轮方案，但用地范围内的场地布置不够紧凑，仍然具有可优化的空间。优化重点是提高场地利用率，减少土石方量，进一步降低场地治理投资（即 F 不变或适当优化、C 降低从而提高 V）。

（三）第三轮方案

思路：通过前两轮的设计及价值工程分析对比，室外边坡挡墙的费用优化对整个项目的投资额起着至关重要的作用。本轮优化重点是控制场地使用范围以达到减少场地处理费用从而降低投资的目的。在场地支护设计上，尽量减少桩板挡墙的设置；场地平整上尽量做到土石方挖填平衡；在单体设计上仓库采用双首层设计，优化建筑功能的同时减少占地面积，缩减场地使用面积，优化边坡治理费用，做到投资效益最大化。

（1）建筑规模（优化 F）：仓库面积不变，由一层调整为二层；附属用房不变（地下一层、地上一层）；本轮建筑指标为仓库 3 000m²，附属用房 850.32m²；其他指标满足规范及需求。

（2）总图（降低 C）：由于项目用地范围较大，但坡地较多，仅有仓库及辅助用房两栋建筑，在满足室外道路及堆场使用的前提下，考虑将场地使用面积进一步缩小，减少投资。因此将一层仓库调整为两层，同时恢复东、西两侧分台地设置功能区，室外标高分别为 824.00m、828.80m。调整后的西侧场地挖方量大幅减少，西侧达到挖填平衡。

另外，由于东、西侧分台设置后必然要通过一定坡度的道路衔接，将仓库向西移至两台地交界处，利用场地高差形成双首层，货车既可以从东侧较低场地进入仓库一层，也可以从西侧较高场地进入仓库二层，使用上更加方便灵活。

建筑物布置在场地西侧，东侧空出来的较窄区域一字型布置堆场，停车位布置在西北侧，整个场地出入口布置在东北角，通过 8% 的坡道进入到场地内。堆场与进场道路平行布置后，货车进入场地即可到达堆场进行装卸，无须绕行仓库，货运流线与仓储作业区及辅助生产区之间动静分离、互不干扰，大大提升了日常工作的安全性。

在经过多次调整后，最终设计调整将南侧场地使用线往北侧移动，在保证场地使用功能的前提下尽可能地缩减场地的使用面积，避免大量开挖后需要进行支护带来的投资增加。建筑外边线至坡底距离9m，调整后取消原南侧桩板挡墙的设置，全部维持现状地形即可。

（3）费用（成本）：整个项目建安工程费预估2 554万元，其中，场地土方挖方1 814m³，回填25 220m³，土方费用约140万元；桩板挡墙仅在东、西侧两台地高差4.8m处布置25.8m，1.2m×1.5m抗滑桩总长约97m；取消了原来的框格梁及锚索费用；毛石挡墙4 470m³；毛石混凝土挡墙2 980m³；边坡治理费用合计约448.26万元。整个项目估算投资约3 182万元（不含土地费），较第二轮方案减少投资816万元，再降低投资20.41%。

（4）价值分析：投资较为合理，投资效益最大化。本轮设计方案从功能、技术、经济性等多方面均能满足相关规范及使用要求。场地治理费用占比从建安工程费的40%优化到了23.03%，总投资较第二轮方案下降20.41%，较第一轮投资下降48.24%。总平面设计做到了节约用地，场地内建筑及堆场等功能区布置合理紧凑、流程顺畅。整个项目投资相对前两轮较为合理，基本做到了投资效益最大化。即：价值（V_3）=功能（F_3）/成本（C_3）中的F_3适当，C_3最优，$V_3 > V_2 > V_1$。

（四）不同方案价值的对比

本项目体现了利用价值工程法来寻找用最低的总成本可靠地实现产品的必要功能这一理论。价值（V）=功能（F）/成本（C），本项目功能即仓库所担负的职能，成本此处考虑比重较大的建设成本。衡量价值的大小主要由功能（F）与成本（C）的比值决定。由此可以看出，参与决策的人员应着重对功能合理化以及成本最小化进行分析。

不同方案价值的对比见表6-12。

表6-12 不同方案价值的对比

| 名称 | 建筑用地规模/m² | 总建筑面积/m² | 单位建筑面积/m² | | 建安工程费（万元） | 其中： | | 总投资（万元） | 投资降低率（%） | 价值工程 $V=F/C$ | 备注 |
			仓库	辅助用房		土方费用（万元）	边坡治理费用（万元）				
第一轮方案	16 558.21	6 020.44	4 298.48	1 721.96	5 052	216	2 194	6 148	—	功能过剩，成本过高	仓库两层，辅助用房地下三层、地上一层，使用功能满足要求，但使用功能过剩
第二轮方案	16 558.21	3 850.32	3 000	850.32	3 200	170	1 110	3 998	34.97	功能适当，成本降低	仓库一层，辅助用房地上一层、地下一层，使用功能满足要求

（续）

名称	建筑用地规模/m²	总建筑面积/m²	单位建筑面积/m²		建安工程费（万元）	其中：		总投资（万元）	投资降低率（%）	价值工程 $V=F/C$	备 注
			仓库	辅助用房		土方费用（万元）	边坡治理费用（万元）				
第三轮方案	16 558.21	3 850.32	3 000	850.32	2 554	140	448.26	3 182	20.41	功能适当，成本最优	仓库两层，辅助用房地上一层、地下一层，使用功能满足要求

三、价值工程法优化方案的方法总结

利用价值工程法的重点在于如何用最低的成本实现必要的功能，这里强调的是必要的功能而不是过剩的功能。通过本项目案例分析，总结出针对复杂场地如何降低投资的方法，即类似项目的优化重点在于如何处理场地边坡与建筑物之间的关系，用最低的成本实现必要的功能：

（1）不规则场地要考虑合理的总图布置，既可以节约投资，又可以提高场地利用率，从而降低投资。一味地追求用地最大化有时也并不一定得到最好的结果。对建设用地要合理考虑可使用的用地范围，此时的总图布置较为合理。

（2）尽量避免高边坡的形成。高边坡必定造成高成本支护。

（3）建筑物的布置应合理利用可利用的场地高差，避免大挖大填。采用挖平场地的做法，造成土石方及边坡治理的费用过高；采用大幅度提高场地标高的做法，虽然场地与边坡一侧的高差得到一定的缩减但会导致另一侧高差增加，不但边坡治理费用不一定能够降低，同时还会造成回填土较厚，会增加建筑物桩基和场地硬化的投资额和施工难度，并且还要考虑结构安全及沉降等问题，较大的填方场地反而不利于控制投资。

该案例充分体现了价值工程法的应用，即优化设计功能，降低成本投入，此时产品价值最优。值得注意的是，方案优化的过程，并不是等发现设计"病症"再去补救，而是必须在决策之前就开始。不同的设计方案投资额各不相同，必须对多个不同设计方案进行全面的技术经济评价分析，为投资决策者提供较合理的方案，帮助他们选择投资效益最大的设计方案，才能确保建设项目在经济合理的前提下做到技术先进，从而为合理确定和有效控制投资提供前提和条件，最终达到提高工程建设投资效果的目的。此外，对于已经确定的设计方案，咨询人员也可以依据有关技术经济资料，利用价值工程法，对设计方案进行评价，提出优化设计建议与意见，通过优化设计和深化设计，技术方案更加经济合理，项目投资得到合理的确定和有效的控制。

（资料来源：郭晶晶，袁振东. 投资决策阶段利用"价值工程法"方案优化案例研究：以某物资仓库及附属用房建设项目为例 [J]. 中国工程咨询，2021（3）：100-105）

讨论题：

结合案例，谈谈价值工程原理在你所学的专业领域有哪些应用？

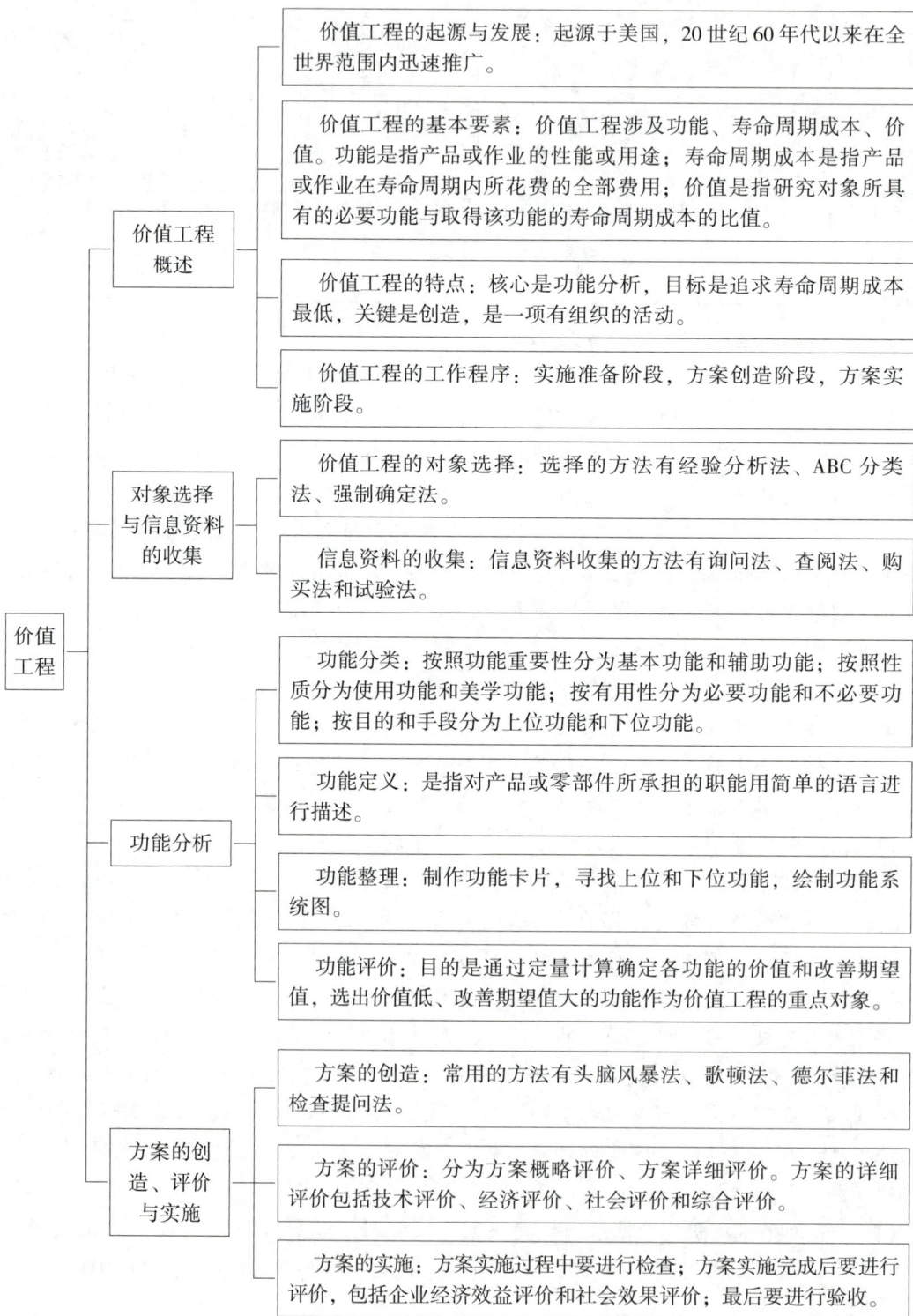

本 章 小 结

价值工程的起源与发展：起源于美国，20世纪60年代以来在全世界范围内迅速推广。

价值工程的基本要素：价值工程涉及功能、寿命周期成本、价值。功能是指产品或作业的性能或用途；寿命周期成本是指产品或作业在寿命周期内所花费的全部费用；价值是指研究对象所具有的必要功能与取得该功能的寿命周期成本的比值。

价值工程概述

价值工程的特点：核心是功能分析，目标是追求寿命周期成本最低，关键是创造，是一项有组织的活动。

价值工程的工作程序：实施准备阶段，方案创造阶段，方案实施阶段。

对象选择与信息资料的收集

价值工程的对象选择：选择的方法有经验分析法、ABC分类法、强制确定法。

信息资料的收集：信息资料收集的方法有询问法、查阅法、购买法和试验法。

价值工程

功能分类：按照功能重要性分为基本功能和辅助功能；按照性质分为使用功能和美学功能；按有用性分为必要功能和不必要功能；按目的和手段分为上位功能和下位功能。

功能定义：是指对产品或零部件所承担的职能用简单的语言进行描述。

功能分析

功能整理：制作功能卡片，寻找上位和下位功能，绘制功能系统图。

功能评价：目的是通过定量计算确定各功能的价值和改善期望值，选出价值低、改善期望值大的功能作为价值工程的重点对象。

方案的创造：常用的方法有头脑风暴法、歌顿法、德尔菲法和检查提问法。

方案的创造、评价与实施

方案的评价：分为方案概略评价、方案详细评价。方案的详细评价包括技术评价、经济评价、社会评价和综合评价。

方案的实施：方案实施过程中要进行检查；方案实施完成后要进行评价，包括企业经济效益评价和社会效果评价；最后要进行验收。

思 考 题

1. 价值工程中的价值、寿命周期成本和功能的含义是什么?
2. 如何理解价值工程? 提高价值的途径有哪些?
3. 简述价值工程的工作程序。
4. 价值工程的核心内容是什么?
5. 方案创造有哪些方法?

练 习 题

某产品由五个功能组成,各功能的目前成本和功能评价值见表 6-13。产品目前成本为 150 元,企业想通过实施价值工程技术使产品成本降到 100 元。试求功能评价系数、成本系数、价值系数,并确定价值工程的重点对象。

表 6-13　某产品零部件资料

项　　目	功　　能					合　　计
	A	B	C	D	E	
功能目前成本(元)	30	28	32	25	35	150
功能评价值(元)	20	20	10	20	30	100

练习题参考答案

用微信扫描二维码,可以查看练习题的参考答案。

第七章

项目可行性研究

学习目标

1. 掌握项目可行性研究的含义与内容。
2. 掌握市场需求预测的意义、内容和方法。
3. 了解项目规模选择的影响因素，掌握项目规模的确定方法、项目规模的衡量标准、确定项目规模的常用标准。
4. 掌握技术选择的类型、标准和原则。
5. 了解厂址选择的原则、步骤和方法。
6. 掌握财务评价的含义和内容。
7. 掌握财务评价主要报表的编制方法和财务评价指标体系。
8. 掌握国民经济评价的含义、特点和步骤。
9. 掌握国民经济评价和财务评价中效益与费用的识别方法。
10. 掌握国民经济评价的参数和指标体系。

内容提要

可行性研究是指对一项投资或研究计划做全面的调查研究与评价，以判定是继续还是放弃这个项目。本章主要介绍可行性研究的概念和内容、市场需求预测和项目规模的选择、技术选择、厂址选择、项目财务评价和国民经济评价等。

第一节　项目可行性研究概述

一、可行性研究的概念

可行性研究是 20 世纪 30 年代美国为了开发田纳西流域而首次推行的研究方法。它在田纳西流域的开发和综合利用上，取得了较好的成效。第一次世界大战以后，随着技术与经济的迅速发展、市场竞争的加剧以及科学管理的需要，可行性研究得以不断发展。20 世纪 60 年代后，可行性研究逐渐发展成为在项目投资前期进行系统科学研究的一门综合学科，特别是 21 世纪以来，可行性研究作为一个重要技术经济论证手段被纳入基本建设之中。

可行性研究是对拟建项目进行市场、技术、财务、经济等综合分析和全面论证，以判定项目是否可行。可行性研究涉及的范围非常广泛，包括工业基本建设、改建、扩建方面的可行性研究，也包括技术引进、生产经营、经济体制和管理制度改革方面的可行性研究，还包括科学技术、文化教育发展以及生活服务、思想教育、政策措施方面的可行性研究等。

可行性研究可以使企业管理者从企业角度明确项目是否可行，也可以使主管部门从国家角度明确项目是否值得支持和批准，还可以使银行或其他资金提供者明确所投资金是否能按期或提前回收等。

近年来，我国的一些重大工程都经过了严格的可行性研究。例如著名的三峡工程，自1954 年开始，经历了多次研究论证。1986 年 6 月，中共中央和国务院决定进一步扩大论证工作，责成国家水利部重新提出三峡工程可行性研究报告，以钱正英为组长的三峡工程论证小组成立了 14 个专家组，进行了长达 2 年 8 个月的论证，形成了 14 个专题论证报告。1989年，国家水利部长江水利委员会重新编制了《长江三峡水利枢纽可行性研究报告》，认为"建比不建好，早建比晚建有利"。1990 年 7 月，以邹家华为主任的国务院三峡工程审查委员会成立，至 1991 年 8 月，该委员会通过了可行性研究报告，报请国务院审批，并提请第七届全国人民代表大会第五次会议审议。1992 年 4 月，第七届全国人民代表大会第五次会议通过了《关于兴建长江三峡工程的决议》，三峡工程可行性研究历时 38 年。

2008 年 4 月 18 日，京沪高速铁路全面开工建设，从最早的可行性研究，到最终的立项，经历了缓建派与急建派、轮轨派与磁悬浮派之间的较量，这中间的论证过程长达 12 年。

二、可行性研究的基本内容

可行性研究涉及的问题面很广，将其重要内容归纳起来，大致有以下几点：

（一）总论

总论是可行性研究报告的前言中综合论述的内容，包括项目背景、投资的必要性及经济意义、项目历史简述、可行性研究部分的费用、项目投资单位及经办人、项目内容等。

（二）需求预测和拟建规模

需求预测是可行性研究最重要的部分，因为它是项目确立的基本前提。任何一个项目的提出，主要依据都是国内外生产和生活的需求。拟建规模的大小，首先取决于对市场需求的预测，可行性研究的投资项目是在未来兴建的，而未来只能用预测方法来探求。这部分研究内容主要包括国内外市场近期需求情况及发展预测，国内外现有的和未来的生产能力估计，国内外市场产品价格预测，拟建项目规模、产品方案的技术经济分析与论证等。

（三）自然资源、原材料、燃料动力及公用设施状况

这方面主要包括：经国家主管储量的部门正式批准的资源储量、品位、成分以及开采利用条件的分析和论证；原材料、燃料、电力等需求种类、数量、来源和供给分析；公用设施具备状况、需要量、供应方式和供给可能性的分析和论证。

（四）建厂条件和厂址选择

这方面主要包括：拟建项目对厂址的要求以及已选厂址具备的条件，如地理位置、气象水文、工程地质、地形地貌、当地社会经济状况的分析和论述；交通运输、水、电、气等社会公用设施的现状和发展变化趋势的调查分析和论述；厂址方案的比较、选择及其推荐方案等。

（五）项目设计

这方面主要包括：工程项目的组成，即各主要单项工程的名称、数量及其设计方案；生

产技术、工艺方法及设备选型等方案的比较和分析；主要技术经济指标的计算和确定；工厂布置方案及建筑工程量估算；公用设施和厂内外交通运输方案的分析、比较和选择。

（六）环境保护、劳动保护与安全防护

这方面主要包括：建厂地区环境状况的调查分析；项目的"三废"治理、劳动保护与安全防护方案的分析和论证。

（七）工厂组织机构、劳动定员和职工培训

这方面主要包括：全厂的组织机构、管理与生产指挥系统的设置，车间组成，劳动定员和职工培训等措施方案的分析和论证。

（八）建设进度计划

这方面主要包括：从勘察设计、设备订货和制造、建筑安装、生产调试到正式投入生产的全过程的衔接配合、统筹安排，工程项目施工建设进度计划的全面规划。

（九）投资和成本费用估算及资金筹措

这方面主要包括：主体工程、辅助工程和协作配套工程所需投资总额的估算，产品成本费用的估算以及资金的筹措来源、筹措方式，贷款偿还能力与偿还方式，投资回收期等。

（十）经济评价

这方面主要包括：建设项目的财务评价，以考察和分析论证项目的盈利能力、清偿能力以及外汇平衡等财务状况；建设项目的国民经济评价，以考察和分析论证项目对国民经济的效益和费用，用影子价格、影子工资、影子汇率和社会折现率计算分析项目给国民经济带来的净收益，评价项目经济上的合理性。它是项目或方案取舍的主要依据。

（十一）结论与建议

这部分是从技术、经济、财务等方面对建设项目的可行性进行论述，提出项目存在的问题和建议。

可行性研究涉及的范围很广，其主要内容和工作程序如图 7-1 所示。

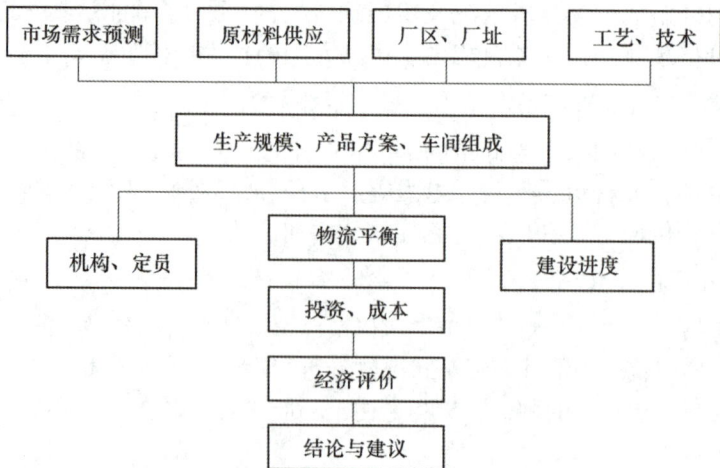

图 7-1 可行性研究的主要内容和工作程序

第二节　市场需求预测

预测是人们对未来不确定事件进行推断和预见的一种认识活动，是人们对客观事物的未来发展变化的趋向事先所做的分析和估计。人们研究未来是为了探求客观事物的发展变化趋势和内在规律，以指导自己的行动，力求趋利避害。

市场需求预测是预测科学的一个重要组成部分。所谓市场需求预测，是指借助历史统计资料和市场调查，运用科学的预测技术，对未来一定时期内市场供需变化及其发展趋势进行分析和推断的过程。市场需求预测可以看作对某一商品购买数量的预计或预算，由于购买数量表现为一定的货币支付能力即购买力，所以市场需求预测也就是对社会商品购买力及其投向的预测。

一、市场需求预测的意义

（一）掌握市场需求变化的动态，更好地安排生产，满足市场需求

人们的需求是通过商品交换得到满足的，在一定时间内需要什么商品，需要多少商品，都要通过市场反映出来。因此，在市场调查的基础上，通过市场预测，可以了解商品需求的变化及其发展趋势，并根据商品需求的变化和发展趋势及时调整生产，使产品的品种、规格、数量和质量等方面与人们的需求相适应，更好地促进生产发展，满足社会需要。

（二）为制订企业生产经营计划提供依据

企业所制订的生产经营计划是否符合实际情况，需要通过市场来检验。通过市场需求预测，可以知道哪些是畅销产品，哪些是滞销产品。因此，通过市场预测，获得市场信息和资料，可以为企业制订与调整生产经营计划提供客观依据。

（三）有利于提高企业经营管理水平和市场竞争能力

在市场经济条件下，市场需求变化多端。企业要在市场竞争中得到发展，就需要通过市场预测了解市场供求变化情况，从而指导企业合理地使用人力、物力和财力等资源，提供市场所需的产品，加速资金周转，降低成本，提高企业的经济效益，增强企业在市场上的竞争力。反之，如果企业对市场的供求情况不了解，生产的产品不能满足市场的需要，产品生产得越多，积压就越严重，产品价值就不能体现，也就谈不上企业的经济效益。因此，搞好市场预测是改善企业经营管理、提高企业经济效益、增强企业竞争力的重要条件和手段。

二、市场需求预测的内容

影响市场变化的因素非常复杂，因此，市场需求预测的内容很多，大体上可分为以下几个方面：

（一）市场需求潜量预测

市场需求潜量预测是指在一定时期内，对某一特定区域的某种商品的最大可能购买量的预测。企业通过市场需求潜量预测，可以掌握市场发展动态，分析社会总需求量的动态变化趋势，研究社会需求的具体特点，以便合理地组织营销活动。

（二）市场占有率预测

市场占有率是指企业生产的某种产品的销售量占该种产品市场总销售量的百分比。它反映企业的销售状况和竞争能力的大小。企业不仅要预测本企业产品的市场份额，还应预测同类产品、替代产品的市场份额，还要分析、预测竞争对手的情况。因此，市场占有率预测要求企业摸清所生产的产品在同类企业中的地位，并制定产品更新、开拓市场的对策，预测产品改进后可能达到的市场占有率，并采取相应的市场营销策略。

（三）资源预测

广义的资源预测是对企业生产某种产品所需的人力、物力和财力等的预测。狭义的资源预测是指物力资源预测，主要包括工业产品、农副产品和进口产品的预测。

（1）工业产品预测。工业产品预测主要包括基础材料、资源供应等的预测，设备与工艺的来源分析，商品成本构成及其对企业盈利的影响的分析和预测。

（2）农副产品预测。农副产品预测主要包括对农业生产情况，农副产品的产量、商品率、上市季节等进行预测。农副产品资源还与气候变化、政府的经济政策密切相关，在预测时需要特别加以注意。

（3）进口产品预测。进口产品预测主要包括进口产品的数量、质量、规格、型号；进口产品来源国的政治、经济等背景变化情况；外国厂商的产品市场占有率及其变化趋势；进口产品的价格，特别是通过不同渠道进口的同一商品的价格等。

（四）价格预测

价格预测就是通过调研、搜集有关信息，运用科学方法对价格变化情况及趋势做出预见性的推断。价格预测的内容主要包括以下几个方面：

（1）价格总水平预测。价格总水平是全部社会商品价格动态变化的综合反映。影响价格变动的因素很多，一般有商品价值、货币价值、国家财政收支状况、积累与消费之间的分配比例等。

（2）单项商品价格预测。单项商品价格预测主要分析现行价格是否合理以及不合理的程度与原因，预测单项商品价格变动的方向以及需要调整的幅度与时机，考察该商品的生产和市场需求有哪些新变化、新动向等。

（3）价格体系变动趋势预测。价格体系是指整个市场经济中各行业相互联系的各种商品价格的有机整体。各类商品价格是相互影响的，任何商品价格的变动都会引起一系列连锁反应，并改变原有商品间的比价关系。因此，在单项商品价格变化预测的同时，必须考虑价格体系的变化，并采取相应的对策。价格体系变动趋势预测的内容可分为三个方面：预测各个部门内部主要产品比价关系的变化；预测国民经济各主要部门价格结构的相互影响而引起的价格矛盾与发展趋势；预测宏观经济结构、产业结构、流通结构、消费结构、就业结构的变动对价格结构的影响，以及宏观经济对价格调整、改革提出的要求。做好价格体系预测，对于制定价格及价格战略具有重要作用。

（4）商品成本变化预测。企业制定价格时必须估算成本，研究各类产品成本的发展趋势有利于制定价格发展战略。影响成本变动的因素很多，可分为两类：一类是影响成本变动的生产性因素，另一类是影响成本变动的分配性因素。因此，要分析研究科学技术的进步、生产力的合理布局、生产的专业化协作、综合利用的开发等企业的外部因素对成本变动的影响；分析研究固定资产的合理利用、节能、管理水平的提高、劳动纪律的加强等企业内部因素对成本变化的影响；分析研究原材料提价、职工工资的增长等分配性因素对成本变动的影响。

（5）市场商品供求平衡预测。市场商品供求可能出现三种情况：一是供过于求，二是供不应求，三是供求平衡。市场商品供求平衡预测主要是预测社会商品的供求总量及其构成的变化趋势，分析商品在供求总量上是否平衡，分析商品在供求构成上是否平衡，分析商品供求在各地区间的分布是否平衡。

（6）市场行情预测。市场行情预测是指预测市场总需求，了解各地区、各行业及各种商品之间的差别，并预测这些商品供求和价格的变化趋势。市场行情预测提供短期的产供销和价格变化的信息，使企业能随时掌握产供销的变化情况，指导生产，扩大流通，调剂余缺，安排好市场，满足消费者的实际需要。

（7）价格弹性预测。价格弹性是指供给量或需求量对价格变动的反应程度。价格弹性分为需求价格弹性和供给价格弹性。需求价格弹性反映商品价格与市场需求量之间的关系，表明价格升降时需求量的增减程度，通常用需求量变动百分比与价格变动百分比的比率来表示。不同商品的市场需求量对价格变动的反应程度不同，即不同商品的需求价格弹性大小不同。供给价格弹性反映价格与供给量之间的关系，表明价格升降时供给量的增减程度，通常用供给量变动百分比与价格变动百分比的比率来表示。价格弹性预测是了解商品价格变化规律、制定具体商品价格政策的重要参考。

（8）商品生命周期预测。所谓商品生命周期，是指商品的市场寿命，即从新产品研制成功投入市场开始，在市场中由盛到衰，直到被市场淘汰所经历的全过程。商品生命周期一般包括投入期、成长期、成熟期和衰退期四个阶段。尽管各种商品的生命周期各不相同，但同类商品的生命周期往往有相似之处。商品生命周期预测就是对商品在生命周期内的需求量和利润随时间变化的趋势所进行的预测。应特别注意的是，商品在其生命周期的不同阶段，由于市场需求和竞争状况不同，其成本、销售、利润等都是不同的，所以预测商品的生命周期的转折时期就显得更重要，这便于企业确定其商品所处的阶段和将要进入的阶段，从而采取相应的经营决策，掌握市场时机，增加商品销售量，提高利润和收入。

（9）价格变动连锁反应预测。各类商品的价格是相互影响、相互制约的。价格的任何变动都会引起一系列的连锁反应。价格变动的连锁反应大致有以下几个方面：①生产成本方面。这种连锁反应可分为两种类型：一种是横向的扩散反应，即一类商品价格变动后，引起其他相关商品的生产成本变动，导致价格发生变动；另一种是正反馈反应，即两类相互有关的商品，其中一类商品价格变动，引起另一类商品成本与价格变动，并相互反复产生连锁反应。②商品比价方面。凡有比价关系的商品，彼此间比价合理，商品交换就能顺利进行，如果由于一方的价格变动造成比价不合理，就会导致减产脱销或积压滞销等问题。为了重新建立合理的比价关系，就会产生相应变动价格的要求。因此，商品比价是价格变动发生连锁反应的一个重要方面。③商品差价方面。在商品从生产领域进入消费领域的流通过程中，每经过一个环节，就要追加一次流通费用，这些流通费用主要以各种差价的形式来取得补偿，流通过程中某一环节的价格发生变动，商品差价就会受到影响，从而导致下一环节价格的相应变动。

（五）技术发展预测

技术发展预测是在探索科学技术发展规律的基础上，对某种技术的未来发展趋势做出的预测。随着科技进步步伐的不断加快，技术创新及其大规模商品化的时间间隔越来越短，技术进步在企业发展中的作用越来越突出，谁先掌握先进技术，谁就可能在市场上占据有利地位。因此，准确预测技术的发展趋势对企业发展至关重要。技术预测要紧紧围绕定性、定量、时间、概率等四个要素来进行。定性要素是对某一技术事件进行纯叙述性的、非定量的描述。定量要素是指用明确的单位或条件来度量技术的概念或功能水平。时间要素是对技术发生的时间进行度量，也就是预测有效实现新技术的明确时间。概率要素是指注明技术实现以上三个阶段预测结果的可能性的大小，用 $0 \sim 1$ 的数字或百分比来表示其概率。

（六）经济形势预测

国内乃至国际经济景气程度、国家调控政策走向、产品结构发展趋势、国际贸易环境变化等因素都与企业生存和发展息息相关。例如，如果国内经济在未来几年内将高速增长，对企业产品需求就有可能增加，那么企业生产规模可以相应扩大。如果企业能准确预测到这一点，在制订经营方针和计划时就应考虑如何扩大生产规模的问题。因此，准确预测本国乃至世界经济形势对企业管理层来说也是非常重要的。

三、市场需求预测的方法

市场需求预测的方法分为两大类：定性预测法和定量预测法。定性预测法主要以市场调查为基础进行经验判断，定量预测法主要以统计资料为基础进行定量分析。

（一）定性预测法

1. 消费者意向调查法

消费者意向调查法是指在调查消费者或用户在未来某个时间内购买某种商品的意向的基础上，推断该商品需求量或销售量的方法。这种方法可以集中消费者或用户购买商品的决策经验，反映他们未来对商品的需求情况。由于消费者或用户最了解自己所需的商品和数量，只要调查方法得当，推断合理，预测结果就比较准确、可靠。消费者意向调查可分为生活资料消费者意向调查、生产资料用户意向调查及企业用户意向调查。不论何种类型的调查，大多采用抽样调查及典型调查，根据调查资料推断总体。

2. 销售人员意见综合预测法

销售人员意见综合预测法是指由企业的高层决策者向销售人员介绍预测期的市场形势或给予有关未来经济环境变化的资料作为参考，要求销售人员发表对今后一定时期内商品销售情况的看法和意见，并提出一个最佳的预测数字，然后将全部销售人员的预测进行综合，作为企业的销售预测结果。销售人员意见综合预测法是一种简便易行的市场预测方法，这种方法多在一些资料缺乏或不全面的情况下采用。

销售人员是商品的直接销售者，了解所负责销售的产品及其销售地区的情况，所以预测的结果是比较准确的。但是，由于销售人员所处岗位的局限性等，往往对宏观经济的发展趋势以及本企业的全面情况不甚了解，容易带有一定的片面性。

3. 专家意见法

专家意见法是根据市场预测的目的和要求，由专家对事物的过去和现状进行分析与综合，从中找出规律并对事物今后的发展趋势做出判断，然后由预测人员对专家的意见进行归纳、整理，得出预测结论的方法。专家意见法一般用于没有历史资料或历史资料不完备，难以进行定量分析预测的情况。

专家意见法预测效果的好坏，很大程度上取决于专家选择的适当与否。选择专家要注意以下要点：①专家要具有代表性。专家应来自与预测事物有关的各个方面，互相之间最好互不相识，有较好的代表性。②专家要具有丰富的知识和经验。专家应具备市场调研与市场预测的知识、相关的理论知识、丰富的工作经验、敏捷的思维能力、良好的个人表达能力。③专家的人数要适当。经验表明，人数控制在 15 人以内比较恰当。

专家意见法是一种在国内外广泛使用的预测方法。这种方法按预测过程、收集和归纳意见的方式不同，又分为专家会议法和专家征询法两种具体形式。

（1）专家会议法。专家会议法是根据预测的目的和要求，由预测组织者邀请有关专家一起开会，由专家们针对预测事物进行讨论与分析的方法。专家会议法预测的步骤如下：

1）预测组织者根据预测的目的和要求，拟定意见咨询表。

2）选定若干个熟悉预测事物的专家组成一个预测小组。

3）召集预测小组的专家开会，在会上向各专家发放意见咨询表，说明预测的要求，并尽可能提供有关参考资料。

4）预测小组的专家根据预测的要求，凭个人经验和分析判断能力，提出各自的预测方案，并说明理由。

5）预测组织者计算各专家的预测期望值。

6）将参与预测的有关专家分类，计算各类专家预测的综合期望值。

7）确定最终的预测值。

专家会议法的优点是：①方法简便易行；②在专家充分讨论、集思广益的基础上做出的判断和估计具有更高的准确性。专家会议法的缺点是：①参加会议的人数有限，可能会影响代表性；②预测的专家可能会受到与预测因素无关的心理因素、权威意见的影响；③预测组织者最后综合的意见不一定完全反映预测专家的正确意见。

（2）专家征询法。专家征询法又称德尔菲法，是指按规定的程序，"背靠背"地征询有关专家对企业的技术和市场问题的意见，然后进行预测的一种方法。这种方法一般是在缺乏客观数据的情况下，依据专家有根据的主观判断，逐步得出趋向一致的意见，为企业决策提供可靠依据。

关于德尔菲法的内容详见第六章第四节。

（二）定量预测法

1. 时间序列预测法

时间序列预测法是将预测目标的历史数据按照时间顺序排列成序列，分析其随时间变化的趋势，外推预测目标的未来值。下面介绍几种常用的时间序列预测法。

（1）简单平均法。简单平均法是将按时间顺序发生的历史数据求简单平均值，以简单平均值作为预测值。简单平均法的优点是简单易行，可以消除偶然因素的影响；缺点是当时间序列有趋势时，预测的可靠性降低。

（2）加权平均法。加权平均法是对距离预测期远近不同的历史数据赋予不同的权数，然后求加权平均值，以加权平均值作为预测值。加权平均法的优点是能够考虑距预测期远近不同的历史数据的影响，使预测结果更符合实际；缺点是当时间序列有趋势时，预测的可靠性降低。

（3）移动平均法。移动平均法是将按时间顺序发生的历史数据，先分段，再移动求每一段的平均值，以移动平均值作为预测值。这种方法的优点是当所给的历史数据有季节性、周期性或随机性变化时，采用移动平均法可以消除这些变动因素的影响，使数据的变动平稳化。

2. 因果分析法

因果分析法是利用事物发展变化的因果关系，通过建立数学模型进行预测的方法。运用因果分析法进行市场预测，主要是采用回归分析法。在这里，仅介绍回归分析中的一元线性回归分析法。

一元线性回归分析法的主要目的是导出两个变量之间的关系式，即回归方程式。在市场预测中，两个变量之间的关系一般呈线性关系，所以一元线性回归分析是市场预测中较为常用的方法。

设一元线性回归方程式为

$$\hat{y} = a + bx \tag{7-1}$$

式中　$\hat{y}$——因变量，即预测值；

　　　x——自变量，即引起因变量变化的某种市场影响因素；

　a、b——回归系数。

在市场预测中，回归分析是通过观察值确定回归系数 a 和 b 的值。推断 a、b 值的常用方法是最小二乘法，其计算公式为

$$\begin{cases} a = \bar{y} - b\bar{x} \\ b = \dfrac{n\sum\limits_{i=1}^{n} x_i y_i - \sum\limits_{i=1}^{n} x_i \sum\limits_{i=1}^{n} y_i}{n\sum\limits_{i=1}^{n} x_i^2 - \left(\sum\limits_{i=1}^{n} x_i\right)^2} \end{cases} \tag{7-2}$$

式中　$\bar{x} = \dfrac{\sum\limits_{i=1}^{n} x_i}{n}$ —— 自变量平均值；

　　　$\bar{y} = \dfrac{\sum\limits_{i=1}^{n} y_i}{n}$ —— 因变量平均值；

　　　n —— 自变量的组数。

在确定了回归方程后，还需要计算相关系数，利用相关系数检验法判断所求的一元线性回归方程是否有意义，判定有意义之后再进行预测。

相关系数的计算公式为

$$\gamma = \frac{n\sum_{i=1}^{n} x_i y_i - \sum_{i=1}^{n} x_i \sum_{i=1}^{n} y_i}{\sqrt{\left[n\sum_{i=1}^{n} x_i^2 - \left(\sum_{i=1}^{n} x_i\right)^2\right]\left[n\sum_{i=1}^{n} y_i^2 - \left(\sum_{i=1}^{n} y_i\right)^2\right]}} \qquad (7\text{-}3)$$

通常，$0 \leq |\gamma| \leq 1$，$|\gamma|$ 越接近 1，说明变量 x 与 y 之间的相关性越强，预测的可靠程度越高。

第三节　项目规模的选择

可行性研究中的项目规模是指项目的建设规模，通常是指企业规模。所谓企业规模，通常是指劳动力、劳动资料、劳动对象等生产要素和产品在企业里集中的程度。企业规模确定得是否合理直接影响企业的经济效果和长远发展，科学地确定项目建设规模对于正确选定厂址、合理组织生产和建设都有十分重要的意义。企业规模的主要标志是企业的综合生产能力。在正常情况下，企业的生产能力可用企业产品的年产量表示。目前我国各行业的企业规模一般划分为特大型、大型、中型和小型四种。

一、影响项目规模选择的因素

项目的建设规模受多种因素的制约和影响，所以项目建设规模的分析应分析和研究各种影响因素，并运用科学方法确定最佳规模。影响项目规模选择的主要因素有以下几个方面：

（一）社会需求量

社会需求量是确定项目建设规模的根本依据和出发点。社会需求量包括国家计划需求量和市场预测需求量。在现代市场经济条件下，社会需求量主要取决于市场预测需求量。在确定项目建设规模时，不仅要考虑当前的市场现实需求量，还要考虑市场经济的发展趋势和前景，预测市场未来的潜在需求量，进行各种动态分析和综合平衡。

（二）技术经济可能条件

技术经济可能条件是确定项目建设规模的基本前提和基础。它包括技术装备条件、资源条件、工程建设条件、资金条件、协作条件和交通运输条件等。对技术装备条件要着重分析和研究生产工艺、技术设备的先进性、适用性、可靠性和提供的可能性；对资源条件要着重分析和研究主要原材料、燃料、动力及其他资源的供应，确定供应的数量、质量、品种、规格和供应时间的长短；对工程建设条件要着重分析和研究工程建设应符合拟建项目的生产要求，满足职工的生活要求，符合环保要求；对资金条件要着重分析和研究固定资产投资估算，项目的财务效益和费用，项目的盈利能力、清偿能力、外汇平衡能力以及项目在财务上的可行性；对协作条件要着重分析和研究当地或附近地区各类生产企业的分布情况及可能的分工协作与配合程度；对交通运输条件要着重分析和研究现有交通运输条件及未来可能发展的状况等。

（三）行业的技术经济特点

不同行业有不同的技术经济特点，确定项目的建设规模要考虑行业的技术经济特点。例如，采掘企业的建设规模主要取决于矿物的工业储量与矿山的地质构造和开采条件；农牧业原料加工企业的建设规模主要取决于原料产量和集中程度；使用联动机等设备进行流水生产的现代化企业的建设规模主要取决于联动机的功率，如发电厂、钢铁联合企业和化工厂等；采用复杂的机器和机器体系的加工企业，如机器制造企业和轻工业企业，其建设规模主要取决于机器和机器体系的综合生产能力及综合生产效率；制造大型、复杂和多零部件产品的企业，如汽车制造厂、机电设备制造厂等，由于生产工艺复杂、工序和车间组成多，即使发展专业化和协作生产，其整机生产厂的规模也较大，一般都要建成大型企业；产品花色、品种多，市场需求变化快或产品运输不便的企业的规模主要取决于当地市场容量和市场需求量。

（四）专业化协作与生产联合化水平

生产的专业化、协作程度以及生产联合化水平也是制约项目建设规模的重要因素之一。专业化协作生产是社会化大生产的客观要求，发展专业化协作和组织配套生产，可以适当缩小整机厂的建设规模。联合化生产一般都是大型企业，因为只有大型企业才具有把同一产品的不同制造阶段或不同产品的生产联合在一个企业内生产的经济合理性，不论横向联合、纵向联合或者组成企业集团，生产规模都是很大的，将形成大型企业。

（五）建设资金和生产投入的来源

项目的建设需要一定量的资金，这些资金又体现着所需的各种物资，因此，项目规模的确定要受到可能获得的资金及物资的制约。项目建成后还要有原材料、燃料、动力等生产投入，投入的可能性和投入量的大小也决定着项目建设的规模。

（六）综合经济效益

建设项目的综合经济效益是确定项目建设规模的核心问题。合理确定项目的建设规模，应在满足社会需求与技术经济可能条件的基础上，着重分析和研究项目建设和生产经营时的各项经济效益指标，如投资收益率、企业劳动生产率、单位生产能力投资额、单位产品成本费用、运输费用、资源合理配置与综合利用效率、投资回收期以及资产负债率等。

总之，确定项目建设规模时，必须对上述影响因素进行综合分析和研究，按照既满足社会需求又具备必要的技术经济可能条件，既符合企业行业特点的客观要求又能提高综合经济效益的原则，选择和确定合理的项目建设规模。

二、项目规模的确定方法

通常，项目规模有最小规模、起始经济规模和最佳经济规模，下面分别介绍不同规模的确定。

1. 最小规模的确定

所谓最小规模，是指项目盈亏平衡的规模。因此，这种方法的核心是寻找项目的盈亏平衡点。用 P 表示项目产品的价格，Q_0 表示项目产品的最小规模（即盈亏平衡时的产量），F 表示项目产品的固定成本，V 表示项目产品的单位变动成本，当盈亏平衡时，销售收入等于总成本，即

$$PQ_0 = F + VQ_0$$

$$Q_0 = \frac{F}{P-V} \tag{7-4}$$

2. 起始经济规模的确定

所谓起始经济规模，是指长期边际成本曲线最低点所对应的生产规模。由于长期边际成本曲线很难确定，通常采用获得社会平均资金利润率的生产规模作为起始经济规模。可见，起始经济规模大于最小规模。其计算公式为

$$Q_{\min} = \frac{F + \alpha M}{P - V} \tag{7-5}$$

式中　α——平均资金利润率；

　　　M——投资额；

　　其他字母含义同前。

3. 最佳经济规模的确定

所谓最佳经济规模，是指企业获得最佳经济效益的生产规模。常用的方法有以下三种：①工程技术法。通过选择代表产品，确定不同规模下对应的工艺技术设备方案，测算不同规模下的各种投资、消耗定额以及其他费用，比较不同规模下工程技术方案的单位产品成本或社会成本，从中选出成本最低的方案。这个方案对应的生产能力就是最佳经济规模。②成本函数——统计估计法。这种方法利用已有的工厂规模与生产成本关系的资料进行归纳分析，整理出规模和平均成本之间的函数关系，用求导数的方法求得平均成本最低时的规模。③市场竞争法。这种方法是先计算不同时点产业各规模层企业附加价值占全产业附加价值的比重，然后计算这一比重的增长系数，增长系数最高的规模层就是该产业的最佳经济规模。这种方法建立在完全市场竞争的基础上，因而假定这些企业都处于最高效率，其单位成本都处于最低点。

三、项目规模的衡量标准

项目综合生产能力是衡量项目规模的主要标准，其他因素为辅助标准。生产单一产品的项目，如发电、自来水供应、煤矿开采等，用产品产量来表示项目规模；联合项目或生产多种产品的项目，如食品加工、肉类联合加工厂、港口扩建工程等，则用主要产品产量来表示。

不同部门或不同行业项目规模的比较，常使用固定资产总额、定员人数等指标；本部门或本行业项目规模的比较，常用生产能力、产品产量（或产值）、销售收入、利润总额等指标。

四、确定项目规模常用的指标

确定项目规模常用的指标有项目盈亏临界规模、最小规模、经济规模和合理规模。

（1）项目盈亏临界规模。项目盈亏平衡点所对应的产销量，即为项目的盈亏临界规模，或称项目的保本规模。

（2）项目最小规模。项目最小规模是指在现有条件下的最小生产规模，是一种设计计算的标准，不能代表项目的实体规模。

（3）项目经济规模。项目经济规模也称最优规模，是指在一定条件下，获得盈利最大的生产规模。由于具体条件的制约，很难保证项目规模恰好达到最优，这就要求有一个合理规模。

（4）项目合理规模。项目合理规模是指在一定条件下，可以获得满意经济效益的项目生产规模。它一般在项目经济规模附近选取，确定项目合理规模常用的方法主要有盈亏平衡分析法、年值法和现值法等。

第四节　技　术　选　择

一、生产工艺的选择

生产工艺是项目技术设计的重要组成部分。生产工艺的选择是指对生产工艺流程进行分析、评价和选择。生产工艺流程是指从原材料投入生产到产出产成品的全部生产加工过程。先进的生产工艺，就是采用先进的生产技术流程、加工设备和制造方法，生产出性能好、质量优、消耗少、成本低的产品或零部件。

（一）合理选择生产工艺的经济意义

产品、材料、工艺、设备是工业生产的基本要素，是反映工业技术水平的主要标志，因而也是决定经济效益的基本因素。在这四者中，产品和材料是劳动对象，工艺和设备是劳动手段，它们是互相促进、互相制约、密切相关的。新产品固然是打开销路满足社会需要、增加积累的最活跃的因素，但它必须以可靠的工艺、设备为后盾。在多数情况下，先进的产品不是设计不出来而是生产不出来，或是生产成本过高。不同行业的项目有不同的生产工艺，如生产水泥有干法、湿法，生产平板玻璃有浮法与垂直引上法等。

合理选择生产工艺具有以下经济意义：

（1）合理选择生产工艺可以降低物质消耗。例如，采用模型加工工艺可以大大减少切削加工的余量，使金属利用率成倍提高。

（2）合理选择生产工艺可以缩短工艺流程，减少加工工序。例如，采用精细、精镀工艺制造的金属毛坯可以不经过车、铣、刨等切削加工，直接进入磨削的精加工工序。

（3）合理选择生产工艺可以提高劳动生产率。例如，采用冷锻工艺加工螺母、圆柱比切削工艺效率高几十甚至几万倍。

（4）合理选择生产工艺可以提高产品质量。例如，用电火花加工模具可以大大提高模具精度。

（5）合理选择生产工艺可以提高自动化程度，减轻劳动强度，减少污染，改善环境。

（二）选择生产工艺方案的原则

选择生产工艺方案应遵循以下原则：

（1）经济上合理。要综合考虑投资、成本、产品质量，选择经济上最合算的生产工艺方案。

（2）技术上先进。要选择有利于缩小同世界先进水平差距的生产工艺方案。

（3）安全上可靠。要选择有益于人身安全、减轻劳动强度、有利于消除公害的生产工艺方案。

多数情况下，上述原则是一致的，但也存在相互矛盾的情形，此时就要综合考虑每个方面的得失。一般来说，在不违反劳动保护、环境保护原则的前提下，经济合理性应是主要原则。

二、生产技术的选择

（一）生产技术的类型

1. 根据生产过程中生产要素的投入结构分类

根据生产过程中生产要素的投入结构，可以将生产技术分为劳动密集型技术、资金密集型技术和知识密集型技术。

（1）劳动密集型技术。劳动密集型技术是指单位投资吸收活劳动较多、物化劳动较少的技术。

（2）资金密集型技术。资金密集型技术是指单位产品所需投资较多、劳动者技术装备好、活劳动消耗少的技术。

（3）知识密集型技术。知识密集型技术是指综合运用先进的科学技术知识，能创造较高附加价值的技术。

2. 根据技术的不同层次分类

根据技术的不同层次，可以将技术分为高新技术、中间技术、累进技术和适用技术等。

（1）高新技术。高新技术是指和当前新技术革命相联系的新学科、新技术，如当前的生物工程、航天、新材料、新能源等技术。

（2）中间技术。中间技术是指介于最新技术与落后技术之间的中等水平的技术。选择比最新技术略为落后的中间技术，不仅可以节省大量资金，而且有利于该种技术的消化、普及、推广，取得较好的转移效果，这对于资金不足、技术力量薄弱的发展中国家来说尤为重要。

（3）累进技术。累进技术是指通过最合理地利用资源来促进经济发展的技术。累进技术的标准是：能促进经济、社会的均衡发展，为全体社会成员提供越来越多的就业机会和提高生活水平。

（4）适用技术。适用技术是指适合于本国资源情况和应用条件的，能够对经济、社会和环境目标做出最大贡献的技术。适用技术不仅包括先进技术，还包括中等水平的中间技术和较低水平的改良技术。需要指出的是，适用技术不是绝对的，它随时间和空间的变化而变化。

（二）技术选择的标准和原则

技术选择是从技术经济及社会经济角度对技术适用程度进行的论证与分析，既要注重技术的先进性，又要考虑技术的适用性。

1. 技术选择的标准

技术选择的标准主要有以下几个方面：

（1）技术先进。即选择具有发展前景的先进技术，强调技术的先进性。

（2）生产可行。即结合自然、经济、社会条件和技术基础的情况，考虑技术在安装设计、生产使用、修理服务上的可行性，以及技术操作的安全性和劳动者体力的承受能力等。

（3）经济合理。即尽可能选择投资少、见效快、经济效益好的技术。

（4）有益社会。即选择具有良好社会效益的技术。

（5）节约资源。即选择有利于提高资源利用率的技术。

（6）改善环境。即选择有利于维护生态平衡的技术。

2. 技术选择的原则

技术选择的原则一般可归纳为两个方面，即经济性原则和社会、经济、技术协调发展的原则。

（1）经济性原则。经济性原则可以表述为以最小的投入获取尽可能多的产出。这里的投入主要是指生产过程中的劳动耗费和资金占用，其中劳动耗费包括活劳动耗费和物化劳动耗费。这里的产出是指生产活动的收益，可用产量、产值表示。需要说明的是，这种收益不仅包括经济收益，还包括社会收益，它是局部与整体、当前与长远、直接与间接收益的最佳结合。在不同情况下，经济性原则可以体现为如下几种不同的具体原则：

1）最大收益原则。即应选择一定资源和环境条件下能够带来最大收益的技术。

2）最小成本原则。即在实现相同目标的前提下，选择总成本最小的技术。

3）相关效果原则。技术的选择不能仅从本部门、本系统的角度出发，还应重视对其他部门和系统的影响。合理的技术选择不仅能使本部门、本系统获得良好的社会效益，而且还能够促进其他部门的发展。

4）发展原则。各种技术都有一个产生、成长、成熟和淘汰的过程，影响技术选择的各种因素也会不断发生变化，因此技术选择要考虑技术的发展和未来情况的变化，要考虑所选择技术的经济寿命，用发展的观点进行技术选择。

5）相容性原则。在为某一生产活动中的某一局部或某一环节进行技术选择时，要求所选择的技术能够与原生产系统相协调，从而不仅使所选择的技术能够充分发挥作用，而且还能使整个生产系统获得最佳的经济效益。

（2）协调发展原则。由于社会经济系统是一个庞大的、复杂的多目标体系，因此在技术选择时必须坚持社会、经济、技术协调发展的原则。这一原则的具体要求包括：

1）优先满足大多数社会成员的基本生活需要。

2）保护人类生活环境和自然生态平衡。

3）提供日益增加的就业机会，改善人民的生活质量和工作条件。

4）注意地区间的均衡发展，促进民族团结。

5）继承和发扬优秀的文化传统，促进精神文明建设等。

（三）技术选择的分析

1. 宏观技术选择

宏观技术选择是一项复杂的系统工程，其中有多数因素都是不确定的。要做出全面、准确、科学的分析和恰当的判断选择，就必须从技术选择所涉及的各方面因素入手，进行定性和定量的技术分析、技术预测和技术评价，从而为制定国家的、部门的、行业的技术政策提供科学依据。进行宏观技术选择，一般需要从以下四个方面进行分析：

（1）技术分析。要对备选技术现在和将来的使用范围、发展趋势、技术前景等进行估计和评价，同时还要对新的替代技术产生的可能性及其前景做出预测和判断。

（2）经济分析。要对各种备选技术所需要的投资、运行成本及经济收益等做出尽可能准确的估算，同时应着重研究投资和成本对整个经济发展的影响，即研究技术的选择对产品产量、价格、劳动力需求、经济结构和经济效益的影响。

（3）环境分析。在许多情况下，技术对环境的影响已成为技术选择中的关键问题。有些环境问题可以间接地转化为经济问题，例如可以计算环境破坏所带来的经济损失以及消除某些环境破坏所需的直接投资和间接投资；有些环境问题在既无法或难以转化为经济问题来分析，也无法定量测算时，只能根据大多数居民的长远利益做出定性的判断。

（4）社会分析。技术的开发和采用可能给社会带来多方面的影响，在进行技术选择时，要对这些影响做深入了解和全面分析。例如，有的技术由于提高了劳动生产率，却由此导致大量的失业问题。因此，宏观技术选择必须进行社会分析。对技术的社会影响进行定量分析是比较困难的，一般只能定性分析或通过间接转化的方式进行评价。

2. 微观技术选择

微观技术选择是相对于宏观技术选择而言的，即从企业的角度进行的技术选择，比如企业的产品选择。

产品选择是决定企业生存和发展的重要问题，也决定了工艺和设备的选择。产品选择必须以市场需求为前提，认真分析市场需求现状及发展趋势，结合本企业的客观条件，选择能够发挥本企业优势的产品或产品组合。在产品选择时，要考虑市场需求、企业能力、资源条件、政策因素及其他约束条件，还要综合考虑企业的短期利益和长远利益，考虑投资及各种风险因素。

三、设备的选择

新建企业选择设备、老企业添购设备，都必须综合多方面的因素，对不同的生产设备进行取舍比较。

（一）设备选择的原则

选择设备的总体原则是技术上先进，经济上合理。具体应考虑以下因素：

（1）设备生产率与企业的经营方针相适应。设备生产率要与企业的规划、生产计划、运输能力、技术力量、劳动力水平、动力和原材料供应等相适应。生产率高的设备，一般自动化程度高、投资多、能耗大、维修复杂，如果超过了生产能力则会造成浪费；如果达不到设计生产能力，单位产品的成本就会提高。此外，还要考虑设备生产率与物资供应是否平衡等。

（2）工艺性好。工艺性是指设备满足生产工艺要求的能力。机器设备首先要符合产品工艺技术要求，如加工零件的尺寸精度、几何形状精度、表面质量要求等。另外，还要求设备操作轻便、控制灵活；对于产量大的设备，自动化程度要高；对在有害有毒环境中作业的设备，要求能自动控制及远距离监控。

（3）设备具有良好的可靠性。设备要具有高的生产率和满意的工艺性能，而且还应保证在一定时期内不发生故障。

（4）设备的维修性好。维修性是指通过修理与维护保养来预防和排除系统、设备、零部件的故障的难易程度。良好的维修性要求设备易接近、易检查、易拆装，零部件标准化便于互换，维修人员的安全有保证等。

（5）设备经济上合理。这方面的要求包括设备的初始投资少、生产效率高、经久耐用、能源及原材料消耗少、维修和管理费用少、节省劳动力等。

（6）设备安全性好，有利于环境保护。设备要有可靠的安全防护设施，要有减少噪声和减少排放有害物质的性能，并达到国家的有关规定。

（二）设备经济效果评价

选择设备不仅要考虑技术上先进可靠，而且还要进行经济效果分析，从多个可行方案中选择经济性最好的设备。一般经济评价方法有投资回收期法、费用年值法、现值法和内部收益率法等。

第五节 厂 址 选 择

厂址选择是项目基本建设前期工作的主要组成部分，是项目可行性研究中的重要内容。厂址确定是否合理，不仅影响项目的建设施工，而且还影响项目建成后的经济效益和社会效益。

厂址选择的任务就是在既定的生产规模、产出方案和工艺流程前提下，选择一处地址，其自然和地理特征、运输条件、供电、供水、生产区布置、生活福利区的条件等，都能最大限度地满足项目建设和生产经营的需要。

厂址选择包括选择建厂地点和确定厂址两个方面的内容。前者叫选点，后者叫定址。建厂地点是指工程项目建设所选择的地理区域，而选点就是在这个地理区域内选择可供项目建设的若干具体地址。定址就是在可供建厂的几个地址中，经过详细比较，确定厂址的最终地址。

一、厂址选择的原则

厂址选择应遵循以下原则：

（1）遵守国家的法律法规，贯彻执行国家的建设方针政策，坚持基本建设程序。

（2）从全局出发，正确处理工业与农业、城市与乡村、远期和近期等各种关系。

（3）符合国家的长远规划、行业布局、国土开发整治规划以及城镇发展规划的要求。

（4）因地制宜，节约用地。

（5）注意资源、能源的合理开发和综合利用。

（6）注意环境保护和生态平衡，保护风景名胜和古迹。

（7）利于生产，方便生活，便于施工。

（8）注意节约投资和减少各种费用，提高项目的综合效益。

二、厂址选择的步骤

（一）拟定建厂条件指标

选厂的第一步，就是根据拟建工厂的产品特点和生产规模，拟定建厂条件指标。建厂条件指标包括：占地面积，原材料、燃料的种类、数量，副产品的种类、数量，产品种类、性质、数量，各类货物的运输及运输方式，各类货物的储存量及储存方式，用水量及对水质的要求，排放的废水、废气量及其性质，用电要求，全厂定员及生活环境，其他工业协作及社会协作条件等。

（二）现场踏勘并收集选厂基础资料

进行现场踏勘，根据建厂条件指标制定厂址基础资料收集提纲，主要内容包括：气象、水文、地质、地形资料，原料、燃料供应条件，供电、给水排水条件，交通运输状况，协作条件，工农业生产情况，施工条件，生活条件等。

（三）厂址方案比较和分析论证

根据现场踏勘结果，对所收集到的资料加以鉴定，对选址方案进行比较和论证。

（四）选址报告

厂址选择的最后工作是提出选址报告。选址报告的基本内容包括：选址依据，包括建厂的条件指标、选址的主要经过；建设地区的概况，包括自然、经济、社会等方面；厂址条件概述；厂址方案比较，包括厂址技术条件、建设投资费用的比较；各厂址方案的综合分析论证，提出推荐方案；当地领导部门对厂址选择的意见；存在的问题及解决办法。

三、厂址选择的方法

（一）最小费用法

最小费用法是通过比较项目不同选址方案的投资费用与经营费用来选择厂址的方法。这是一种偏重于经济方面考虑的选择方法，如果某方案的投资费用和经营费用均低，则为最优方案。

（二）评分优选法

如果几个备选的厂址方案都能满足建厂条件，那么采用最小费用法进行比较是可行的，也是比较准确的。但在实际工作中，经常遇到几个方案在满足建厂条件时各具特色，各有优势、劣势，而这些优势、劣势很难折算成费用，因此就难以定量计算。这时，费用最小就不能作为唯一的优选标准，可采用评分优选法。采用评分优选法选择厂址方案的步骤如下：

（1）列出厂址方案比较的主要指标。

（2）按各指标的重要程度分别给予一定的权重，同时，评出各方案各评比指标的评价值。

（3）将各方案所有的评价值乘以对应的权重，得出指标评价分，方案评价分的总和最高者为最优的厂址方案。权重及各方案指标评价值的确定可以采用专家评分法。

第六节　项目财务评价

一、财务评价概述

财务评价又称财务分析或企业经济评价，是在国家现行财税制度和价格体系下，分析、计算项目直接发生的财务效益和费用，考核项目的财务盈利能力和清偿能力，据以判别项目的经济合理性和财务可行性，同时进行不确定性分析，以进一步判断可能承担的风险和在经济上的可靠性。

（一）财务评价的目的

财务评价的目的主要体现在以下几个方面：

（1）从企业或项目角度出发，分析投资效果，评价项目竣工投产后的获利能力。

（2）确定进行某项目所需资金来源，制订资金规划。

（3）估算项目的贷款偿还能力。

（4）为协调企业利益和国家利益提供依据。

（二）财务评价的主要内容

1. 财务预测

收集并预测进行财务分析所必需的基础数据。基础数据的收集和预测是建立在对投资项目的总体了解，对市场、环境、技术方案、组织管理充分调查和分析的基础之上的（包括对销售量、产量、价格及其变动情况、投资、成本等的调查和分析）。预测数据可用投资估算表、固定资产折旧表、利润表等归纳整理。

2. 编制资金规划与计划

首先，对可能的资金来源与数量进行调查与估算，包括可筹集到的银行贷款的种类、数量，可能发行的股票、债券，可能用于投资的自有资金数量等；其次，根据财务预测数据，结合项目实施计划，估算逐年投资额、企业未来各年可用于偿还债务的资金，计算逐年债务偿还额。

3. 进行财务分析

根据前两步，编制现金流量表、利润表和资产负债表，据此计算财务分析的技术经济指标。

（三）费用效益识别

要进行财务评价，必须分清哪些是费用，哪些是效益。固定资产和流动资产投资、经营成本是费用，销售收入是效益。但还有一些是容易混淆的，需要加以注意，例如：

（1）税金。从国家角度看，税收是纯收入的一部分，但从企业角度看，税金则是支出。因此，税金在财务评价中应视为费用。

（2）折旧。折旧是固定资产价值转移到产品中的部分，是成本的组成部分，应看成费用。但由于固定资产不同于原材料，不是一次随产品的生产销售而消耗，而是随产品的每次销售将其补偿基金（即折旧）储存起来，到折旧期满，原有固定资产投资得到回收，在这个意义上折旧是收益。

（3）资产的回收。项目寿命期（或计算期）间回收的固定资产净残值和回收的全部流动资金应该作为收入。

（4）补贴。补贴是企业得到的收入，应当作为收益。例如，价格补贴、政策亏损补贴等都作为企业收入。

二、财务评价的主要报表

按照我国有关法律和制度的规定，企业的财务评价基本报表主要由现金流量表、利润表和资产负债表组成。通过对这些报表的阅读、分析，可以为使用者提供主要的财务信息。

（一）现金流量表

现金流量表反映项目在寿命期各年的现金流入、现金流出、净现金流量和累计现金流量，是进行各项财务指标测算以及项目盈利能力分析的依据。按考察现金流量的角度不同，现金流量表分为全部投资现金流量表和自有资金现金流量表两种。

1. 全部投资现金流量表

全部投资现金流量表不区分投资资金来源，将全部投资均视为企业自有资金，用以计算各项财务指标，考察项目全部投资的盈利能力。用全部投资现金流量表进行全部投资财务效果评价的目的是排除财务条件对项目经济效果的影响，考察项目自身的经济效益。全部投资现金流量表见表7-1。各项内容的计算公式分别如下：

$$现金流入 = 产品销售收入 + 回收固定资产残值 + 回收流动资金 + 其他收入 \qquad (7\text{-}6)$$
$$现金流出 = 固定资产投资 + 流动资金投资 + 经营成本 + 销售税金及附加 + 所得税 \qquad (7\text{-}7)$$
$$净现金流量 = 现金流入 - 现金流出 \qquad (7\text{-}8)$$
$$所得税前净现金流量 = 现金流入 - 现金流出 + 所得税 \qquad (7\text{-}9)$$

表 7-1　全部投资现金流量表

序号	项　　目	年　　份							
		建设期		投产期		达到设计能力生产期			
		1	2	3	4	5	6	…	n
	生产负荷(%)								
1	现金流入								
1.1	产品销售收入								
1.2	回收固定资产残值								
1.3	回收流动资金								
1.4	其他收入								
2	现金流出								
2.1	固定资产投资								
2.2	流动资金投资								
2.3	经营成本								
2.4	销售税金及附加								
2.5	所得税								
3	净现金流量(所得税前)								
4	净现金流量(所得税后)								
5	累计净现金流量(税后)								
6	$(P/F, i, t)$								
7	净现金流量现值(税后)								
8	累计净现金流量现值(税后)								

2. 自有资金现金流量表

自有资金现金流量表与全部投资现金流量表的主要区别是对借贷资金的处理上。自有资金现金流量表的编制原则是区分投资资金的来源，站在企业财务的角度考察各项资金的收入和支出。在自有资金现金流量表中，企业从银行取得贷款是资金收入，用于项目建设是资金支出，偿还本息也是资金支出。用自有资金现金流量表进行自有资金财务效果评价的目的是考察企业兴办项目获得的实际利益。自有资金现金流量表见表 7-2。

表 7-2　自有资金现金流量表

序号	项　目	建设期		投产期		达到设计能力生产期			
		1	2	3	4	5	6	…	n
	生产负荷(%)								
1	现金流入								
1.1	产品销售收入								
1.2	回收固定资产残值								
1.3	回收流动资金								
1.4	其他收入								
2	现金流出								
2.1	自有资金投入								
2.2	借款还本付息								
2.3	经营成本								
2.4	销售税金及附加								
2.5	所得税								
3	净现金流量(所得税前)								
4	净现金流量(所得税后)								
5	累计净现金流量(税后)								
6	$(P/F, i, t)$								
7	净现金流量现值(税后)								
8	累计净现金流量现值(税后)								

（二）利润表

利润表是反映项目盈利或亏损情况的报表。利润表主要通过逐年的销售收入、成本及税金等收入与支出来计算各年的利润总额、所得税及税后利润分配情况，用以计算投资利润率、投资利税率和资本金利润率等指标。利润表见表 7-3。

表 7-3 利润表

序号	项 目	年 份						合计
		投产期		达到设计能力生产期				
		3	4	5	6	⋯	n	
	生产负荷(%)							
1	现金流入							
2	产品销售收入							
3	总成本费用							
4	利润总额							
5	所得税							
6	税后利润							
7	特种基金							
8	可分配利润							
8.1	盈余公积金							
8.2	应付利润							
8.3	未分配利润							
9	累计未分配利润							

(三) 资产负债表

资产负债表是项目对外提供的基本报表之一。通过资产负债表，项目外部的信息使用者可以了解和分析项目的资产变现能力和资本结构，评估项目的偿债能力和财务实力，以便做出各种相关的经济决策。所以，资产负债表对于项目外部的信息使用者来说是至关重要的。资产负债表见表 7-4。

表 7-4 资产负债表

序号	项 目	年 份								
		建设期		投产期		达到设计能力生产期				
		1	2	3	4	5	6	7	⋯	n
1	资产									
1.1	流动资产总额									
1.1.1	应收账款									
1.1.2	存货									
1.1.3	现金									
1.1.4	累计盈余资金									
1.2	在建工程									
1.3	固定资产净值									
1.4	无形及递延资产净值									
2	负债									

（续）

序号	项目	年　份								
		建设期		投产期		达到设计能力生产期				
		1	2	3	4	5	6	7	…	n
2.1	流动负债总额									
2.1.1	应付账款									
2.1.2	流动资金借款									
2.1.3	其他短期借款									
2.2	长期借款									
3	所有者权益									
3.1	资本金									
3.2	资本公积金									
3.3	累计盈余公积金									
3.4	累计未分配利润									
4	负债及所有者权益									
计算指标	资产负债率(%)									
	速动比率(%)									
	流动比率(%)									

三、财务评价指标体系

（一）项目财务盈利能力分析

项目盈利能力就是项目赚取利润的能力。项目的盈利能力是投资者、债权人和项目经营管理者都十分关注的问题，是财务分析中一项不可缺少的重要内容。项目财务盈利能力分析的主要评价指标如下：

1. 财务内部收益率

财务内部收益率是指项目在整个寿命期内累计净现值等于零时的折现率。它是反映投资项目所占用资金的盈利率，是分析评价项目盈利能力最主要的动态评价指标。其计算公式为

$$\sum_{t=0}^{n} (CI - CO)_t (1 + FIRR)^{-t} = 0 \qquad (7-10)$$

式中　　CI——现金流入量；

　　　　CO——现金流出量；

　　(CI-CO)$_t$——第 t 年的净现金流量；

　　　　n——投资项目的寿命期；

　　FIRR——财务内部收益率。

2. 财务净现值

财务净现值是指按行业的基准收益率或设定的折现率，将项目寿命期内各年的净现金流

量折现到建设期初的现值之和。它是考察项目在寿命期内盈利能力的动态评价指标。其计算公式为

$$\text{FNPV} = \sum_{t=0}^{n} (\text{CI} - \text{CO})_t (P/F, i, t) \tag{7-11}$$

式中　FNPV——财务净现值。

　　财务净现值可根据财务现金流量表计算求得。财务净现值大于或等于零的项目是可行的。

3. 投资回收期

　　投资回收期是指以项目的净收益抵偿全部投资所需要的时间。它是反映投资项目在财务上的投资回收能力的主要评价指标。

　　投资回收期一般从建设开始年份算起，如果从投产年份算起时应予以说明。其计算公式为

$$\sum_{t=0}^{T_d} (\text{CI} - \text{CO})_t (1 + i_0)^{-t} = 0 \tag{7-12}$$

式中　T_d——动态投资回收期；

　　　i_0——基准收益率。

　　投资回收期可以根据现金流量表（全部投资）中累计净现金流量计算求得。在财务评价中，将计算出的投资回收期与行业部门标准投资回收期进行比较，只有项目的投资回收期小于或等于标准投资回收期时，才表明项目投资能在规定的时间内收回，项目在财务上是可行的。

4. 投资利润率

　　投资利润率是指项目达到设计生产能力后的正常生产年份的年利润总额与项目总投资的比率。它是考察项目单位投资盈利能力的静态指标。对生产期内各年的利润总额变化幅度较大的项目，应计算生产期年均利润总额与项目总投资的比率。其计算公式为

$$投资利润率 = \frac{年利润总额或年均利润总额}{项目总投资} \times 100\% \tag{7-13}$$

　　投资利润率可以根据利润表中有关数据计算求得。在财务评价中，将投资利润率与行业平均投资利润率相对比，以判别项目单位投资盈利能力是否达到本行业的平均水平。

5. 投资利税率

　　投资利税率是指项目达到设计生产能力后的一个正常生产年份的年利税总额或项目生产期内的年均利税总额与项目总投资的比率。其计算公式为

$$投资利税率 = \frac{年利税总额或年均利税总额}{项目总投资} \times 100\% \tag{7-14}$$

　　投资利税率可根据利润表中有关数据计算求得。在财务评价中，将投资利税率与行业平均投资利税率对比，以判别单位投资对国家积累的贡献是否达到本行业的平均水平。

6. 资本金利润率

　　资本金利润率是指项目达到设计生产能力后的一个正常生产年份的年利润总额或项目生产期内的年均利润总额与资本金的比率。它反映投入项目的资本金的盈利能力。其计算公

式为

$$资本金利润率=\frac{年利润总额或年均利润总额}{资本金}\times100\% \tag{7-15}$$

（二）财务偿债能力分析

偿债能力分析是指对企业偿还自身所欠债务的能力进行的分析评价。偿债能力分析的指标包括借款偿还期、资产负债率、流动比率和速动比率等。

1. 借款偿还期

（1）国内借款偿还期。国内借款偿还期是指在国家财政规定和建设项目具体财务条件下，以项目投产后可用于还款的资金偿还国内借款本金和建设期利息所用的时间。

国内借款偿还期可由资金来源与运用表及国内借款还本付息计算表直接计算。从项目建设初期算起的借款偿还期的计算公式为

$$借款偿还期=\left(\begin{array}{c}借款偿还后\\开始出现盈余年份数\end{array}-1\right)+\frac{当年偿还借款额}{当年可用于还款资金总额} \tag{7-16}$$

（2）国外借款偿还期。建设项目如果利用外资，其外币贷款部分的还本付息，应按已经明确的或预计可能的借款偿还条件计算。借款偿还条件包括要求的偿还方式和偿还期限。经过计算，如果建设项目的国外借款偿还期能够满足国外借款机构的还款要求，则认为该项目具备清偿能力。

2. 资产负债率

资产负债率是企业负债总额与资产总额的比率，是衡量企业长期偿债能力的重要指标。该指标反映在企业总资产中有多大比例是通过举债来筹资的，也可说明企业清算时债权人利益的保障程度。其计算公式为

$$资产负债率=\frac{负债总额}{资产总额}\times100\% \tag{7-17}$$

资产负债率也称负债比率或举债经营比率。该指标越高，表明企业总资本中借入资本越高；反之，则表明企业总资本中自有资本较多。

从债权人的角度看，希望这一指标越低越好，因为债权人所关心的是贷给企业的款项能否按期收回本金和利息。负债总额占全部资本的比例越低，说明全部资本中所有者权益比例越大，债权人按期收回本金和利息也就越有保障。

从所有者的角度看，当企业全部资本利润率大于借款利息率时，所有者会因举债经营而获得更多的利润。在这种情况下，负债比率越大，所有者可能获得的利润也就越大；但随之而来的财务风险也越大。

从企业经营管理者的角度看，资产负债率的高低，反映了其对企业前景的信心程度。如果企业根本不举债，或举债经营比率很小，说明企业对前途信心不足，利用股权收入提供资金进行经营活动的能力很差，虽然企业承担财务风险小，但盈利的机会也较少。资产负债率大，表明企业活力充沛，对其前景充满信心，但是承担的财务风险也大。因此，企业经营管理者运用举债经营策略时，应全面考虑，权衡利害得失，保持适度的负债比率。

3. 流动比率

流动比率是流动资产与流动负债的比率。其计算公式为

$$流动比率 = \frac{流动资产}{流动负债} \times 100\% \qquad (7\text{-}18)$$

流动比率反映了流动资产对流动负债的保障程度。从计算公式可以看出，企业的流动资产越多，短期债务越少，流动比率就越高，表明企业短期偿债能力就越强；反之，则表明企业短期偿债能力越弱。从债权人的角度看，流动比率越高，其债权越有保障。流动比率的合理比率通常被认为是 2，但这并不是绝对的标准，各个行业经营性质、营业周期不同，对流动比率的要求也不同。

4. 速动比率

速动比率是指企业速动资产与流动负债的比率。其中，速动资产是指流动资产中扣除不可随时变现的存货后的资产。速动比率的计算公式为

$$速动比率 = \frac{速动资产}{流动负债} \times 100\% \qquad (7\text{-}19)$$

速动资产具有很强的变现能力，速动比率可以更精确地反映企业的短期偿债能力。一般认为，企业速动比率至少应达到 1，如果速动比率低于 1，说明企业的偿债能力偏低。但在不同的行业，速动比率差别很大，对速动比率的要求也不同。

第七节 项目国民经济评价

一、国民经济评价概述

（一）国民经济评价的含义

国民经济评价是遵循资源合理配置的原则，站在国家整体利益角度考核项目的总费用和总效益，使用宏观评价方法评价价格、工资、汇率及折现率等通用参数，分析计算投资项目为国民经济带来的贡献，为投资决策提供宏观上的决策依据。

国民经济评价是项目经济评价的核心部分，是站在国家宏观角度，以合理利用国家资源获得最大净贡献为准则选择最优方案。国家进行经济建设的目的是促进经济的发展，实现经济繁荣。在有限的资源供给下，如何使有限的资源产生最大的贡献，这是选择建设项目首先应该考虑的问题。

国民经济评价有利于控制投资规模。国民经济评价是以经济内部收益率作为主要评价指标，经济内部收益率大于或等于社会折现率的项目才是符合社会要求的经济建设项目。因此，当投资膨胀时，可以通过社会折现率这一指标来控制一些项目的立项。

（二）国民经济评价的特点

国民经济评价与财务评价是相互联系的，它们之间既有共同之处，又有各自的特点。

1. 国民经济评价与财务评价两者的共同之处

（1）评价目的相同。两者都是寻求以最小的费用取得最大的效益，即项目净效益最大化。

（2）评价基础相同。两者都是在完成产品需求预测、厂址选择、工艺技术路线和工程

技术方案论证、投资估算和资金筹措基础上进行的。

（3）基本分析方法和主要指标的计算方法相似。两者都采用现金流量分析方法，通过基本报表计算净现值、内部收益率等指标。

2. 国民经济评价与财务评价的区别

（1）评价的角度不同。财务评价是从企业角度分析项目对企业的财务效益，也就是项目的盈利能力和贷款偿还能力；国民经济评价是从国家的角度分析项目对国民经济以至整个社会产生的效益，也就是分析国民经济对项目付出的代价或成本，以及这个项目建成之后可能对国民经济做出的贡献或效益。

（2）价格指标不同。财务评价中，一切投入物和产出物的价格按国内市场价格估算，因而称为"财务价格"。国民经济评价要用一种既反映这种货物的价值，又反映它的稀缺程度的"影子价格"来代替国内市场价格。这种影子价格可以使有限的资源得到最佳的分配，从而实现最佳的经济效益。

（3）评价的内容和方法不同。国民经济评价的内容比较复杂，涉及的范围广，需采用费用效益分析和多目标综合分析等多种方法；企业财务评价的内容比较简单，涉及面较窄，采用企业盈利分析法。

（4）效益和费用的构成范围不同。财务评价的面比较窄，限于项目和企业本身，而且只考虑直接能以货币度量的效益；国民经济评价的面比较宽，要考察项目对国民经济的影响，它所考虑的效益和费用既包括项目直接的投入和产出，又包括项目的各项外部费用和外部效益。

（5）采用的参数不同。财务评价采用的是官方汇率，而国民经济评价采用的是影子汇率（或调整汇率）；财务评价采用因行业不同而不同的基准收益率或最低期望收益率作为折现率，国民经济评价采用的是社会折现率。

（三）国民经济评价的步骤

国民经济评价可以在财务评价基础上进行，也可以直接进行国民经济评价。

1. 在财务评价基础上进行国民经济评价的步骤

（1）进行效益和费用范围的调整。剔除已计入财务效益和费用中的转移支付；识别项目的间接效益和间接费用，对能定量的应进行定量计算，不能定量的应做定性描述。

（2）进行效益和费用数值的调整。调整内容包括固定资产投资、流动资金、销售收入、经营费用；在涉及外汇借款时，用影子汇率计算外汇借款本金与利息的偿付额。

（3）编制项目的国民经济效益费用流量表。一般需要编制项目全部投资的国民经济效益费用流量表和国内投资的国民经济效益费用流量表，据此计算国民经济评价指标。

（4）编制经济外汇流量表、国内资源流量表。对于产出物出口（含部分出口）或替代进口（含部分替代进口）的项目，编制经济外汇流量表、国内资源流量表，计算经济外汇净现值、经济换汇成本或经济节汇成本。

2. 直接进行国民经济评价的步骤

（1）识别和计算项目的直接效益。对于生产产品的项目，首先应根据产出物的性质确定是否属于外贸货物，再确定产出物的影子价格，再按照项目产出物种类、数量及其逐年的增减情况和产出物的影子价格计算项目的直接效益。对于提供服务的项目，应根据提供服务的数量和用户的受益计算项目的直接效益。

（2）进行项目投资估算。用货物的影子价格、土地的影子费用、影子工资、影子汇率、社会折现率等参数直接进行项目的投资估算。

（3）进行流动资金估算。

（4）计算经营费用。根据生产经营的实物消耗，用货物的影子价格、影子工资、影子汇率等参数计算经营费用。

（5）识别项目的间接效益和间接费用。在间接效益和间接费用的识别中，能定量的应进行定量计算，难以定量的应做定性描述。

（6）编制有关报表，计算相应的评价指标。编制全部投资以及国内投资的国民经济效益费用流量表、经济外汇流量表、出口（替代进口）产品国内资源流量表等。

（四）国民经济评价的效益与费用构成

分析建设项目经济合理性的基本途径是将建设项目的效益与费用进行比较，进而计算其对国民经济的净贡献。因此，正确地识别效益与费用，是保证国民经济评价正确性的重要条件。

识别效益与费用的基本原则是：凡项目对国民经济所做出的贡献，均计为项目的效益；凡国民经济为项目付出的代价，均计为项目的费用。在考察项目的效益与费用时，应遵循效益和费用计算范围相对应的原则。效益和费用可分为直接效益与直接费用、间接效益与间接费用。

1. 直接效益与直接费用

（1）直接效益。项目的直接效益是指由项目本身产生的、由其产出物提供的并用影子价格计算的产出物的经济价值。项目直接效益的确定分为以下两种情况：

1）如果项目的产出物用以增加国内市场的供应量，其效益就是所满足的国内需求，也就等于消费者支付意愿。

2）如果国内市场的供应量不变：①若项目产出物增加了出口量，其效益就为所获得的外汇；②若项目产出物减少了总进口量，即替代了进口货物，其效益就为节约的外汇；③若项目产出物替代了原有项目的生产，致使其减产或停产的，其效益就为原有项目减产或停产向社会释放出来的资源，其价值也就等于这些资源的支付意愿。

（2）直接费用。项目的直接费用主要是指国民经济为满足项目投入的需要而付出的代价，包括固定资产投资、流动资金及经常性投入等的需要而付出的代价。这些投入物用影子价格计算的经济价值即为项目的直接费用。项目直接费用的确定也分为两种情况；

1）如果拟建项目的投入物来自国内供应量的增加，即增加国内生产来满足拟建项目的需求，其费用就是增加国内生产量所消耗的资源价值。

2）如果国内总供应量不变：①若项目投入物来自国外，即以增加进口来满足项目需求，其费用就是所花费的外汇；②若项目的投入物本来可以出口，为满足项目需求，减少了出口量，其费用就是减少的外汇收入；③若项目的投入物本来用于其他项目，由于改用于拟建项目因而将减少对其他项目的供应，其费用就是减少的其他项目的效益。

2. 间接效益与间接费用

项目的效益和费用不仅体现在它的直接投入和产出中，还会在国民经济相邻部门及社会中反映出来，这就是项目的间接效益和间接费用，也可统称为外部效果。

间接效益又称外部效益，是指项目对社会做出了贡献，而项目本身并未获得收益的那部分效益。例如，在建设一个钢铁厂的同时，又修建了一套厂外运输系统，它除为钢铁厂服务外，还使当地的工农业生产和人民生活受益，这部分效益就是钢铁厂的间接效益。

间接费用又称外部费用，是指国民经济为项目付出了代价，而项目本身并不实际支付的费用。例如，工业项目产生的废水、废气和废渣引起的环境污染及对生态平衡的破坏，项目并不支出任何费用，而国民经济却付出了代价。

间接效益和间接费用通常较难计量，为了减少计量上的困难，应力求明确项目的范围。一般情况下可扩大项目的范围，特别是一些相互关联的项目可合并在一起进行评价，这样可使间接费用和效益转化为直接费用和效益；另外，在确定投入物和产出物的影子价格时，这一价格已在一定范围内考虑了外部效果，用影子价格计算的费用和效益在很大程度上使外部效果在项目内部得到了体现。通过扩大项目范围和调整价格两步工作，实际上已将很多外部效果内部化了。因此，在国民经济评价中，既要考虑项目的外部效果，又要防止外部效果扩大化。对一些不能量化的外部费用和效益，可以在结论中给予定性说明。

3. 转移支付

在识别效益与费用范围的过程中，将会遇到税金、国内借款利息和补贴等因素的处理问题。在财务评价中，这些都是实际的收入或支出，但是从国民经济的角度看，企业向国家缴纳税金、向国内银行支付利息，或企业从国家得到某种形式的补贴等，都未造成资源的实际耗费或增加。因此，在国民经济评价中，这些因素不能作为项目的效益或费用，只是在国民经济内部各部门之间的转移支付。

（1）税金。税收包括增值税、资源税、关税等，税金对拟建项目来说是一项支出，对国家财政来说是一项收入。这是企业与国家之间的一项资金转移。税金不是项目使用资源的代价，所以财政性的税金都不能算作社会成本。

（2）补贴。补贴包括出口补贴、价格补贴等。补贴是国家从国民收入中将一部分资金转给了企业，虽然增加了拟建项目的财务收益，但是并没有为社会提供等值的资源。因此，国家以各种形式给予的补贴，都不能算作社会收益。

（3）折旧。会计上的折旧基金是从收入里提出的一部分，只是换个名称留在账上，和实际资源的消耗无关。因此，固定资产在会计上提取的折旧，不能作为社会成本。

（4）国内外贷款及其还本付息。国内贷款及其还本付息是企业与银行之间的一种资金转移，并不涉及资源的增减变化，因此不能作为社会成本。至于国外贷款及其还本付息的处理，与国外贷款的条件及国民经济分析的目的有关。当考察国内投资的国民经济效益时，国外贷款意味着国外资金流入国内，因而应将国外贷款视作效益项，但还本付息意味着国内资金流入国外，因而应视作费用项。当评价包括国外贷款在内的全部投资的国民经济效益时，国外贷款及其还本付息既不作为效益，也不作为费用，而是作为直接转移支付项目。

二、国民经济评价的参数

（一）影子价格

影子价格的概念是 20 世纪 30 年代末 40 年代初由荷兰数理经济学、计量经济学创造人之一简·丁伯根（Jan Tinbergen）和苏联数学家、经济学家、诺贝尔经济学奖获得者康托罗维奇分别提出来的。

影子价格是指在社会经济处于某种最优状态时，能够反映社会劳动的消耗、资源稀缺程度和对最终产品需求情况的价格。也就是说，影子价格是人为确定的、比市场交换价格更为合理的价格。这种合理性体现在影子价格能更好地反映产品的价值，反映市场供求状况，反映资源稀缺程度，能使资源配置向优化的方向发展。

影子价格反映在项目的产出上是一种消费者"支付意愿"，是消费者愿意支付的价格，只有在供求完全均等时，市场价格才代表愿付价格。影子价格反映在项目的投入上是资源不投入该项目，而投在其他经济活动中所能带来的效益，也就是项目的投入是以放弃了本来可以得到的效益为代价的；西方经济学家称之为"机会成本"。

影子价格完全是一种理想状态下的价格，在实际经济生活中，不存在一个完全自由的市场，所以确定产品的影子价格也相当困难。理论上影子价格可以通过线性规划的对偶问题求解，但因为受各种条件限制很难计算。在实际应用中，只能根据一定的假设条件，取一个尽量接近影子价格的价格来代替影子价格。

（二）社会折现率

社会折现率是社会对资金时间价值的估量，是投资项目的资金应达到的按复利计算的最低收益水平，即从国家角度要求投资项目所应达到的收益率标准。它是国民经济评价中的通用参数，在国民经济评价中可以用作计算净现值的折现率，并作为经济内部收益率的基准值。经济净现值和经济内部收益率是衡量国民经济盈利能力的主要指标。社会折现率是国民经济评价中一个不可缺少的重要参数。

（三）影子汇率

影子汇率是指单位外汇折合成国内价格的实际经济价值，也可称之为外汇的影子价格。影子汇率是一个重要的经济参数，应由国家适时公布。

（四）影子工资

影子工资是指某一建设项目使用劳动力，国家和社会为此而付出的代价。它实际上是劳动力作为特殊投入物的影子价格。影子工资一般由两部分组成：一是劳动力的机会成本，即项目因为使用劳动力而放弃的该劳动力在原有岗位上可以取得的净效益；二是劳动力因转移而增加的社会资源消耗，如交通运输费用、城市管理费用等。

三、国民经济评价指标体系

（一）国民经济盈利分析指标

评价国民经济盈利分析指标主要有经济净现值和经济内部收益率。

1. 经济净现值

经济净现值（ENPV）是按照指定的社会折现率，将投资项目寿命期内各年的净效益流量折算到基准年的现值之和。一般情况下，投资项目的经济净现值大于或等于零时，该投资项目是可以接受的。其计算公式为

$$ENPV = \sum_{t=0}^{n} (ECI-ECO)_t (P/F, i_s, t) \tag{7-20}$$

式中　　　ECI——现金流入量，即效益流入量；

ECO——现金流出量，即效益流出量；

$(ECI-ECO)_t$——第 t 年的净效益流量；

i_s——社会折现率。

2. 经济内部收益率

经济内部收益率（EIRR）是指在投资项目的寿命期内，当逐年累计的净效益流量的现值等于零时的折现率。它是反映投资项目对国民经济净效益（净贡献）的重要评价指标。其计算公式为

$$\sum_{t=0}^{n} (ECI-ECO)_t (1+EIRR)^{-t} = 0 \tag{7-21}$$

式中　n——项目寿命期。

把求得的经济内部收益率 EIRR 与社会折现率 i_s 比较，当 $EIRR \geq i_s$ 时，认为项目的盈利能力已满足最低要求。

（二）国民经济外汇效果分析指标

涉及产品出口创汇替代进口节汇的项目，应进行外汇效果分析。外汇效果分析主要计算经济外汇净现值、经济换汇成本和经济节汇成本等指标。

1. 经济外汇净现值

经济外汇净现值是反映项目实施后对国家外汇收支造成直接或间接影响的重要指标，用来衡量项目对国家外汇的真正净贡献（创汇）或者净消耗（用汇）。它可通过经济外汇流量表计算求得。当有产品替代进口时，可按净外汇效果计算经济外汇净现值。其计算公式为

$$ENPV_F = \sum_{t=0}^{n} (FCI - FCO)_t (P/F, i_s, t) \tag{7-22}$$

式中　$ENPV_F$——经济外汇净现值；

FCI——外汇流入量；

FCO——外汇流出量；

$(FCI-FCO)_t$——第 t 年的净外汇流量。

2. 经济换汇成本及经济节汇成本

经济换汇成本是指用货物影子价格、影子工资和社会折现率计算的，为生产出口产品而投入的国内资源现值（用人民币表示）与出口产品的经济外汇净现值（用美元表示）

之比，即换取 1 美元外汇所需要的人民币金额。当有产品直接出口时，应计算经济换汇成本，它是分析项目实施后在国际上的竞争力，进而判断其产品是否应出口的主要指标。其计算公式为

$$EFC = \frac{\sum_{t=0}^{n} DR_t (P/F, i_s, t)}{\sum_{t=0}^{n} (FCI - FCO)_t (P/F, i_s, t)} \tag{7-23}$$

式中　EFC——经济换汇成本；

　　　DR_t——第 t 年为生产出口产品投入的国内资源。

若经济换汇成本低于影子汇率，则产品出口有利；反之，出口不利。

当有产品替代进口时，应计算经济节汇成本。经济节汇成本（EMC）是指项目计算期内生产替代进口产品所投入的国内资源的现值与所替代进口产品的经济外汇净现值之比，即节约 1 美元外汇所需要的人民币金额。

课后案例

铸钢厂项目经济评价

一、项目概况

拟建项目为某重型机器厂铸钢分厂，为新设法人项目。

生产规模为年产 14 000t N 产品。产品方案为：铸钢件 4 000t，普通钢锭 5 000t，合金钢锭 5 000t 三种。

二、市场研究

基准收益率：i_0 = 12%。

行业平均利润率：9.2%。

三、建设进度安排

本项目拟用 1 年时间建成，第 2 年（2013 年）达到设计生产能力。生产期按 10 年计算，计算期按 11 年计算。

四、投资估算与资金筹措

1. 建设总投资估算

（1）建设投资估算及其依据。建设投资估算是根据原机械工业部颁发的《建设项目概算编制办法及指标》进行计算的。本项目建设投资为 3 000 万元。

（2）流动资金估算及其依据。本项目达产年需流动资金 900 万元。

总投资 = 建设投资 + 流动资金 = 3 000 万元 + 900 万元 = 3 900 万元

2. 投资分年度使用计划

按照项目建设进度计划安排，本项目资金投入计划见表 7-5。

3. 资金筹措计划

本项目的投资来源包括自有资金、销售收入和贷款三部分。其中项目资本金为 900 万元，申请银行贷款 2 100 万元，贷款年利率为 6.5%，流动资金向工商银行贷款，贷款年利率为 6%，详见表 7-5。

表 7-5 项目总投资使用计划与资金筹措表

(单位:万元)

序号	项目	合计	计算期										
			1	2	3	4	5	6	7	8	9	10	11
1	项目总投资	5 190.75	3 000.00	1 090.50	176.85	163.20	149.55	135.90	122.25	108.60	94.95	81.30	67.65
1.1	建设投资	3 000.00	3 000.00										
1.2	财务费用	1 290.75		190.50	176.85	163.20	149.55	135.90	122.25	108.60	94.95	81.30	67.65
1.3	流动资金	900.00		900.00									
2	资金筹措	83 900.00	3 000.00	8 900.00	8 000.00	8 000.00	8 000.00	8 000.00	8 000.00	8 000.00	8 000.00	8 000.00	8 000.00
2.1	资本金	900.00	900.00										
2.2	银行借款	3 000.00	2 100.00	900.00									
2.3	营业收入	80 000.00		8 000.00	8 000.00	8 000.00	8 000.00	8 000.00	8 000.00	8 000.00	8 000.00	8 000.00	8 000.00

表 7-6 总成本费用估算表

(单位:万元)

序号	项目	合计	计算期										
			1	2	3	4	5	6	7	8	9	10	11
1	外购原辅材料	20 000.00		2 000.00	2 000.00	2 000.00	2 000.00	2 000.00	2 000.00	2 000.00	2 000.00	2 000.00	2 000.00
2	外购燃料、动力	20 000.00		2 000.00	2 000.00	2 000.00	2 000.00	2 000.00	2 000.00	2 000.00	2 000.00	2 000.00	2 000.00
3	工资及福利费	16 416.00		1 641.60	1 641.60	1 641.60	1 641.60	1 641.60	1 641.60	1 641.60	1 641.60	1 641.60	1 641.60
4	制造费用	1 280.00		128.00	128.00	128.00	128.00	128.00	128.00	128.00	128.00	128.00	128.00
5	管理费用	1 600.00		160.00	160.00	160.00	160.00	160.00	160.00	160.00	160.00	160.00	160.00
6	销售费用	1 280.00		128.00	128.00	128.00	128.00	128.00	128.00	128.00	128.00	128.00	128.00
7	财务费用	1 290.75		190.50	176.85	163.20	149.55	135.90	122.25	108.60	94.95	81.30	67.65
7.1	利息支出	1 290.75		190.50	176.85	163.20	149.55	135.90	122.25	108.60	94.95	81.30	67.65
7.1.1	流动资金借款利息	540.00		54.00	54.00	54.00	54.00	54.00	54.00	54.00	54.00	54.00	54.00
7.1.2	长期借款利息	750.75		136.50	122.85	109.20	95.55	81.90	68.25	54.60	40.95	27.30	13.65
8	折旧费	2 400.00		240.00	240.00	240.00	240.00	240.00	240.00	240.00	240.00	240.00	240.00
9	总成本费用 (1+2+3+4+5+6+7+8)	64 266.75		6 488.10	6 474.45	6 460.80	6 447.15	6 433.50	6 419.85	6 406.20	6 392.55	6 378.90	6 365.25
10	经营成本(9-8-7.1)	60 576.00		6 057.60	6 057.60	6 057.60	6 057.60	6 057.60	6 057.60	6 057.60	6 057.60	6 057.60	6 057.60

五、投资分析基础数据的预测和选定

（一）销售收入的测算

2013 年及其以后各年不含增值税销售收入都为 8 000 万元。

（二）成本及税金

1. 成本测算（见表 7-6）

折旧估算：本项目年折旧按建设投资的 8%估算，折旧开始年为 2013 年。

原辅材料和燃料、动力按企业提供数据进行估算，都为 2 000 万元/年（不含增值税）。

本项目定员为 300 人，工人工资按 48 000 元/（人·年）计算。

福利按工资的 14%计算。

制造费用按照销售收入的 1.6%估算。

管理费用按照销售收入的 2%估算。

销售费用按照销售收入的 1.6%估算。

长期借款利息和流动资金借款利息根据项目还款能力计算。

2. 税金

增值税税率为 17%，城市维护建设税和教育费附加分别为增值税的 7%和 3%，详见表 7-7。

（三）利润分配

所得税税率为 25%，盈余公积按税后利润的 10%计提，公益金则按 5%计提，详见表 7-8。

六、项目经济效益评价

（一）现金流量分析

从全部资金、自有资金两方面编制现金流量表，详见表 7-9、表 7-10。主要评价指标如下：

1. 全部资金评价指标

财务内部收益率：　　　　　　　　31.08%（调整所得税前）

24.91%（调整所得税后）

财务净现值（$i_0 = 12\%$）：　　　　3 428.01 万元（调整所得税前）

静态投资回收期：　　　　　　　　4.27 年（含建设期）

动态投资回收期（$i_0 = 12\%$）：　5.43 年（含建设期）

2. 自有资金评价指标

财务内部收益率：　　　　　　　　74.66%

静态投资回收期：　　　　　　　　1.37 年

动态投资回收期（$i_0 = 12\%$）：　1.59 年

（二）财务平衡表与贷款偿还分析

资金来源与运用表（财务平衡表）集中体现了项目自身平衡的生存能力，是财务评价的重要依据。分析结果表明，本项目具有基本的资金平衡能力。详见表 7-11。

表 7-7 营业收入、营业税金及附加和增值税估算表

(单位：万元)

序号	项目名称	合计	计算期										
			1	2	3	4	5	6	7	8	9	10	11
1	营业收入	80 000.00		8 000.00	8 000.00	8 000.00	8 000.00	8 000.00	8 000.00	8 000.00	8 000.00	8 000.00	8 000.00
2	营业税金及附加	680.00		68.00	68.00	68.00	68.00	68.00	68.00	68.00	68.00	68.00	68.00
2.1	城市维护建设税	476.00		47.60	47.60	47.60	47.60	47.60	47.60	47.60	47.60	47.60	47.60
2.2	教育费附加	204.00		20.40	20.40	20.40	20.40	20.40	20.40	20.40	20.40	20.40	20.40
3	增值税	6 800.00		680.00	680.00	680.00	680.00	680.00	680.00	680.00	680.00	680.00	680.00
3.1	增值税销项	13 600.00		1 360.00	1 360.00	1 360.00	1 360.00	1 360.00	1 360.00	1 360.00	1 360.00	1 360.00	1 360.00
3.2	增值税进项	6 800.00		680.00	680.00	680.00	680.00	680.00	680.00	680.00	680.00	680.00	680.00

表 7-8 利润与利润分配表

(单位：万元)

序号	项目名称	合计	计算期										
			1	2	3	4	5	6	7	8	9	10	11
1	营业收入	80 000.00		8 000.00	8 000.00	8 000.00	8 000.00	8 000.00	8 000.00	8 000.00	8 000.00	8 000.00	8 000.00
2	营业税金及附加	680.00		68.00	68.00	68.00	68.00	68.00	68.00	68.00	68.00	68.00	68.00
3	增值税	6 800.00		680.00	680.00	680.00	680.00	680.00	680.00	680.00	680.00	680.00	680.00
4	总成本费用	64 266.75		6 488.10	6 474.45	6 460.80	6 447.15	6 433.50	6 419.85	6 406.20	6 392.55	6 378.90	6 365.25
5	利润总额(1-2-3-4)	8 253.25		763.90	777.55	791.20	804.85	818.50	832.15	845.80	859.45	873.10	886.75
6	所得税	2 063.31		190.98	194.39	197.80	201.21	204.63	208.04	211.45	214.86	218.28	221.69
7	净利润(5-6)	6 189.94		572.93	583.16	593.40	603.64	613.88	624.11	634.35	644.59	654.83	665.06
8	盈余公积金	618.99		57.29	58.32	59.34	60.36	61.39	62.41	63.44	64.46	65.48	66.51
9	公益金	309.50		28.65	29.16	29.67	30.18	30.69	31.21	31.72	32.23	32.74	33.25
10	未分配利润	5 261.45		486.99	495.69	504.39	513.09	521.79	530.50	539.20	547.90	556.60	565.30
11	息税前利润	9 544.00		954.40	954.40	954.40	954.40	954.40	954.40	954.40	954.40	954.40	954.40
12	息税折旧摊前利润	11 944.00		1 194.40	1 194.40	1 194.40	1 194.40	1 194.40	1 194.40	1 194.40	1 194.40	1 194.40	1 194.40

表 7-9 项目投资现金流量表

(单位:万元)

序号	项目名称	合计	1	2	3	4	5	6	7	8	9	10	11
								计 算 期					
1	现金流入	81 500.00		8 000.00	8 000.00	8 000.00	8 000.00	8 000.00	8 000.00	8 000.00	8 000.00	8 000.00	9 500.00
1.1	销售收入	80 000.00		8 000.00	8 000.00	8 000.00	8 000.00	8 000.00	8 000.00	8 000.00	8 000.00	8 000.00	8 000.00
1.2	回收固定资产余值	600.00											600.00
1.3	回收流动资金	900.00											900.00
2	现金流出	71 956.00	3 000.00	7 705.60	6 805.60	6 805.60	6 805.60	6 805.60	6 805.60	6 805.60	6 805.60	6 805.60	6 805.60
2.1	建设投资（含建设期利息）	3 000.00	3 000.00										
2.2	流动资金	900.00		900.00									
2.3	经营成本	60 576.00		6 057.60	6 057.60	6 057.60	6 057.60	6 057.60	6 057.60	6 057.60	6 057.60	6 057.60	6 057.60
2.4	增值税	6 800.00		680.00	680.00	680.00	680.00	680.00	680.00	680.00	680.00	680.00	680.00
2.5	营业税金及附加	680.00		68.00	68.00	68.00	68.00	68.00	68.00	68.00	68.00	68.00	68.00
3	所得税前现金流量（1-2）	9 544.00	-3 000.00	294.40	1 194.40	1 194.40	1 194.40	1 194.40	1 194.40	1 194.40	1 194.40	1 194.40	2 694.40
4	累计所得税前净现金流量	25 192.00	-3 000.00	-2 705.60	-1 511.20	-316.80	877.60	2 072.00	3 266.40	4 460.80	5 655.20	6 849.60	9 544.00
5	所得税	2 063.33		190.98	194.39	197.80	201.21	204.63	208.04	211.45	214.86	218.28	221.69
6	所得税后现金流量（3-5）	7 480.67	-3 000.00	103.43	1 000.01	996.60	993.19	989.78	986.36	982.95	979.54	976.13	2 472.71
7	累计所得税后净现金流量	14 125.31	-3 000.00	-2 896.58	-1 896.56	-899.96	93.22	1 083.00	2 069.36	3 052.31	4 031.85	5 007.98	7 480.69

表 7-10　项目资本金现金流量表　　　　　　　　　　　　　　　　　　　　（单位:万元）

序号	项目名称	合计	计算期										
			1	2	3	4	5	6	7	8	9	10	11
1	现金流入	81 500.00		8 000.00	8 000.00	8 000.00	8 000.00	8 000.00	8 000.00	8 000.00	8 000.00	8 000.00	9 500.00
1.1	销售收入	80 000.00		8 000.00	8 000.00	8 000.00	8 000.00	8 000.00	8 000.00	8 000.00	8 000.00	8 000.00	8 000.00
1.2	回收固定资产余值	600.00											600.00
1.3	回收流动资金	900.00											900.00
2	现金流出	73 870.08	900.00	7 343.08	7 332.84	7 322.60	7 312.36	7 302.13	7 291.89	7 281.65	7 271.41	7 261.18	7 250.94
2.1	项目资本金	900.00	900.00										
2.2	借款本金偿还	2 100.00		210.00	210.00	210.00	210.00	210.00	210.00	210.00	210.00	210.00	210.00
2.3	借款利息支付	750.75		136.50	122.85	109.20	95.55	81.90	68.25	54.60	40.95	27.30	13.65
2.4	经营成本	60 576.00		6 057.60	6 057.60	6 057.60	6 057.60	6 057.60	6 057.60	6 057.60	6 057.60	6 057.60	6 057.60
2.5	增值税	6 800.00		680.00	680.00	680.00	680.00	680.00	680.00	680.00	680.00	680.00	680.00
2.6	营业税金及附加	680.00		68.00	68.00	68.00	68.00	68.00	68.00	68.00	68.00	68.00	68.00
2.7	所得税	2 063.33		190.98	194.39	197.80	201.21	204.63	208.04	211.45	214.86	218.28	221.69
3	净现金流量（1-2）	7 629.92	-900.00	656.92	667.16	677.40	687.64	697.87	708.11	718.35	728.59	738.82	2 249.06

表 7-11　资金来源与运用表

（单位：万元）

序号	项目名称	合计	1	2	3	4	5	6	7	8	9	10	11
								计　算　期					
1	资金来源	83 900.00	3 000.00	8 900.00	8 000.00	8 000.00	8 000.00	8 000.00	8 000.00	8 000.00	8 000.00	8 000.00	8 000.00
1.1	营业收入	80 000.00		8 000.00	8 000.00	8 000.00	8 000.00	8 000.00	8 000.00	8 000.00	8 000.00	8 000.00	8 000.00
1.2	资本金	900.00	900.00										
1.3	银行借款	3 000.00	2 100.00	900.00									
2	资金的运用	77 410.08	3 000.00	8 297.08	7 386.84	7 376.60	7 366.36	7 356.13	7 345.89	7 335.65	7 325.41	7 315.18	7 304.94
2.1	建设投资	3 000.00	3 000.00										
2.2	流动资金	900.00		900.00									
2.3	借款还本付息	3 390.75		400.50	386.85	373.20	359.55	345.90	332.25	318.60	304.95	291.30	277.65
2.3.1	利息支出	1 290.75		190.50	176.85	163.20	149.55	135.90	122.25	108.60	94.95	81.30	67.65
2.3.2	当年还本	2 100.00		210.00	210.00	210.00	210.00	210.00	210.00	210.00	210.00	210.00	210.00
2.4	营业税金及附加	680.00		68.00	68.00	68.00	68.00	68.00	68.00	68.00	68.00	68.00	68.00
2.5	增值税	6 800.00		680.00	680.00	680.00	680.00	680.00	680.00	680.00	680.00	680.00	680.00
2.6	所得税	2 063.33		190.98	194.39	197.80	201.21	204.63	208.04	211.45	214.86	218.28	221.69
2.7	经营成本	60 576.00		6 057.60	6 057.60	6 057.60	6 057.60	6 057.60	6 057.60	6 057.60	6 057.60	6 057.60	6 057.60
3	盈余资金（1－2）	6 489.94	0.00	602.93	613.16	623.40	633.64	643.87	654.11	664.35	674.59	684.82	695.06
4	累计盈余资金		0.00	602.93	1 216.09	1 839.49	2 473.13	3 117.00	3 771.11	4 435.46	5 110.05	5 794.87	6 489.93

表 7-12　借款偿还计划及还本付息计划表

（单位：万元）

序号	项目名称	合计	1	2	3	4	5	6	7	8	9	10	11
								计　算　期					
1	年初欠款			2 100.00	1 890.00	1 680.00	1 470.00	1 260.00	1 050.00	840.00	630.00	420.00	210.00
2	当年还本付息	2 850.75		346.50	332.85	319.20	305.55	291.90	278.25	264.60	250.95	237.30	223.65
2.1	当年利息支付	750.75		136.50	122.85	109.20	95.55	81.90	68.25	54.60	40.95	27.30	13.65
2.2	当年还本	2 100.00		210.00	210.00	210.00	210.00	210.00	210.00	210.00	210.00	210.00	210.00
3	期末借款余额			1 890.00	1 680.00	1 470.00	1 260.00	1 050.00	840.00	630.00	420.00	210.00	0.00

171

从表 7-12 借款偿还计划及还本付息计划表中可以看出，本项目如果操作得当，在正常情况下，当项目开发建设完成时，可以从销售收入中还清全部贷款本息，并有基本的利润。

七、融资前分析

根据表 7-9 计算的评价指标为：项目投资财务内部收益率（FIRR）为 31.08%（所得税前），项目投资财务净现值（$i_0 = 12\%$）（所得税前）为 3 428.01 万元；项目投资财务内部收益率（FIRR）为 24.91%（所得税后）。项目投资财务内部收益率大于行业基准收益率，说明盈利能力满足了行业最低要求，项目投资财务净现值大于零，该项目在财务上是可以接受的。项目静态投资回收期为 4.27 年（含建设期），动态投资回收期为 5.43 年（含建设期），小于行业基准投资回收期，表明项目投资能按时收回。

八、融资后分析

（1）项目资本金现金流量表见表 7-10，根据该表计算资本金财务内部收益率为 74.66%。

（2）根据利润与利润分配表（见表 7-8）计算以下指标：

$$总投资收益率 = \frac{运营期内年平均息税前利润}{总投资} \times 100\%$$

$$= \frac{9\,544.00\ 万元/10}{3\,900.00\ 万元} \times 100\% = \frac{954.40\ 万元}{3\,900.00\ 万元} \times 100\%$$

$$= 24.47\%$$

该项目投资收益率大于行业平均利润率 9.2%，说明单位投资收益水平达到行业标准。

$$项目资本金净利润率 = \frac{运营期内年平均净利润}{项目资本金} \times 100\%$$

$$= \frac{6\,189.94\ 万元/10}{900.00\ 万元} \times 100\% = \frac{618.994\ 万元}{900.00\ 万元} \times 100\%$$

$$= 68.78\%$$

（3）根据利润与利润分配表（见表 7-8）、财务计划现金流量表（见表 7-13）、借款偿还计划及还本付息计划表（见表 7-12）计算以下指标：

$$利息备付率 = \frac{息税前利润}{当期应付利息费用} = \frac{9\,544.00\ 万元}{750.75\ 万元} = 12.71 > 2.0$$

$$偿债备付率 = \frac{当期用于还本付息资金}{当期应还本付息金额} = \frac{利润总额 + 利息 + 折旧 - 所得税}{借款利息支付 + 借款本金偿还}$$

$$= \frac{8\,253.25\ 万元 + 750.75\ 万元 + 2\,400.00\ 万元 - 2\,063.33\ 万元}{750.75\ 万元 + 2\,100.00\ 万元}$$

$$= 3.28 > 1.3$$

该项目利息备付率大于 2.0，偿债备付率大于 1.3，说明项目偿债能力较强。

（4）由表 7-13 可以看出，项目有足够的净现金流量维持正常运营，可以实现财务的可持续性。

表 7-13 财务计划现金流量表

（单位：万元）

序号	项目名称	合计	1	2	3	4	5	6	7	8	9	10	11
1	经营活动现金流量 (1.1-1.2)	9 880.67		1 003.42	1 000.01	996.60	993.19	989.77	986.36	982.95	979.54	976.12	972.71
1.1	现金流入	80 000.00		8 000.00	8 000.00	8 000.00	8 000.00	8 000.00	8 000.00	8 000.00	8 000.00	8 000.00	8 000.00
1.1.1	营业收入	80 000.00		8 000.00	8 000.00	8 000.00	8 000.00	8 000.00	8 000.00	8 000.00	8 000.00	8 000.00	8 000.00
1.2	现金流出	70 119.33		6 996.58	6 999.99	7 003.40	7 006.81	7 010.23	7 013.64	7 017.05	7 020.46	7 023.88	7 027.29
1.2.1	经营成本	60 576.00		6 057.60	6 057.60	6 057.60	6 057.60	6 057.60	6 057.60	6 057.60	6 057.60	6 057.60	6 057.60
1.2.2	增值税	6 800.00		680.00	680.00	680.00	680.00	680.00	680.00	680.00	680.00	680.00	680.00
1.2.3	营业税金及附加	680.00		68.00	68.00	68.00	68.00	68.00	68.00	68.00	68.00	68.00	68.00
1.2.4	所得税	2 063.33		190.98	194.39	197.80	201.21	204.63	208.04	211.45	214.86	218.28	221.69
2	投资活动净现金流量 (2.1-2.2)	-3 900.00	-3 000.00	-900.00									
2.1	现金流入												
2.2	现金流出	3 900.00	3 000.00	900.00									
2.2.1	建设投资	3 000.00	3 000.00										
2.2.2	流动资金	900.00		900.00									
3	筹资活动净现金流量 (3.1-3.2)	509.25	3 000.00	499.50	-386.85	-373.20	-359.55	-345.90	-332.25	-318.60	-304.95	-291.30	-277.65
3.1	现金流入	3 900.00	3 000.00	900.00									
3.1.1	项目资本金投入	900.00	900.00										
3.1.2	建设投资借款	2 100.00	2 100.00										
3.1.3	流动资金借款	900.00		900.00									
3.2	现金流出	3 390.75		400.50	386.85	373.20	359.55	345.90	332.25	318.60	304.95	291.30	277.65
3.2.1	利息支出	1 290.75		190.50	176.85	163.20	149.55	135.90	122.25	108.60	94.95	81.30	67.65
3.2.2	偿还债务本金	2 100.00		210.00	210.00	210.00	210.00	210.00	210.00	210.00	210.00	210.00	210.00
4	净现金流量	6 489.92	0.00	602.92	613.16	623.64	633.64	643.87	654.11	664.35	674.59	684.82	695.06
5	累计盈余资金	6 489.92	0.00	602.92	1 216.08	1 839.48	2 473.12	3 116.99	3 771.10	4 435.45	5 110.04	5 794.86	6 489.92

计 算 期

九、财务评价说明

（1）本项目财务评价分为融资前分析和融资后分析两个层次。融资前分析从项目投资总获利能力角度，考虑项目方案设计的合理性，重在考察项目净现金流的价值是否大于其投资成本，为项目投资决策提供依据；融资后分析重在考察资金筹措方案能否满足要求，融资后分析包括项目的盈利能力分析、偿债能力分析以及财务生存能力分析，进而判断项目方案在融资条件下的合理性。

（2）本项目采用等额还本利息照付的方式归还长期借款本金。

十、不确定性分析

1. 盈亏平衡分析（量本利分析）

根据表7-6，年固定成本为表中第1~3项之和，为5 641.60万元；变动成本为第4~8项之和，为846.50万元，单位变动成本为846.50万元/1.4万t，即604.64元/t。根据表7-7，营业收入为8 000.00万元，单价为8 000.00万元/1.4万t，即5 714.28元/t；年营业税金及附加为68.00万元，单位营业税金及附加为68.00万元/1.4万t，即48.57元/t。根据以上数据计算盈亏平衡如下：

$$\begin{aligned}
\text{盈亏平衡点对应} \atop \text{的生产能力利用率} &= \frac{\text{BEP}_Q}{1.4\ \text{万t}} = \frac{\text{年固定成本}}{(\text{单价}-\text{单位变动成本}-\text{单位营业税金及附加})\times 1.4\ \text{万t}} \\
&= \frac{5\ 641.60\ \text{万元}}{(5\ 714.28\ \text{元/t}-604.64\ \text{元/t}-48.57\ \text{元/t})\times 1.4\ \text{万t}} \\
&= 80\%
\end{aligned}$$

本项目盈亏平衡点对应的生产能力利用率为80%，即销售量或收入达到产量或预计收入的80%时，项目能保持盈亏平衡。

2. 敏感性分析

影响本项目财务效益的主要风险因素为原材料价格、产品售价。针对全部资金的评价指标，分别计算当上述因素变化±15%、±10%、±5%时对主要经济评价指标的影响，见表7-14。

表7-14　全部投资敏感性分析表

项　目		财务内部收益率（FIRR）	净现值（NPV）（万元）	静态投资回收期/年	动态投资回收期/年
基本方案		31.08%	3 428.01	4.27	5.43
原材料价格变化	15%	15.86%	671.84	6.52	10.17
	10%	21.02%	6 950.56	5.49	7.58
	5%	26.08%	2 509.29	4.78	6.16
	−5%	36.03%	4 346.74	3.87	4.63
	−10%	40.96%	5 265.47	3.57	4.16
	−15%	45.88%	6 184.19	3.32	3.8
产品售价变化	15%	58.75%	8 587.80	2.85	3.16
	10%	49.54%	6 867.87	3.16	3.59
	5%	40.33%	5 147.94	3.6	4.21
	−5%	21.68%	1 708.09	5.38	7.36
	−10%	11.93%	−11.84	7.66	11.00
	−15%	1.50%	−1 731.77	10.77	11.00

其中两种最不利的情况如下所示：

（1）当原材料价格上涨 15% 时，全部资金的评价指标为：

财务内部收益率：	15.86%
静态投资回收期：	6.52 年
动态投资回收期（$i_0 = 12\%$）：	10.17 年

（2）当产品售价降低 15% 时，全部资金的评价指标为：

财务内部收益率：	1.50%
静态投资回收期：	10.77 年
动态投资回收期（$i_0 = 12\%$）：	11.00 年

财务内部收益率的单因素敏感性分析如图 7-2 所示。

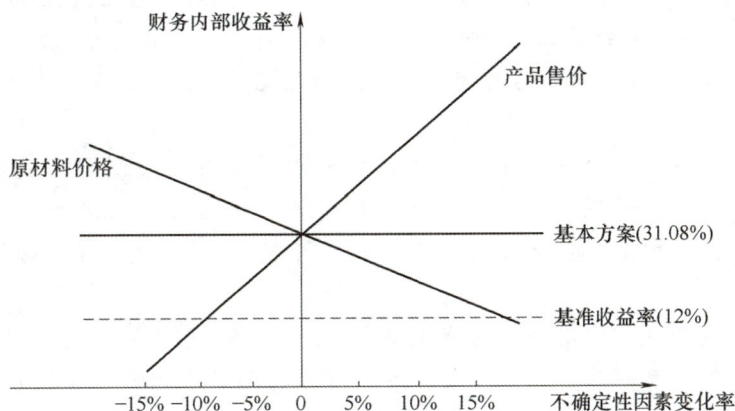

图 7-2　单因素敏感性分析

计算方案对各因素的敏感度：

$$原材料价格平均敏感度 = \frac{|15.86\% - 45.88\%| / 31.08\%}{30\%} = 3.22$$

$$产品售价平均敏感度 = \frac{|58.75\% - 1.50\%| / 31.08\%}{30\%} = 6.14$$

显然，财务内部收益率对产品售价变化的反应最为敏感。

从计算结果可知，原材料价格上涨 15% 和产品售价下降 15% 对项目经济效益的影响都较大，使项目不能满足内部收益率、财务净现值和投资回收期的评价标准，其中产品售价的影响更大。为确保项目获得较好的经济效益，项目主办者应加强市场促销工作，尽量使产品售价不受很大影响，同时还要密切关注原材料市场的价格变化，通过多渠道采购原材料，使原材料价格尽可能地满足计划要求。

十一、经济评价的结论与建议

（一）结论

上述分析和财务效益评估的结果表明，本项目具有较好的财务内部收益率，有基本的贷款偿还和自身平衡能力，且有一定的抗风险能力。评估结果表明，该项目是可行的。

本项目评估中假定所生产的产品全部售出，销售收入用于项目投资，同时假设原材料价格较为稳定，不发生大幅度变化。因此，售价与原材料价格是本项目能否达到预期效益的关键。

本项目的预期售价是在多方考察目前同类市场的基础上确定的。考虑到今后市场钢材需求量有望小幅度提升，可能影响销售价格，但同时会因有利可图导致有更多的竞争者进入该行业，因此项目的主办方应及时注意市场动态变化，及时调整销售价格。

本项目的原材料价格是在多方考察目前同类市场的基础上确定的。考虑到今后政府在开挖铁矿等矿产资源时收取的资源税将会进行改革，可能影响原材料价格。但从当时的情况看来，资源税上调的幅度不会太大，原材料价格不会有太大的涨幅。

（二）有关建议

（1）本项目的关键是各年度预期销售收入能否实现。若销售进度能加快，则项目投资更有保障，财务收益状况会明显好于评估结果，反之亦然。因此，项目主办者对此应给予足够的关注和重视，需建立一支良好的销售队伍，加大促销力度，并根据销售情况适时调整生产进度和售价。

（2）本项目中原材料价格的变化对项目的经济效益有较大影响，项目主办者应该通过多渠道联系多方原材料供应商，择优选择质量好、价格低的供应商。同时也应与多个供应商保持联系，以防某一主要原材料供应商由于某些自身特殊原因而导致所需原材料缺货等。

（3）在测算过程中，选用的贷款年利率为6.5%，流动资金贷款年利率为6%。使用商业性贷款，其年利率会更高一些，从而增加项目的融资费用和成本，使经济效益降低。因此，项目主办者应力争获得政策性贷款，以减少项目的融资费用，争取更好的投资效益。

（4）建设工程的不可预见因素很多，工期、质量、成本等都会影响项目总体目标的实现。因此，在建设期应加强施工管理，实现工程监理制。还应制订各项建筑材料采购供应计划，落实资金供应计划，以确保项目的顺利进行。

（5）本项目属于加工业，设备在运营期对项目效益的影响很大，项目主办者应在采购过程中选择性价比高的加工设备，同时应该考虑设备对原材料的消耗，尽量选择运用了新技术且质量好的设备，从而提高对原材料的使用率，降低设备的维修率。

（6）本项目应注重能源节约环保方面的探索研究，如废料的再利用、热能的循环使用等，从而降低整个项目的经营成本，提高项目经济效益。

（7）项目主办者应注意技术人员、管理人员的引进和培养，提高产品的生产效率，进而提高产品的销售量，增加销售收入。

（8）本项目在市场中的同类竞争者日益增多，项目主办者应比较分析市场上同类产品与自身产品的相同点与不同点，从而改进、研发具有自身特色的新产品，扩大市场占有率，提高厂商品牌效应，为以后扩大生产和进一步发展创造有利条件，从而提高项目的经济效益。

（资料来源：http://www.doc88.com/p-0592327299006.html）

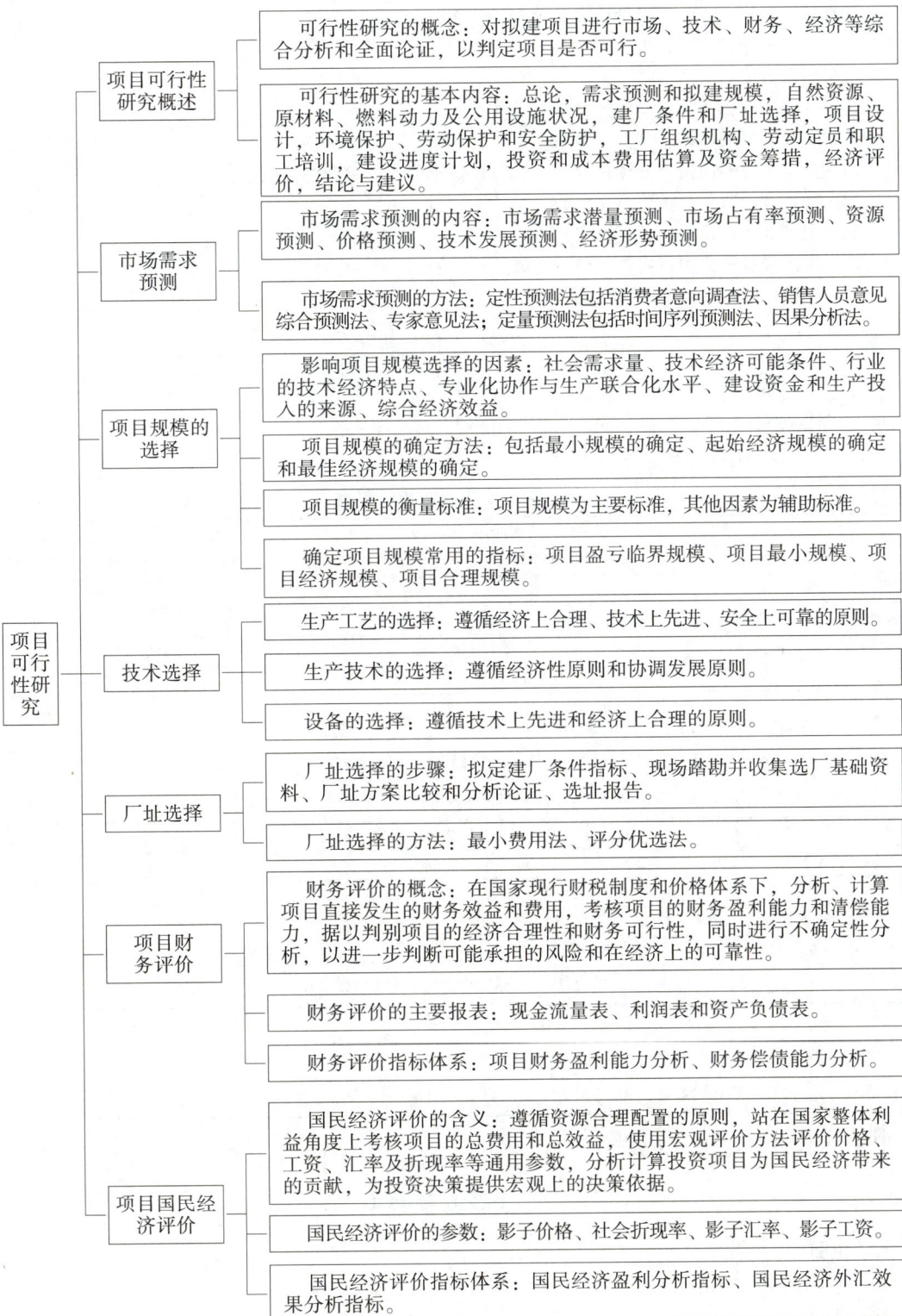

本 章 小 结

项目可行性研究

项目可行性研究概述
- 可行性研究的概念：对拟建项目进行市场、技术、财务、经济等综合分析和全面论证，以判定项目是否可行。
- 可行性研究的基本内容：总论，需求预测和拟建规模，自然资源、原材料、燃料动力及公用设施状况，建厂条件和厂址选择，项目设计，环境保护、劳动保护和安全防护，工厂组织机构、劳动定员和职工培训，建设进度计划，投资和成本费用估算及资金筹措，经济评价，结论与建议。

市场需求预测
- 市场需求预测的内容：市场需求潜量预测、市场占有率预测、资源预测、价格预测、技术发展预测、经济形势预测。
- 市场需求预测的方法：定性预测法包括消费者意向调查法、销售人员意见综合预测法、专家意见法；定量预测法包括时间序列预测法、因果分析法。

项目规模的选择
- 影响项目规模选择的因素：社会需求量、技术经济可能条件、行业的技术经济特点、专业化协作与生产联合化水平、建设资金和生产投入的来源、综合经济效益。
- 项目规模的确定方法：包括最小规模的确定、起始经济规模的确定和最佳经济规模的确定。
- 项目规模的衡量标准：项目规模为主要标准，其他因素为辅助标准。
- 确定项目规模常用的指标：项目盈亏临界规模、项目最小规模、项目经济规模、项目合理规模。

技术选择
- 生产工艺的选择：遵循经济上合理、技术上先进、安全上可靠的原则。
- 生产技术的选择：遵循经济性原则和协调发展原则。
- 设备的选择：遵循技术上先进和经济上合理的原则。

厂址选择
- 厂址选择的步骤：拟定建厂条件指标、现场踏勘并收集选厂基础资料、厂址方案比较和分析论证、选址报告。
- 厂址选择的方法：最小费用法、评分优选法。

项目财务评价
- 财务评价的概念：在国家现行财税制度和价格体系下，分析、计算项目直接发生的财务效益和费用，考核项目的财务盈利能力和清偿能力，据以判别项目的经济合理性和财务可行性，同时进行不确定性分析，以进一步判断可能承担的风险和在经济上的可靠性。
- 财务评价的主要报表：现金流量表、利润表和资产负债表。
- 财务评价指标体系：项目财务盈利能力分析、财务偿债能力分析。

项目国民经济评价
- 国民经济评价的含义：遵循资源合理配置的原则，站在国家整体利益角度上考核项目的总费用和总效益，使用宏观评价方法评价价格、工资、汇率及折现率等通用参数，分析计算投资项目为国民经济带来的贡献，为投资决策提供宏观上的决策依据。
- 国民经济评价的参数：影子价格、社会折现率、影子汇率、影子工资。
- 国民经济评价指标体系：国民经济盈利分析指标、国民经济外汇效果分析指标。

思 考 题

1. 什么是可行性研究？可行性研究的内容是什么？
2. 什么是市场需求预测？市场需求预测的方法有哪些？
3. 选择项目规模的方法有哪些？
4. 技术选择包括哪些方面？各选择原则是什么？
5. 简述厂址选择的原则、步骤和方法。
6. 简述投资项目的国民经济评价含义以及与企业财务评价之间的关系。
7. 国民经济评价有什么重要意义？
8. 简述国民经济评价中的影子价格。
9. 简述国民经济评价中费用与效益的构成。
10. 国民经济评价中的参数主要有哪些？

练 习 题

1. 某企业为使下一年度的销售计划制订得更科学，组织了一次销售预测，由总经理主持，参与预测的有销售部、财务部、生产部、信息部四个部门的经理，总经理从各方面因素考虑，给他们的权数分别为 5、3、2、2，四位经理的预测估计如表 7-15 所示。

表 7-15 某企业年度销售额预测值估计

预测人员	销售额估计值						预测期望值
	最高销售额（万元）	概率	最可能销售额（万元）	概率	最低销售额（万元）	概率	
销售经理	2 500	0.3	2 300	0.6	2 100	0.1	
财务经理	2 900	0.2	2 600	0.7	2 200	0.1	
生产经理	2 700	0.1	2 500	0.6	2 300	0.3	
信息经理	2 600	0.2	2 400	0.6	2 300	0.2	

试预测该企业下一年度的销售额为多少。

2. 某公司 2008 年—2015 年电器产品销售额资料如表 7-16 所示。

表 7-16 电器产品销售额资料

年度	2008	2009	2010	2011	2012	2013	2014	2015
销售额（万元）	1 100	1 200	1 060	1 080	980	1 160	1 070	1 150

试用一次移动平均法预测 2016 年的销售额（$n=3$ 和 $n=5$）。

3. 某企业某种产品产量与单位成本资料如表 7-17 所示。

表 7-17 产品产量与单位成本资料

月　份	1	2	3	4	5	6
产量（千件）	2	3	4	3	4	5
单位成本（元/件）	73	72	71	73	69	68

试确定单位成本对产量的直线回归方程；并指出当产量为 6 000 件时，单位成本是多少元。

练习题参考答案

用微信扫描二维码，可以查看练习题的参考答案。

设备更新的技术经济分析

1. 掌握设备有形磨损的概念和磨损规律，了解设备有形磨损的度量方法。
2. 掌握设备无形磨损和设备综合磨损的概念，了解设备无形磨损的度量方法。
3. 掌握设备磨损的补偿方式。
4. 掌握设备寿命的不同含义。
5. 掌握设备大修理的概念、特点以及设备更新的概念。
6. 掌握设备大修理和设备更新的技术经济分析的相关内容。

设备是企业固定资产的主要组成部分，各种设备的综合质量和技术水平决定着企业生产技术能力的强弱和产品成本的高低。随着科学技术进步速度的加快、市场竞争的日趋激烈，设备的技术、经济寿命不断缩短，设备更新成为现代企业经营活动中的一项重要工作，设备更新决策正确与否，往往决定企业的成败。选择适当的时间、合理的方式进行设备更新是设备更新技术经济分析的主要内容。本章主要介绍设备的磨损及补偿方式、设备大修理的技术经济分析以及设备更新的技术经济分析等内容。

第一节　设备的磨损及其补偿方式

设备在使用或闲置过程中，都会发生磨损，磨损按产生的原因不同，可分为有形磨损和无形磨损。

一、设备的有形磨损

（一）设备有形磨损的概念

设备在使用或闲置过程中，其实体发生的损耗称为有形磨损，也称物质磨损。有形磨损按产生原因可分为以下两类：

1. 第一类有形磨损

设备在使用过程中，由于受到外力的作用，其零部件会发生摩擦、振动和疲劳，致使机器设备的实体发生磨损。这种磨损称为第一类有形磨损。它是引起设备有形磨损的主要原因，通常表现为以下情况：

（1）设备零部件的原始尺寸发生改变，甚至形状发生变化。

（2）公差配合性质发生改变，精度降低。

（3）零部件损坏。

第一类有形磨损可使设备精度降低，劳动生产率下降。当这种有形磨损达到一定程度时，整个机器的功能就会下降，甚至发生故障，导致设备运行费用剧增，甚至难以继续正常工作，失去工作能力，丧失使用价值。

2. 第二类有形磨损

机器设备在闲置的过程中，受到自然力的作用产生锈蚀，或由于缺乏必要的保护、保养，会造成物质磨损，这种磨损称为第二类有形磨损。它是引起设备有形磨损的另一个原因，这种磨损与生产过程中的使用无关，甚至在一定程度上还同使用程度成反比。设备闲置或封存不用也会产生有形磨损，如金属生锈、腐蚀，橡胶、塑料老化等。设备闲置时间过长，会自然丧失精度和工作能力，失去使用价值。

（二）设备有形磨损的规律

不同的设备有不同的磨损情况，同一设备在使用和维修保养不同的情况下，也有不同的磨损情况。但有形磨损，特别是设备零件的第一种有形磨损是比较规律的，其磨损规律曲线如图 8-1 所示。设备的有形磨损过程可分为以下三个阶段：

（1）初期磨损阶段。初期磨损阶段为图 8-1 中的阶段Ⅰ，这一阶段主要是相对运动零部件表面的微观几何形状在受力情况下迅速磨损（如粗糙、不平等），以及不同形状零部件相互磨合所发生的磨损。这一阶段磨损速度快，时间短。

（2）正常磨损阶段。正常磨损阶段为图 8-1 中的阶段Ⅱ，这个阶段磨损速度比较平稳，磨损量的增加缓慢。在这个阶段，设备处于最佳技术状态，设备的生产效率、产品质量最有保障。

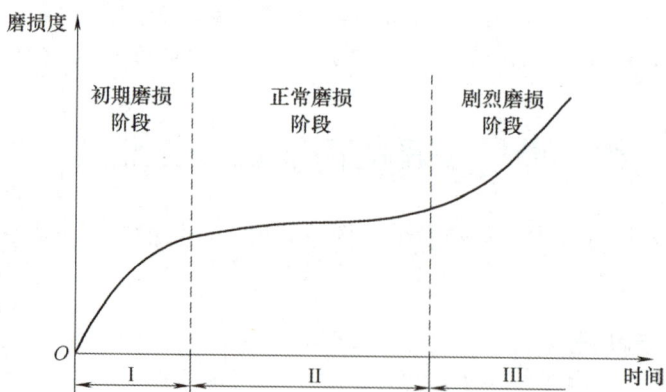

图 8-1　设备有形磨损规律曲线

（3）剧烈磨损阶段。剧烈磨损阶段为图 8-1 中的阶段Ⅲ，这个阶段零部件的正常磨损被破坏，磨损急剧增加，设备的性能、精度迅速降低。如果不及时停止使用，及时进行修理或更新，就会发生事故。设备在进入剧烈磨损阶段之前进行维修，能取得较好效果。

（三）设备有形磨损的度量

设备有形磨损程度 α_p 可以用修复全部磨损零部件的修理费用 R 与在确定设备磨损程度

时该种设备的再生产价值 K_1 之比进行度量。其计算公式为

$$\alpha_p = \frac{R}{K_1} \tag{8-1}$$

式中　α_p——设备的有形磨损程度；

　　　R——修复全部磨损零部件的修理费用；

　　　K_1——在确定设备磨损程度时该种设备的再生产价值。

根据以上度量公式可知，设备使用的时间越长，零部件的磨损程度越严重，全部磨损零件的修理费用就越高，设备有形磨损程度就越大。

二、设备的无形磨损

（一）设备无形磨损的概念

设备的无形磨损也称经济磨损或精神磨损，它是指由于技术进步，出现性能更完善、生产效率更高的新设备，或是相同结构设备的再生产价值下降，而使原有设备发生的贬值。无形磨损不改变设备实体，只表现为设备原始价值的贬值。无形磨损按形成原因也可分为两类：

（1）第一类无形磨损。第一类无形磨损是指由于设备制造工艺不断改进、成本不断降低、劳动生产率不断提高、市场上相同结构设备的再生产价值下降而使原有设备价值贬值。这类无形磨损虽然使原有设备部分贬值，但设备本身的技术性能并未受到影响，使用价值没有降低，故不会影响现有设备的使用。

（2）第二类无形磨损。第二类无形磨损是指由于技术进步，市场上出现了结构更先进、技术性能更完善、生产效率更高、经济效益更好的新型设备，使原有机器设备在技术上显得陈旧落后，从而提前退出使用而产生的经济损失。

（二）设备无形磨损的度量

设备无形磨损程度 α_1 可以用设备的原始价值 K_0 与在确定设备磨损程度时该种设备的再生产价值 K_1 之差再除以设备的原始价值 K_0 进行度量。其计算公式为

$$\alpha_1 = \frac{K_0 - K_1}{K_0} = 1 - \frac{K_1}{K_0} \tag{8-2}$$

式中　α_1——设备的无形磨损程度；

　　　K_0——设备的原始价值；

　　　K_1——在确定设备磨损程度时该种设备的再生产价值。

三、设备的综合磨损

设备在使用过程中，既要发生有形磨损，又要承受无形磨损，同时存在有形磨损和无形磨损的综合情况称为设备的综合磨损。对任何特定的设备来说，这两种磨损都是同时发生和相互影响的。

有形磨损和无形磨损都会引起设备原始价值的降低，这一点两者是相同的。不同的是有形磨损严重的设备，在修理之前，常常不能工作；而遭受无形磨损的设备，即使无形磨损严重，仍然可以使用，只是继续使用在经济上是否合算需要分析研究。

如果设备的有形磨损程度为 α_p，则设备遭受有形磨损后尚存价值程度为 $1-\alpha_p$；设备的无形磨损程度为 α_1，则设备遭受无形磨损后尚存价值程度为 $1-\alpha_1$。因此，设备遭受综合磨损后尚存价值程度可表示为 $(1-\alpha_p)(1-\alpha_1)$。假设设备同时发生两种磨损的设备综合磨损程度为 α_m，则 α_m 可表示为

$$\alpha_m = 1-(1-\alpha_p)(1-\alpha_1) \tag{8-3}$$

因此，设备遭受综合磨损后的残存价值 K 可表示为

$$K=(1-\alpha_m)K_0 \tag{8-4}$$

将式（8-1）、式（8-2）、式（8-3）代入式（8-4），整理可得

$$K=K_1-R \tag{8-5}$$

式（8-5）表示设备遭受综合磨损后的残存价值 K 等于在确定设备磨损程度时该种设备的再生产价值 K_1 减去修复全部磨损零件的修理费用 R。在实践中，K 可用来估算已使用设备的市场转让价格。

四、设备磨损的补偿方式

设备在使用过程中会经历有形磨损和无形磨损，价值发生贬值，如不及时进行补偿，会使企业丧失成本优势，陷入困境。为了使生产能持续经济地进行下去，企业需要支付一定数量的资金对设备进行补偿。机器设备遭受磨损的形式不同，补偿磨损的方式也不一样。设备磨损的补偿方式可用图 8-2 表示。

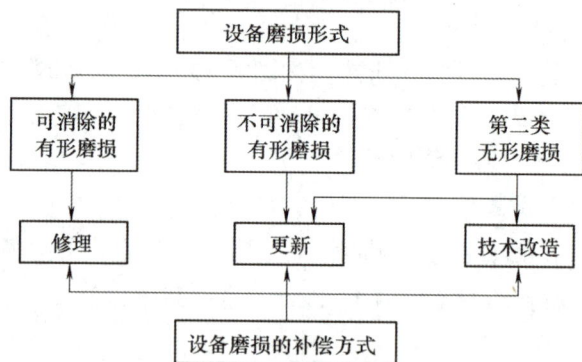

图 8-2　设备磨损的补偿方式

五、设备的寿命

在设备更新的技术经济分析中，会涉及设备的寿命问题。设备寿命在实际使用中有以下几个不同的含义：

（一）设备的自然寿命

设备的自然寿命又称设备的物理寿命，是指设备从投入使用开始，到由于发生物理磨损不能继续使用、只能报废为止所经历的时间。它主要是由设备的有形磨损决定的，并与设备的使用、维护和保养状况有关，可通过维护和保养来延长设备的自然寿命。

（二）设备的技术寿命

设备的技术寿命是指设备在技术上有存在价值的期间，即设备从投入使用到因技术落后

而被淘汰所经历的时间。技术寿命的长短取决于设备无形磨损的速度，要延长设备的技术寿命，就必须用新技术对设备加以改造。

（三）设备的经济寿命

设备的经济寿命是指设备从投入使用到由于继续使用不经济而被更新所经历的时间。它是由有形磨损和无形磨损共同决定的。设备的经济寿命一般根据设备年均总成本费用最低来确定。设备的年均总成本费用由两部分组成：一是设备购置费的年分摊额（折旧费），二是设备的年运行费用。随着设备使用时间的延长，年分摊的设备费用是逐年下降的，年均运行费用是上升的。综合考虑这两方面的因素，设备使用的年均总成本费用的变化规律是先降后升，呈"U"形曲线。

第二节　设备大修理及其技术经济分析

一、设备大修理的概念及特点

设备投入使用后，就开始遭受磨损。由于设备各零部件的材质不同，承担的功能不同，工作条件也各不相同，因此，通常情况下一台设备在使用一段时间之后，一些运动零部件已经磨损，需要修理或更换，而一些基础零部件还可以工作很长时间，甚至在整个使用期间都不需要修理和更换。这种零部件磨损的不均匀性决定了设备在更新之前，必须先考虑修理。

在实践中，为预防设备故障的发生，保证设备技术状态的完好，保证企业生产经营的正常进行，通常根据设备的磨损规律进行设备的计划修理。

20 世纪 70 年代以前，我国实行的是从苏联引进的设备计划预防修理制度。其特点是按计划对设备进行强制性修理，即只要达到了计划规定，不论设备是否需要修理，都必须按计划强制进行规定级别的修理。

20 世纪 70 年代末，我国学习西方发达国家的设备预防修理制度和方法，对我国的设备修理制度进行改进，主要根据设备的磨损程度，采用计划修理制度。计划修理的内容从过去的检查、小修、中修、大修改变为保养、检查、项目修理、大修理。这种新的修理制度强调对设备技术状态的监测，根据设备的实际技术状态采取相应的修理类别，使设备的维修工作针对性增强，设备的停机修理时间缩短，修理费用降低。

大修理是指由修理人员对设备进行全部解体，修理耐久的部分，更换全部损坏的零部件，修复所有不符合要求的零部件，翻新外观，全面消除缺陷。大修理是修理制度中工作量最大、花钱最多的一种设备维修方式。大修理后，要求设备基本达到出厂时的精度和技术性能。一般情况下，我们对设备维修的技术经济分析和研究，主要是针对大修理而言的。

设备零部件磨损的不均匀性，使设备大修理能够利用保留下来的零部件，因此，进行适度的大修理工作，在经济上是合理的。但是设备大修理不能无止境地进行，因为随着大修理次数的增加，设备的残值越来越少，大修理的间隔周期会越来越短，所需的费用会越来越高，经济上的合理性也就不复存在了。

设备大修理具有以下特点：

（1）尽管要求大修理后的设备基本达到出厂时的精度和技术性能，但每次大修理后的设备与同类型的新设备相比较，其综合质量都会有某种程度的降低，这是客观事实。

（2）随着设备使用时间的延长，大修理的周期会越来越短，设备的完好率会越来越低。假如新设备投入使用到第一次大修理的间隔期为 8~10 年，在此间隔期内设备的完好率为 90%，那么第二次大修理的间隔期就可能为 6~8 年，在此间隔期内设备的完好率可能为 80%，而第三次大修理的间隔期则可能降至 5~6 年，在此间隔期内设备的完好率可能只有 70%。可见，设备随着大修理次数的增加，其经济性将逐步降低。

二、设备大修理的技术经济分析

（一）设备大修理的经济界限

假如设备大修理在经济上可行，那么设备大修理发生的费用 R 一定不超过同种新设备在大修理时的市场价值 K_n 与该设备大修理时的净残值 S_n 之差，否则，选择设备更新更为合理。因此，通常将以上条件称为设备大修理的最低经济界限。用公式表示为

$$R \leqslant K_n - S_n \qquad (8\text{-}6)$$

符合最低经济界限的大修理，可能会因为原有设备性能下降，使生产的单位产品的成本比同种新设备生产的单位产品的成本高，这时大修理在经济上就未必可行。因此，除了满足上述大修理的最低经济界限外，还应当使经过大修理的设备生产的单位产品的成本不超过同种新设备生产的单位产品的成本，通常将该条件称为大修理的理想经济界限。用公式表示为

$$C_j \leqslant C_n \qquad (8\text{-}7)$$

式中　C_j——用第 j 次大修理后的设备生产的单位产品的成本；

C_n——用同种新设备生产的单位产品的成本。

以上两项指标的计算公式为

$$C_j = \frac{(R_j + \Delta V_{j+1})(A/P, i_0, T_{j+1})}{Q_{j+1}} + C_j' \qquad (8\text{-}8)$$

$$C_n = \frac{\Delta V_n (A/P, i_0, T_n)}{Q_n} + C_n' \qquad (8\text{-}9)$$

式中　R_j——原设备第 j 次大修理的费用；

ΔV_{j+1}——原设备第 $j+1$ 个大修理周期内的价值损耗现值；

Q_{j+1}——原设备第 $j+1$ 个大修理周期的年均产量；

C_j'——原设备第 j 次大修理后生产的单位产品的经营成本；

T_{j+1}——原设备第 j 次大修理到第 $j+1$ 次大修理的间隔年数；

ΔV_n——新设备第一个大修理周期内的价值损耗现值；

Q_n——新设备第一个大修理周期的年均产量；

C_n'——用新设备生产单位产品的经营成本；

T_n——新设备投入使用到第一次大修理的间隔年数；

i_0——基准收益率。

【例 8-1】　某企业 5 年前以 30 000 元购入生产 A 产品的设备一台，使用 5 年后预计进行

设备大修理，费用为 5 000 元，设备经过大修理后，残值从 10 000 元上升到 12 000 元，可继续使用 4 年再进行大修理，预计大修理后 4 年期间年产量由 20 万件下降为 19.8 万件，年经营成本由 30 000 元上升到 32 000 元，到期残值为 4 000 元。已知市场目前同种设备市价为 24 000 元，使用 5 年后残值为 6 000 元，基准收益率为 10%，问设备大修理在经济上是否合算？

解：（1）设备大修理的最低经济界限的判定。由于设备大修理费用为 5 000 元，小于更换新设备的投资 24 000 元−10 000 元 = 14 000 元，符合设备大修理的最低经济界限。

（2）大修理的理想经济界限的判定。分别计算大修理设备和同种新设备生产单位产品的成本，分析判断如下：

大修理设备生产的单位产品的成本为

$$C_j = \frac{[5\ 000\ 元 + 12\ 000\ 元 - 4\ 000\ 元 \times (P/F, 10\%, 4)] \times (A/P, 10\%, 4) + 32\ 000\ 元}{19.8\ 万件}$$

$$= 1\ 843.5\ 元/万件$$

同种新设备生产的单位产品的成本为

$$C_n = \frac{[24\ 000\ 元 - 6\ 000\ 元 \times (P/F, 10\%, 5)] \times (A/P, 10\%, 5) + 30\ 000\ 元}{20\ 万件}$$

$$= 1\ 767.4\ 元/万件$$

根据计算，大修理设备生产的单位产品的成本高于同种新设备生产的单位产品的成本，不符合设备大修理的理想经济界限，进行设备大修理在经济上是不合算的。

（二）设备大修理周期数的确定

从技术上来说，通过大修理，可以消除有形磨损，使设备得以长期使用，但大修理达到一定次数后，再进行设备大修理在经济上就不再合理。因此，从经济角度确定一台设备到底大修理几个周期最为适宜，是大修理工作必须解决的问题。

设备的经济寿命通常是设备的制造厂商提供的重要技术参数，如果知道设备每次大修理的间隔时间，则累计设备大修理的间隔时间正好等于设备的经济寿命的大修理次数就是设备的大修理周期数。其表达式为

$$\sum_{i=1}^{n} T_i = T_E \tag{8-10}$$

式中　T_E——设备的经济寿命；

　　　　T_i——第 $i-1$ 次到第 i 次大修理的间隔期，若 $i=1$ 时，则表示设备购置至第一次大修理的间隔期；

　　　　n——设备大修理的周期数。

通过以上分析可知，确定设备大修理的周期数的关键是计算设备每次大修理的间隔时间。而设备每次大修理间隔时间的确定原则应当是使该期间内生产的单位产品的平均总费用 C_{zj} 最小。整个大修理间隔时间内的总费用由大修理费用 R_j、大修理间隔时间内应分摊的设备价值损耗 ΔV_j 以及设备运行总费用 C_j 三者所构成。当大修理间隔时间内生产量为 Q_j 时，

则单位产品的平均总费用 C_{zj} 为

$$C_{zj} = \frac{R_j + \Delta V_j + C_j}{Q_j} \tag{8-11}$$

假定设备价值损耗 ΔV_j 与生产产品的数量 Q_j 成正比，设 E_j 为生产单位产品应分摊的设备价值损耗，则

$$\Delta V_j = E_j Q_j \tag{8-12}$$

再假定随着使用时间的推移，生产单位产品的设备运行费用是不断增长的，且符合指数规律，可设 C_{0j} 为第 j 个大修理间隔期初生产单位产品的设备运行费用的初始值，b_j、r_j 分别为第 j 个大修理间隔期内生产单位产品设备运行费用增长系数和费用增长指数，则

$$C_j = \int_0^{Q_j} (C_{0j} + b_j Q_j^{r_j}) \mathrm{d}Q = C_{0j} Q_j + \frac{b_j}{r_j + 1} Q_j^{r_j+1} \tag{8-13}$$

将式（8-12）、式（8-13）代入式（8-11），可得

$$C_{zj} = \frac{R_j}{Q_j} + E_j + C_{0j} + \frac{b_j}{r_j+1} Q_j^{r_j} \tag{8-14}$$

要使设备大修理间隔时间内单位产品的平均总费用最小，则

$$\frac{\mathrm{d}C_{zj}}{\mathrm{d}Q_j} = -\frac{R_j}{Q_j^2} + \frac{r_j b_j}{r_j+1} Q_j^{r_j-1} = 0$$

即

$$Q_j^* = \sqrt[r_j+1]{\frac{(r_j+1)R_j}{r_j b_j}} \tag{8-15}$$

设备在第 j 个大修理间隔期内生产的产品数量为 Q_j^* 时，生产单位产品的平均总费用 C_{zj} 最小，如果正常条件下设备的年产量为 Q，则第 j 个大修理间隔期为

$$T_i = \frac{Q_j^*}{Q} \tag{8-16}$$

由式（8-16）可分别计算各次大修理的间隔时间，然后再根据式（8-10）可求出设备应该大修理的次数。

第三节　设备更新及其技术经济分析

一、设备更新的概念

设备更新是指以结构更先进、功能更完善、性能更可靠、生产效率更高、生产成本更低、产品质量更好的新设备，来更换已经陈旧的、在技术上不能继续使用或继续使用在经济上不合理的设备。

在激烈竞争的当代社会，设备更新政策往往是企业成败的关键。未经科学决策的设备更新，会造成企业资源浪费、资金运作上的困难，失去其他收益机会。如果不能及时进行设备更新，会造成企业生产成本的迅速增加，失去竞争优势。

一般设备更新的决策问题可分为以下几种情况：

（1）设备原型更新。设备原型更新是指市场上没有出现性能更好的新设备，用相同的设备更新有形磨损严重，并且不能继续使用或继续使用在经济上不合理的设备。

（2）出现新型设备条件下的设备更新。出现新型设备条件下的设备更新是指用技术更先进、结构更完善、效率更高、耗费能源和原材料更少的新型设备更换那些技术上不能继续使用或经济上不宜继续使用的旧设备。

（3）设备的现代化改装。设备的现代化改装是应用新技术，特别是数控技术，对原有设备进行技术改造，除对有形磨损严重的关键零部件进行更换，更重要的是给设备更换新部件、新附件、新装置，改善原有设备的技术性能，增加设备的某些功能，提高劳动生产率及可靠性，使之达到新设备的技术水平。设备的现代化改装最大的特点是对资源充分运用，所需费用大大低于购置新设备的费用。

二、设备更新的技术经济分析

（一）设备更新技术经济分析的基本原则

进行设备更新技术经济分析应该遵循以下两个基本原则：

1. 不考虑沉没成本

在进行设备更新技术经济分析时，经常会遇到沉没成本的概念。所谓沉没成本，是指过去已经支出而现在已无法得到补偿的成本。沉没成本一般不会影响方案的选择，例如，某设备3年前的原始成本是15 000元，目前的账面价值是5 000元，现在的净残值仅为3 000元。在进行设备更新技术经济分析时，3年前的原始成本15 000元是过去发生的，是沉没成本，与现在的设备更新决策无关，不用考虑。

2. 应站在一个客观介入者的立场进行分析比较

设备更新时，分析者应该以一个客观介入者的身份，采用一定的技术经济分析方法对各备选方案进行分析、比较和评价。

【例8-2】 设备A在4年前购置，原始费用为3 200元，估计可以使用10年，第10年年末净残值为300元，年使用费用为800元，目前能用600元的价格转让。现在市场上同类设备B的原始费用为3 000元，估计可以使用10年，第10年年末净残值为500元，年使用费用为400元。已知基准收益率为10%，试比较继续使用旧设备A和购买新设备B，哪个更优？

解：根据不考虑沉没成本的设备更新决策原则可知，设备A的原始费用3 200元是4年前发生的，是沉没成本，对设备更新决策不会产生影响。

根据设备更新决策的另一原则，应站在一个客观介入者的立场，即决策者现在可以花600元购买旧设备A，也可以花3 000元购买新设备B进行新、旧设备比较分析。特别注意不要将旧设备A的售价600元作为新设备B的收入，因为这笔收入不是新设备本身带来的，不能将两个方案的现金流量混淆。

利用费用年值法进行两个方案的比较，分别计算两个方案的费用年值：

$AC_A = 600 \text{元} \times (A/P, 10\%, 6) - 300 \text{元} \times (A/F, 10\%, 6) + 800 \text{元}$

$\quad\quad = 898.88 \text{元}$

$AC_B = 3\,000 \text{元} \times (A/P, 10\%, 10) - 500 \text{元} \times (A/F, 10\%, 10) + 400 \text{元}$

$\quad\quad = 856.75 \text{元}$

由于 $AC_A > AC_B$，所以购买新设备更优，平均每年大约可节约费用 42 元。

（二）设备原型更新的决策

如果一直没有技术性能更先进的设备出现，设备使用时间过长将会引起运行费用及修理费用不断增加，在适当的时候用设备原型更新，在经济上往往也是合算的。一般情况下，设备原型更新的时机应选择在原设备经济寿命期结束时。这样，设备原型更新的决策问题就转化为设备的经济寿命计算问题。

设备的原型更新，对企业来说不会引起收益或产出的改变。在计算设备的经济寿命时，一般采用年均总成本费用法。年均总成本费用最低对应的时间即为设备的经济寿命，设备使用到经济寿命期结束就应该及时进行原型更新。年均总成本费用由年均运行成本费用和年分摊的设备购置费用两部分构成。下面介绍用年均总成本费用法进行设备原型更新决策的过程。

1. 确定年均运行成本费用

设备在使用过程中发生的费用叫作运行成本费用，也称维持费用。运行成本费用随着设备使用时间的延长，会以某种速度递增，这种状况称为设备的劣化。

如果设备运行成本费用呈线性增长，劣化增量就是均等的，设增加额为 λ，若设备使用 t 年，则第 t 年时的运行成本费用为

$$C_t = C_1 + (t-1)\lambda \tag{8-17}$$

式中　C_t——第 t 年的运行成本费用；

$\quad\quad C_1$——运行成本费用的初始值，即第一年的运行成本费用；

$\quad\quad t$——设备使用年数。

t 年内年均运行成本费用为

$$\overline{C}_t = \frac{C_1 + C_1 + (t-1)\lambda}{2} = C_1 + \frac{(t-1)\lambda}{2} \tag{8-18}$$

2. 确定年分摊的设备购置费用

假定设备任何时候进行处理，残值都是相同的，年分摊的设备购置费用金额为

$$\overline{K}_t = \frac{K_0 - K_1}{t} \tag{8-19}$$

式中　$\overline{K}_t$——t 年内每年分摊的设备购置费用；

$\quad\quad K_0$——设备的原始价值；

$\quad\quad K_1$——设备处理时的残值。

3. 确定年均总成本费用

随着设备使用时间的延长，年分摊的设备购置费用是逐年下降的，年均运行成本费用是

呈线性上升的。综合考虑这两个方面的因素，设备使用的年均总成本费用的变化规律是先降后升，呈"U"形曲线，如图8-3所示。

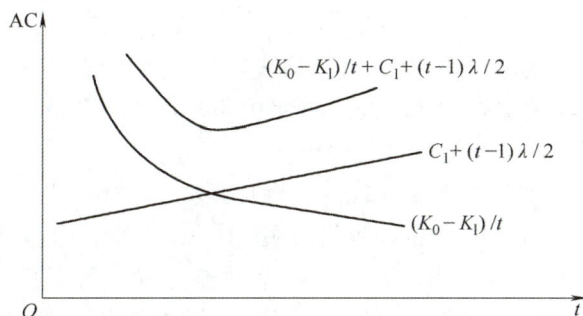

图8-3　设备使用的年均总成本费用的变化曲线

设备年均总成本费用的计算公式为

$$\text{AC} = \frac{K_0 - K_1}{t} + C_1 + \frac{(t-1)\lambda}{2} \tag{8-20}$$

4. 确定设备的经济寿命

根据 $\dfrac{\mathrm{d}\text{AC}}{\mathrm{d}t} = 0$，经济寿命可用以下公式求得

$$T = \sqrt{\frac{2(K_0 - K_1)}{\lambda}} \tag{8-21}$$

【例8-3】　某设备原始价值 $K_0 = 8\,000$ 元，预计残值 $K_1 = 800$ 元，年运行成本劣化增加值 $\lambda = 400$ 元，试计算该设备的经济寿命。

解：根据式（8-21），有

$$T = \sqrt{\frac{2(K_0 - K_1)}{\lambda}} = \sqrt{\frac{2 \times (8\,000 - 800)}{400}} \text{年} = 6 \text{年}$$

即设备的经济寿命为6年，设备使用到6年末，年均总成本费用最低；如再继续使用，则年均总成本费用呈上升趋势，故该设备的最佳更新时机应选为第6年年末。

但需要注意的是，在实际工作中，设备在不同时点进行处理时，残值是不同的，不能视为常数；运行成本费用也无规律可循，不会呈线性增长，还需考虑资金时间价值，这样需要分别计算不同的使用年限的年均总成本费用，年均总成本费用最低的使用年限即为设备的经济寿命。

（三）出现新型设备条件下的更新决策

在科学技术不断发展的情况下，无形磨损使设备价值损失加剧，很可能在原有设备经济寿命期内，就已经出现工作效益更高、经济效果更好的新型设备。这时，就要比较继续使用旧设备和购置新型设备在经济上哪种方案更为有利。

在出现新型设备的情况下，设备更新决策方法一般采用年费用比较法。可分为两种情况讨论。

1. 原有设备使用时间没有超过设备的经济寿命期

设备在经济寿命期内的年均总成本费用随着使用时间的推移呈下降的趋势，这时处于"U"形曲线谷底以前的时期。采用年费用比较法进行决策一般是通过计算原有旧设备从决策到应该报废为止的这段期限内的年均总成本费用和各备选新型设备的经济寿命期内的年均总成本费用，并根据年费用最小原则进行决策。

【例8-4】 某企业现有经济寿命为10年、到期残值为400元、已使用5年的旧设备，如果现在转让，则价格为4 000元；如果继续使用，则设备年运行费用为7 500元。由于技术进步，目前市场上出现价格为4万元、技术性能更优、寿命期为10年、年运行成本为1 600元、到期残值为2 000元的新设备。若基准收益率为10%，现有设备是否应该更新？

解：站在客观的角度分析，如果要使用旧设备，则相当于付出4 000元购买该设备；如果要使用新设备；则必须付出40 000元购买该设备。

新旧设备年均总成本费用（AC_1、AC_2）分别为

$AC_1 = 4\ 000\ 元 \times (A/P,10\%,5) + 7\ 500\ 元 - 400\ 元 \times (A/F,10\%,5)$

　　　$= 8\ 489.7\ 元$

$AC_2 = 40\ 000\ 元 \times (A/P,10\%,10) + 1\ 600\ 元 - 2\ 000\ 元 \times (A/F,10\%,10)$

　　　$= 7982.6\ 元$

因为$AC_1 > AC_2$，所以应该立即更新有利，更新后年平均收益的增加值为

$$AC_1 - AC_2 = 8\ 489.7\ 元 - 7982.6\ 元 = 507.1\ 元$$

2. 原有设备使用时间已超过设备的经济寿命期

如果设备使用年限超过其经济寿命期，那么旧设备年均总成本费用将随使用期限的延长而逐年增加，即处于"U"形曲线谷底以后的时期。比较使用旧设备和购置新型设备哪个在经济上更为有利，只要将旧设备决策年的下一年的总成本费用与新设备经济寿命期的年均总成本费用对比即可进行设备更新决策。

旧设备决策年的下一年的总成本费用为

$$AC_1 = K_{00} - K_{01} + \frac{K_{00} + K_{01}}{2}i + \Delta C \tag{8-22}$$

式中　AC_1——旧设备决策年的下一年的总成本费用；

　　　K_{00}——旧设备在决策时可出售的价值；

　　　K_{01}——旧设备决策年的下一年可出售的价值；

　　　ΔC——旧设备继续使用一年在运行方面的损失，即使用新设备相对使用旧设备运行成本的节约额和销售收入的增加额；

　　　i——最低期望收益率；

$\dfrac{K_{00} + K_{01}}{2}i$——因继续使用旧设备而占用资金的时间价值损失，资金占用额为旧设备决策年可售价值和决策年的下一年可售价值的平均值。

【例8-5】　现在市场上有一种新设备，价格为60 000元，寿命期为15年，年经营成本为1 500元，残值为4 000元；与原有的旧设备相比，新设备因技术先进，每年产量和质量提高可增加收入1 500元，节约生产经营费用5 000元，减少维修费用2 000元；旧设备现在出售价格为8 000元，旧设备使用一年后可出售的价格为6 000元，最低期望收益率为10%。试分析现在是否应对原有旧设备进行更新。

解：分别计算新旧设备的年均总成本费用如下：

$$AC_1 = 8\ 000\ 元 - 6\ 000\ 元 + \frac{8\ 000\ 元 + 6\ 000\ 元}{2} \times 10\% + (1\ 500\ 元 + 5\ 000\ 元 + 2\ 000\ 元)$$

$$= 11\ 200\ 元$$

$$AC_2 = 60\ 000\ 元 \times (A/P, 10\%, 15) + 1\ 500\ 元 - 4\ 000\ 元 \times (A/F, 10\%, 15)$$

$$= 9\ 264\ 元$$

新设备经济寿命期的年均总成本费用比旧设备决策年的下一年的总成本费用低1 936（即11 200-9 264）元，所以，应对原有旧设备进行更新。

（四）设备现代化改装的决策

设备的现代化改装也是设备更新的一种方式。在一般情况下，设备的现代化改装会扩大企业的生产规模，改进生产的薄弱环节，提高劳动生产率，同时也会增加投入。设备的现代化改装在经济上是否合理，可采用增量投资分析的方法进行决策。下面用例题说明。

【例8-6】　企业为适应市场需求，扩大生产规模，调整产品结构，需对原有设备进行现代化改装，预计投资总金额为8 000万元。设备改装后，可再使用10年，10年年末净残值将增加200万元。建成当年投入使用，可使企业收入增加1 000万元，以后每年可使收入增加2 000万元。设备改装后，经营成本的增加是收入增加的20%。企业要求的最低收益率为10%，试分析现代化改装是否合算。

解：设备进行现代化改装，企业的收入与经营成本都有不同程度的增加，可采用增量投资分析方法进行分析评价。

根据题意，现代化改装增加投资后的现金流量现值为

$$\Delta NPV(10\%) = -8\ 000\ 万元 + (1\ 000\ 万元 - 1\ 000\ 万元 \times 20\%) \times (P/F, 10\%, 1) +$$
$$(2\ 000\ 万元 - 2\ 000\ 万元 \times 20\%) \times (P/A, 10\%, 9) \times (P/F, 10\%, 1) +$$
$$200\ 万元 \times (P/F, 10\%, 10)$$
$$= 1\ 181\ 万元$$

由计算可知,设备进行现代化改装的投资除了可以获得10%的收益率外,还可以得到1 181万元的净现值收益,可见,设备进行现代化改装在经济上是合算的。

课后案例

某钢铁公司冷轧薄板厂的设备更新决策

某钢铁公司的下属分公司冷轧薄板厂是一个专门生产普碳钢冷轧薄板的中型国有企业。其主要产品是普碳钢冷轧薄板，其厚度从0.5mm至2.5mm，宽度从1.7m至2.4m，根据客

户需要可提供定尺冷轧薄板，或者冷轧钢卷。该厂的普碳钢冷轧薄板年设计产量30万 t，厂房占地面积180亩[⊖]，按1990年计价，其固定资产12.7亿元。

钢铁企业生产车间较多，设备也非常多。本钢铁公司根据其产品生产的工艺过程设计，主要有五大车间，即酸洗车间、轧钢车间、退火车间、平整车间、剪切车间。除了五大主生产车间之外，还有几个生产辅助车间或部门，即锅炉房、废水处理站、水泵房、空压站、气体保护站、液压站、磨床、变电站、高压控制室、低压控制室、原材料库、成品库、备品备件库和油品仓库，另外还有一条专用铁路线。

该钢铁公司冷轧薄板厂从1989年的可行性研究、方案设计至1993年上半年建成投产，该公司的原始设备都是从德国、美国、日本进口和我国齐齐哈尔市第一重型机器厂设计制造的新设备。该厂生产经营了13年之后，部分辅助设备或主设备的主要零部件进入了维修高峰期，即部分设备进入了设备经济寿命、自然寿命甚至是技术寿命期，因此，设备的维修维护工作量增加迅猛，导致设备维修维护成本急剧上升。同时，也涉及部分设备的技术改造、设备更新等相关决策工作。

在该钢铁公司冷轧薄板厂的设备更新中涉及多种设备更新决策，现以空压机的设备更新为例进行说明。

基于钢铁公司冷轧薄板厂的空压机设备更新，根据设备更新的目的满足方式不同，有两种方案可供选择。

方案一：直接采购新设备

直接采购新设备，相关费用有：设备采购数量3套，设备价格11万元/套，一次性设备安装费及调试费0.8万元，预计设备使用寿命为14年。每套设备每年维护费用大约1.8万元（含维修材料及人工费），每3年需要大修一次，每次每套设备大修费用为4万元，设备残值1.5万元/套；空压站值班工人共9人，平均每人每月工资及福利金5 000元。该方案能够满足企业在14年内的高压空气需求。

方案二：租赁设备

租赁空压机设备3套，每套每年租金1万元，一次性安装调试费为1万元/套，预计设备寿命期为14年，每套设备每年维护费用为1.5万元，每2年需要中修一次，每套每次中修费用为2万元，每套设备每5年大修一次，每次大修费用为5万元/套；空压站值班工人9人，平均每人每年工资及福利费用为6.5万元。残值2万元/套，但不归本厂所有；在第14年末需要支付一笔设备拆除费0.5万元/套。该方案能够满足本厂14年对高压空气的需求。

（资料来源：改编自 http：//www. doc 88. com/p-300 9077582518. html）

讨论题：

1. 根据上述材料，假设基准折现率为10%，请分别应用费用现值法（PC）和费用年值法（AC）判断上述两种方案哪一种更好？

2. 在做更新设备决策时，面对设备直接采购与设备租赁两种方式，在长期使用设备与短期使用设备时，你认为哪一种方式更好？请简要说明自己的理由。

3. 设备磨损之后就需要进行补偿。设备磨损的补偿方式有修改、技术改造、更新三种方式。请谈一谈技术改造对于企业的意义。

⊖ 1亩＝666. 6 m²。

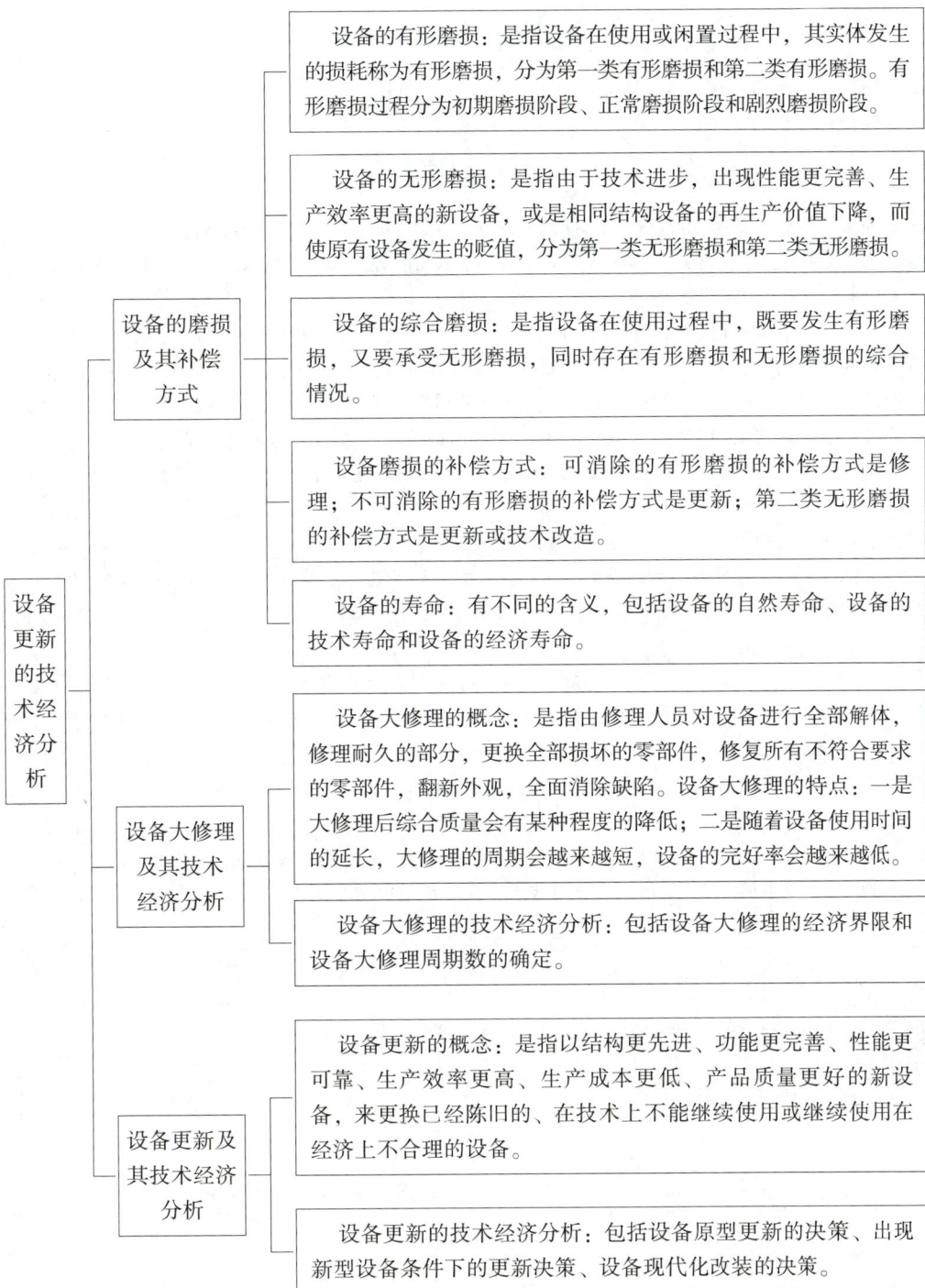

本 章 小 结

设备更新的技术经济分析

设备的磨损及其补偿方式

设备的有形磨损：是指设备在使用或闲置过程中，其实体发生的损耗称为有形磨损，分为第一类有形磨损和第二类有形磨损。有形磨损过程分为初期磨损阶段、正常磨损阶段和剧烈磨损阶段。

设备的无形磨损：是指由于技术进步，出现性能更完善、生产效率更高的新设备，或是相同结构设备的再生产价值下降，而使原有设备发生的贬值，分为第一类无形磨损和第二类无形磨损。

设备的综合磨损：是指设备在使用过程中，既要发生有形磨损，又要承受无形磨损，同时存在有形磨损和无形磨损的综合情况。

设备磨损的补偿方式：可消除的有形磨损的补偿方式是修理；不可消除的有形磨损的补偿方式是更新；第二类无形磨损的补偿方式是更新或技术改造。

设备的寿命：有不同的含义，包括设备的自然寿命、设备的技术寿命和设备的经济寿命。

设备大修理及其技术经济分析

设备大修理的概念：是指由修理人员对设备进行全部解体，修理耐久的部分，更换全部损坏的零部件，修复所有不符合要求的零部件，翻新外观，全面消除缺陷。设备大修理的特点：一是大修理后综合质量会有某种程度的降低；二是随着设备使用时间的延长，大修理的周期会越来越短，设备的完好率会越来越低。

设备大修理的技术经济分析：包括设备大修理的经济界限和设备大修理周期数的确定。

设备更新及其技术经济分析

设备更新的概念：是指以结构更先进、功能更完善、性能更可靠、生产效率更高、生产成本更低、产品质量更好的新设备，来更换已经陈旧的、在技术上不能继续使用或继续使用在经济上不合理的设备。

设备更新的技术经济分析：包括设备原型更新的决策、出现新型设备条件下的更新决策、设备现代化改装的决策。

思 考 题

1. 设备磨损有哪几种主要形式? 各有何特点?
2. 设备磨损和磨损的补偿方式之间的关系如何?
3. 何谓设备大修理? 其经济界限是什么?
4. 简述设备更新的含义。

练 习 题

1. 普通型的设备价格是 200 000 元, 使用寿命预计为 10 年。如果增加 50 000 元就可以购买一台节能型的同类设备, 使用寿命也为 10 年, 寿命期内每年可以节约能源使用费 12 000 元。假设基准收益率为 15%, 试分析选择哪种设备更加合理。

2. 某公司现有一设备可以以市价 4 000 元转让; 如不转让, 尚可继续服务 10 年, 年使用费用为 15 000 元, 10 年后其残值为零。如果花费 5 000 元对现有设备进行大修理和改造, 将使年使用费用减为 12 000 元, 经济寿命仍为 10 年, 到时净残值为 1 000 元。如购置同类新机器, 价格为 15 000 元, 经济寿命为 10 年, 到时的净残值为 2 000 元, 年使用费用为 10 000 元。若最低期望收益率为 10%, 该公司应该如何决策?

3. 某机械加工设备原始价值为 70 000 元, 预计残值 6 000 元, 年运行成本劣化增加值为 2 000 元, 试求该设备的经济寿命。

4. 某企业现有寿命期为 10 年、到期残值为 2 000 元、已使用 4 年的旧设备, 如果现在转让, 价格为 8 000 元; 如继续使用, 则设备年运行费为 5 000 元。由于科技进步, 现市场出现价格为 30 000 元、技术性能更优、寿命期为 10 年、运行成本为 1 600 元、到期残值为 5 000 元的新设备。若基准收益率为 10%, 试分析现有设备是否应该更新。

5. 现在市场上有一新设备价格为 40 000 元, 寿命是 10 年, 年经营成本为 2 000 元, 残值为 2 000 元; 与原有的旧设备相比, 新设备因技术先进, 每年产量和质量提高可增加收入 2 000 元, 节约生产经营费用 3 000 元, 减少维修费用 800 元; 旧设备现在出售价格为 6 000 元, 旧设备使用 1 年后可出售的价格为 4 500 元。最低期望收益率为 10%, 试分析现在是否应对原有旧设备进行更新。

6. 某炼油厂为适应市场需求, 需对原有设备进行现代化改装, 建设期为 2 年, 第 1 年年初投入资金 200 万元, 第 2 年年初投入资金 300 万元, 以后 10 年每年年末可使工厂收入增加 200 万元。设备经现代化改装后, 每年经营成本增加 50 万元, 不考虑残值, 要求最低收益率为 10%, 试分析现代化改装是否合算。

练习题参考答案

用微信扫描二维码, 可以查看练习题的参考答案。

第九章

技 术 创 新

1. 掌握技术创新的含义和分类，并与相关概念进行比较。
2. 了解各种企业技术创新过程模型，掌握企业技术创新的过程。
3. 了解企业技术创新战略的特征和内容。
4. 掌握企业技术创新战略模式的类型。
5. 了解企业技术创新战略模式选择的基本步骤和原则。

内容提要

技术创新是经济增长的根本动力，经济的持续增长来源于技术创新的持续活跃。本章主要介绍技术创新的内涵、技术创新的类型、企业技术创新过程、企业技术创新战略的特征和内容、企业技术创新战略模式的类型与特点，以及企业技术创新战略模式的选择等内容。

第一节　技术创新概述

一、技术创新的内涵

（一）技术创新的含义

"创新"这一概念最早是由美国经济学家熊彼特（J. A. Schumpeter）提出的，他将创新概括为五种形式：一是生产新的产品；二是引入新的生产方法、新的工艺过程；三是开辟新的市场；四是开拓并利用新的原材料或半制成品的供给来源；五是采用新的组织方法。

自熊彼特于20世纪初提出"创新"的概念以来，技术创新经历了开发性研究、系统研究和综合研究三个阶段。在这个过程中，关于技术创新的含义也是一个争论的焦点。综合各种讨论，本书认为技术创新就是企业将新构思经过研究、开发用于生产经营中，以创造和实现新的经济效益和社会效益的活动。要深入理解技术创新的概念，必须注意以下特点：

（1）技术创新是基于技术的活动。这是对技术创新在概念上给以范围的限定。技术创新是基于技术的创新，而不是基于非技术的创新。在企业经营活动和社会活动中，还存在着组织创新、管理创新和制度创新等非技术创新，虽然技术创新要涉及组织、管理和制度的配合，但是不能将这些认为就是技术创新的内容。

（2）"创新"的范围广。技术创新并不强调技术的根本性变动，允许将技术的增量性变动包括在技术创新的概念中，不仅包括新产品、新工艺，也包括对产品、工艺的改进。在实现方式上，可以是在研究开发获得新知识、新技术的基础上实现技术创新，也可以是将已有的技术进行新的组合实现技术创新。

（3）技术创新是技术与经济相结合的概念。技术创新不是纯技术活动，是技术与经济结合的活动。从本质上讲，技术创新是一种以技术为主要手段，实现经济目的的活动。因此，技术创新关键在于商业化，检验技术创新活动的基本标准是其是否具有商业价值。

（二）技术创新与相关概念的比较

为了加深对技术创新概念的理解，下面将技术创新与有关的概念进行比较。

1. 与技术发明的关系

技术发明是指在技术上有较大突破，并创造出与已有产品或方法完全不同的新产品或新方法。技术发明仅指技术活动，只考察技术的变动，不考察是否产生经济效益。技术发明可能出现两种情况：一是技术发明形成了具有商业目的的新构想；二是技术发明不具备商业价值，终止于技术发明原型。对前一种情况，技术发明实际上构成了技术创新的一个环节，对于后一种情况，技术发明不构成技术创新的一个环节。

2. 与技术进步的关系

技术进步一般是指社会技术经济活动的结果。实现技术进步的根本途径是技术创新，从这个意义上讲，技术创新是手段，技术进步是结果。在我国也有人把实现技术进步的手段包括在技术进步的大概念中，如果这样理解，技术创新就成为技术进步的一个组成部分。

3. 与技术改造的关系

技术改造是我国特有的概念，是为区别基本建设提出的。基本建设是指新建工程项目的行为，技术改造则是指在已有基础上的改建、扩建行为。因此，技术改造是主要用于投资项目的术语，与技术创新是完全不同的两个概念。但是如果技术改造中存在新技术、新工艺的使用，以及将技术成果加以商业化实现的活动，则技术改造中存在着技术创新，技术改造成为实现技术创新的一种方式。

4. 与研究开发的关系

研究开发也分为两种情况：一种情况是当研究开发延伸为商业化应用时，则研究开发成为技术创新的一个必要环节，是技术创新活动的一个组成部分；另一种情况是当研究开发不延伸为商业化应用时，则不构成技术创新的组成部分。

二、技术创新的分类

按照不同的分类原则，可将技术创新活动分为多种类型。

（一）产品创新和工艺创新

按照技术创新的对象或内容不同，可以将技术创新分为产品创新和工艺创新。

产品创新是指企业在产品技术变化的基础上进行的技术创新。产品创新包括两种形式：一是在技术发生较大变化的基础上推出新产品；二是在对现有产品进行局部改进的基础上推出改进产品。由于广义的产品概念包括服务，因此，产品创新包括服务创新。

工艺创新是指企业在生产过程技术变化的基础上进行的技术创新。工艺创新包括两个方面：一是在技术有较大变化的基础上采用全新工艺的创新；二是对原有工艺进行改进所形成的创新。

（二）根本性创新和渐进性创新

按照技术创新中技术变化的强度不同，可以将技术创新分为根本性创新和渐进性创新。

根本性创新又称全新创新，是指在技术上有重大突破的技术创新。这种技术创新一般采用新的技术原理，或产品用途发生重大改变，例如，数字式高清晰度彩色电视机就是电视机领域中的一项根本性创新。

渐进性创新是指对现有技术进行局部改进所产生的技术创新。这种创新所采用的技术原理或产品用途没有重大变化，主要是基于市场需求的扩展和技术上的改进，故又称改进创新。例如，对现有冰箱进行外观和色彩的改进就属于渐进性创新。

（三）率先创新和模仿创新

按照技术创新的方式和先后，可以将技术创新分为率先创新和模仿创新。

率先创新是指一个企业先于其他企业首家将某一科研成果用于创造经济价值。这种创新需要投入大量的人力和资金，形成生产力的周期较长。例如，杜邦公司尼龙制品的成功开发和产业化，使化学工业进入了一个新的时代。

模仿创新是指一个企业通过学习其他企业率先创新的经营行为，为市场提供适销对路的产品并创造收益的过程和活动。模仿创新对经济的发展也有不可忽视的作用，例如，改革开放以来我国家用电器制造业的发展，使得我国家电工业迅速成长起来，一些厂家具备了与发达国家同行业企业竞争的能力。

三、企业技术创新过程

（一）技术创新过程模型

对技术创新过程的描述，主要有技术推动模型、需求拉动模型、技术和市场交互模型以及链式模型。这实际上是对创新过程的抽象描述，也可以说是对创新动力机制的研究。

1. 技术推动模型

技术推动模型是于 20 世纪 50 年代提出的一种技术创新过程的模型，如图 9-1 所示。该模型认为，技术创新是由科学发现和技术发明推动的，因此，研究开发是技术创新的主要动力，其中研究分为基础研究和应用研究，在应用研究的基础上进行开发，并将开发的成果转化为生产力。现实中有许多这样的例子，例如，计算机的发明导致大量创新就属于这种形式。因此，技术创新应遵循技术推动的相应规律，不断推进技术创新活动的成功。

基础研究 → 应用研究 → 开发 → 生产 → 销售

图 9-1 技术创新过程的技术推动模型

2. 需求拉动模型

20 世纪 60 年代中期，人们通过大量技术创新的实践发现，多数技术创新不是由技术推动引发的，而是由需求拉动产生的，于是出现了需求拉动模型，如图 9-2 所示。需求拉动模型认为，技术创新是由市场需求或生产需要激发的，市场的开拓与原材料的节约成为技术创新的主要动力。统计资料显示，60%～80%的技术创新是由市场需求引发的。因此，对企业来讲，需求拉动创新更为重要。

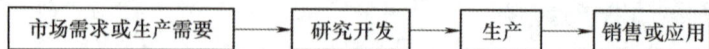

图 9-2　技术创新的需求拉动模型

3. 技术和市场交互模型

上述两种模型都认为，是一种因素推动着技术创新过程。这种对技术创新的认识比较简单。20 世纪 70 年代末，在前两种模型的基础上产生了一种双因素交互模型，如图 9-3 所示。这种模型认为，技术创新是由技术和市场共同作用引发的，同时，技术创新过程中各环节之间、创新与市场和需求之间存在着交互作用。

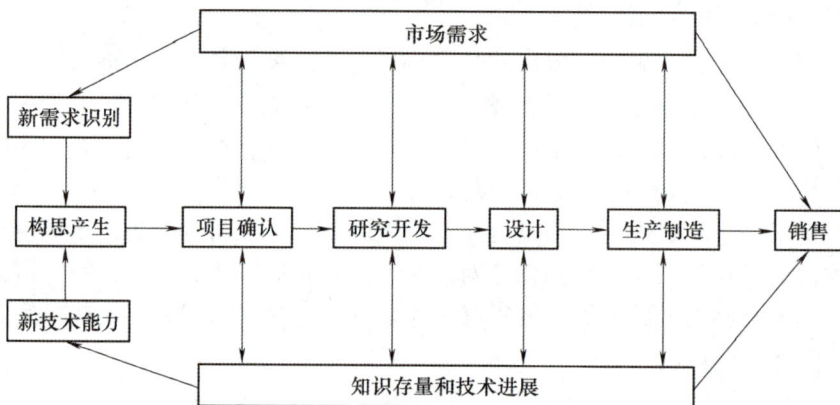

图 9-3　技术创新的交互模型

4. 链式模型

技术创新的链式模型是在 20 世纪 80 年代提出的。这一模型如图 9-4 所示，将技术创新活动与现有知识存量及基础性研究联系起来，同时又将创新的各个环节之间的多重反馈关系表达出来，是对技术创新活动的合理解释。这种模型中有五条活动路径：

（1）中心链。中心链是由潜在市场产生发明设计，通过试验、再设计、生产到销售的过程。这是技术创新的中心环节。在图 9-4 中，它是由潜在市场到销售的一条横向链。

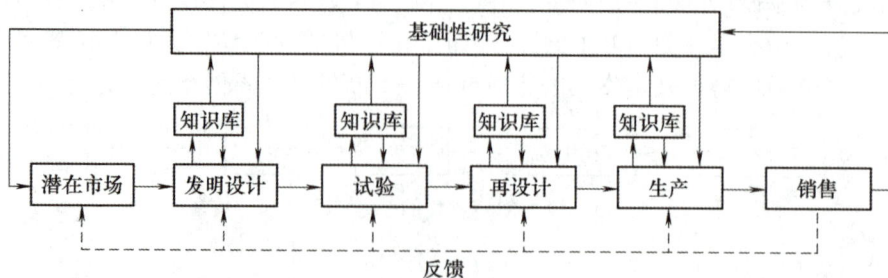

图 9-4　技术创新的链式模型

（2）反馈链。反馈链在图 9-4 中用虚线表示。值得注意的是，反馈链中存在着主反馈和次反馈，主反馈中套着次反馈。所谓主反馈，是指从销售直接反馈到潜在市场；所谓次反馈，是指从创新活动中的任一环节向前反馈，例如，从销售反馈到生产或再设计、试验、发明设计、潜在市场，从生产反馈到再设计、试验、发明设计、潜在市场等。

（3）创新、知识和研究链。这在图9-4中用纵向的直线表示。有两种可能：一种是反映在创新过程中，如果出现问题，可以先到知识库中寻找，再反馈到创新环节，例如，发明设计中出现问题时可以先到知识库中寻找解决方法，再回到发明设计中来；另一种可能是现有的知识库不能解决问题，则需要进行基础性研究，研究完成后再回到创新环节，例如，试验中出现问题时可以先到知识库中寻找解决方法，如果不能解决则需要进行基础性研究，研究出解决办法后再回到试验中来。

（4）研究与创新链。研究与创新链包括两条路径，这在图9-4中用左右两端的折线表示。左边一条反映的是科学研究导致创新；右边一条反映的是创新推动科学研究。

（二）企业技术创新的几个阶段

以上关于技术创新模型的探讨实际上是对创新过程的抽象描述，也可以说是对创新动力机制的研究。企业技术创新是具体操作过程，根据国外的一些实际做法结合我国企业的实际，企业技术创新过程可分为以下几个阶段：

1. 构思形成阶段

产生创新构思，就是及时、有效地获取大量的创新思想。创新构思的形成主要表现在创新思想的来源和创新思想的形成环境两个方面。

创新思想可以来自不同的主体，可能来自科学家或从事某项技术活动的工程师的推测或发现，也可能来自市场营销人员或用户对环境或市场需要或机会的感受。

创新思想的形成环境对创新思想的形成至关重要，包括市场环境、宏观政策环境、经济环境、社会人文环境、政治法律环境等。

2. 研究开发阶段

研究开发阶段的基本任务是创造新技术，一般由科学研究（包括基础研究和应用研究）和技术开发组成。企业从事研究开发活动的目的是很实际的，那就是开发可以或可能实现实际应用的新技术，即根据本企业的技术、经济和市场需要，敏感地捕捉各种技术机会和市场机会，探索其应用的可能性，并把这种可能变为现实。可以说，研制出可供利用的新产品和新工艺是研究开发的基本内容。研究开发阶段是根据技术、商业、组织等方面的可能条件对创新构思阶段的计划进行检验和修正。有些企业也可能根据自身的情况购买技术或专利，从而跳过这个阶段。

3. 试验生产阶段

试验生产阶段的主要任务是解决从技术开发到试生产的全部技术问题，以满足生产需要。小型试验在不同规模上考验技术设计和工艺设计的可行性，解决生产中可能出现的技术和工艺问题，是技术创新过程不可缺少的阶段。

4. 批量生产阶段

批量生产阶段的任务是按商业化规模要求把试验生产阶段的成果变为现实的生产力，发明新产品或新工艺，并解决大量的生产组织管理和技术工艺问题。

5. 市场营销阶段

技术创新成果的实现程度取决于市场的接受程度。本阶段的任务是实现新技术所形成的价值与使用价值，包括试销和正式营销两个阶段。试销具有探索性质，探索新成果被市场接受的可能性，进一步考验其技术的完善程度，并反馈到之前的各个阶段，予以不断改进与完善。市场营销阶段实现了技术创新所追求的经济效益，完成技术创新过程中质的飞跃。

6. 技术创新扩散阶段

技术创新扩散是指技术被赋予新的用途，进入新的市场。例如，雷达设备用于机动车测速，微波技术用于微波炉的制造中等。

在企业的实际技术创新过程中，上述阶段的划分不一定十分明确。各个阶段的创新活动也不绝对是按线性序列递进的，有时存在着过程的多重循环与反馈以及多种活动的交叉和并行。下一阶段的问题会反馈到上一阶段以求解决，上一阶段的活动也会从下一阶段所提出的问题及其解决中得到推动、深入和发展。各阶段相互区别又相互联系和促进，形成技术创新的统一过程。

第二节　企业技术创新战略

一、企业技术创新战略的特征和内容

（一）企业技术创新战略的特征

企业进行技术创新首先要制定技术创新战略。所谓技术创新战略，是指企业对所要实施的技术创新活动的总体规划。它具有以下特征：

（1）全局性。企业技术创新战略是企业全局性的战略，因为企业技术创新活动涉及技术的选择和实施问题，这不仅直接影响生产技术部门，而且影响企业其他部门，甚至对企业的竞争力、企业的发展前途都会产生重要影响。

（2）长期性。企业技术创新战略不仅影响近期效益，而且影响企业的长期效益和长期竞争力，因此，企业技术创新战略具有长期性的特征。

（3）层次性。企业技术创新战略不仅要从指导思想、基本框架上做总体策划，而且要对构成技术创新战略的各个方面、涉及企业的各个部门做出规划。

（4）风险性。市场的不确定性、技术创新战略的长期性等特点决定了企业技术创新战略面临的环境是变化的，这种变化的环境很容易导致战略的失误，同时，技术创新战略的全局性特点又使战略失误的损失加大。因此，技术创新战略存在较大的风险性。

（二）企业技术创新战略的内容框架

企业技术创新战略是结合企业实际情况制定的实施战略，由于企业情况千差万别，因此，不同企业的技术创新战略也各不相同。下面仅就企业技术创新战略涉及的一般性内容做介绍，不同的企业在制定战略时应根据具体情况取舍。

1. 企业外部环境分析

企业在制定技术创新战略时，首先要预测技术、经济和市场的发展趋势，分析技术、经济和市场发展带来的机会和挑战，同时，还要分析竞争者的情况和竞争者的压力等。

（1）技术机会。技术机会来自两个方面：一方面来自本行业技术进步，另一方面来自相关行业技术进步。本行业技术突破将提供新的产品发展机会，例如，晶体管的发明产生了

晶体管收音机。本行业的技术渐进性改进也为会企业提供发展机会，例如，大规模集成电路技术、彩色显像管技术的不断进步，为彩色电视机的发展提供了机会。为本行业提供原料、能源、零部件的相关行业，或以本行业产品为原料、零部件的相关行业的技术进步也将为企业提供技术机会。例如，直流输电技术的发展使长距离输送电力成为现实。

（2）经济机会。由于技术的不断突破，经济结构会发生不断变化，一些经济领域可能萎缩，另一些经济领域则会迅速发展。例如，随着技术的发展，钢铁和重型化工行业在发达国家正在萎缩，电子信息、新材料、新能源、生物工程、海洋工程、航空航天等新行业正在迅速发展。这为有志进入新经济领域的企业提供了难得的机会。

（3）市场机会。市场需求是复杂多变的，市场需求的变化也为企业提供了很好的发展机会。例如，信息和交流的需要使人们对移动通信的需求迅速增加，这为通信业提供了各种机会。

（4）竞争压力。竞争压力来自需求、供给、同行和技术进步等多个方面。来自需求的压力主要表现在：由于需求的变化，原来畅销的产品可能滞销，从而带给企业技术创新的压力。来自供给的压力主要表现在：由于产品生产所需的原料、能源等供给不足或价格上涨，企业为了达到原有的成本控制目标，产生了材料和工艺的创新压力。来自同行的压力主要表现在：为了争夺市场，同行往往在产品的性能、外观、价格、服务等方面进行竞争，企业为了在竞争中取胜，就产生了产品和工艺创新的压力。来自技术进步的压力主要表现在：由于技术进步不断加快，产品和工艺技术更新速度加快，替代技术和替代品不断出现，对企业现有技术和现有产品产生了威胁，促使企业进行产品和工艺的创新。

2. 企业内部条件分析

企业内部条件分析主要包括分析企业目标和总体战略对技术创新带来的影响，以及企业技术能力两个方面。

（1）在制定企业技术创新战略时，首先要明确企业目标和总体战略对技术创新的要求。

1）市场目标对技术创新的要求。企业的市场目标一般是企业保持和扩大已有市场份额以及企业进入新的市场领域。企业要实现市场目标必须有技术创新的支持，这表现在两个方面：一方面，企业为了保住或扩大已有的市场，必须不断改进产品性能，提高产品质量，不断开发新产品；另一方面，企业为了进入新的市场领域，需要掌握原来不熟悉的技术。

2）增长目标对技术创新的要求。企业在市场竞争中要保持不断增长和不断发展，就需要扩大生产能力、开拓市场，使销售额和利润水平不断提高。但是由于技术进步的作用，产品的生命周期不断缩短，为此，企业要不断开发新产品保证企业的增长趋势不受影响。

3）竞争地位对技术创新的要求。竞争地位对技术创新的要求表现为两种情况：①处于竞争优势的企业需要通过技术创新保持企业在技术上的先行性，通过不断改进工艺降低成本，巩固企业在竞争中的优势；②处于劣势的企业希望通过技术创新，以技术摆脱困境和被动局面。

4）企业形象对技术创新的要求。在市场竞争中，企业形象是一个非常重要的因素，技术则是企业形象的构成要素之一。对于具有良好形象的企业，希望通过技术创新使技术更加完美，产品更加完善；对于形象不佳的企业，希望通过技术创新，提高产品质量，重塑企业形象。

（2）在制定企业技术创新战略时，还要分析企业的技术能力，包括技术吸收能力、技术应用能力和技术创造能力等。所谓技术吸收能力，是指技术检测和评价能力、技术获得和存储能力、学习和转化新知识的能力等。所谓技术应用能力，是指将技术投入实际应用并取得商业价值的能力，包括技术设备的投资能力、质量保证能力、培训有技能的劳动者的能力、生产组织管理能力、产品营销能力等。所谓技术创造能力，是指对产品进行局部改进的能力、新产品的开发能力、设备和工艺的改造能力、新工艺的开发能力等。

3. 战略目标

企业技术创新的战略目标分为长期目标和阶段性目标两种。

（1）长期目标。长期目标指导企业长期努力奋斗的方向，它不仅能引导企业一步一步达到较高的层次，而且使企业明确存在的差距，激励企业不断努力接近目标。长期目标具有长期性、稳定性和超越性等特点。长期性是指所制定的目标必须经过长期努力才能实现，稳定性是指所制定的目标应保持相对稳定，超越性是指所制定的目标要超越当前企业所能达到的水平。

（2）阶段性目标。阶段性目标是企业在中、近期要达到的目标。阶段性目标的特点是具有可操作性，因为阶段性目标是企业在近期必须实现的。阶段性目标通常包括在预定期限内要达到的技术能力和技术水平、要进入的产业、要占领的市场和取得的市场份额等。

4. 战略指导思想

战略指导思想是实现战略目标的基本思路，一般包括拟采用的基本技术路线、获取技术能力的基本方式、实施战略的基本策略等。

5. 战略方案

战略方案是在战略目标和战略指导思想指导下的行动方案。它包括战略模式的分析、比较和选择，企业主导性技术和基础性技术的选择，技术能力的方案设计，技术支持体系的方案设计等。

6. 战略实施重点

战略实施重点是实施战略要抓住的关键环节，企业技术创新战略的实施通常要重视以下几点：

（1）战略机会的把握。对出现的技术机会、经济机会和市场机会等重大机会进行分析，采取相应行动。

（2）资源配置。对实施战略所需要的资金、设备、人力等资源做出规划，确定基本来源和供给方式。

（3）人力资源开发。对人才的引进、培养、考核和使用等做出安排。

（4）运行机制设计。对技术研究开发机构内部、相关部门之间和技术活动环节间的基本运行模式、激励方式等进行设计。

（5）技术创新活动的组织。对技术开发部门内部、技术部门与相关部门关联的组织方式等进行设计。

二、企业技术创新战略模式的类型

企业的技术创新战略模式可以从不同角度进行分类。

（一）按技术来源划分类

按照技术来源可以将企业的技术创新战略模式分为自主开发战略，合作开发战略，引进、消化、吸收创新战略，模仿战略等模式。

（1）自主开发战略。自主开发战略是指企业的技术来源主要依靠自主开发。这种战略的优点是有利于建立自己的核心能力和优势；缺点是开发投资大，周期长，风险大。这种战略一般用于技术开发能力强，经济实力强，或者掌握了独特技术的企业。

（2）合作开发战略。合作开发战略是企业与供应商、用户或其他企业一起合作进行技术创新活动。合作开发战略的优点是开发投资少，开发周期短，参加合作的各方可以发挥各自的优势，分散风险等；其缺点是采用合作开发的企业不能独占技术，合作方有可能成为竞争对手。一般企业应选择合作条件好的企业在开发难度大、投资大、风险大的技术领域进行合作开发。

（3）引进、消化、吸收创新战略。引进、消化、吸收创新战略是指企业主要的技术来源是技术引进，在对引进技术消化吸收的基础上进行改进和创新。引进、消化、吸收创新战略的优点是节约开发投资，减少风险；缺点是容易受技术输出方的制约和控制，不易得到最先进的技术。这种战略用于技术水平相对较低的企业。

（4）模仿战略。模仿战略是指企业的主要技术是通过模仿已有的技术获得的。模仿战略的优点是风险小，周期短，投资少；缺点是技术处于被动地位，竞争力弱。这种战略用于技术经济实力较弱，但有一定开发能力的企业。

（二）按市场竞争策略分类

按照市场竞争策略可以将企业的技术创新战略分为市场最大化战略、市场细分化战略和成本最小化战略。

（1）市场最大化战略。市场最大化战略是指以领先的技术抢先占领市场，巩固和扩大市场份额，或者以优势的技术辅以优势的配套资源开拓和扩大市场。市场最大化战略的优点是能提高企业的市场占有率和利润，促进企业的长期发展等；缺点是对技术和资源的要求高，容易受到竞争者的攻击。这种战略主要用于技术实力强、配套资源雄厚的企业，或新兴技术领域中的领先企业。

（2）市场细分化战略。市场细分化战略是指将技术应用于细分化市场中。这种战略的优点是能避开与优势企业的正面冲击，可以获得一定的竞争地位；缺点是市场规模较小，企业的发展机会较少。这种策略主要用于掌握一定技术、具有柔性制造能力的后进入市场的企业。

（3）成本最小化战略。成本最小化战略是利用规模经济和制造技术的优势，大力降低成本以取得价格竞争优势。这种战略的优点是可获得价格竞争优势，产品的研究开发费用较低；缺点是对生产系统的技术和管理系统水平要求高，当原材料所占成本比重大时，总成本难以控制。这种战略主要用于生产制造工艺技术能力强、管理水平高的企业。

（三）按市场竞争态势分类

按照市场竞争态势可以将企业的技术创新战略分为进攻战略、防御战略和游击战略。

（1）进攻战略。进攻战略是指在市场竞争中向同行业企业市场和技术领域发动进攻，以进入或扩大技术领域和市场阵地。这种战略的优点是可使企业处于竞争的主动地位，可能争取新的领地；缺点是企业付出的代价大，承担的风险大。这种战略主要用于掌握了某种技术优势，具备向已成熟的技术和市场进攻的能力的企业。

（2）防御战略。防御战略是指在市场竞争中固守本行业的技术和市场阵地。这种战略的优点是企业付出的代价小，风险也小；缺点是企业往往处于竞争的被动地位。这种战略主要用于技术、市场地位高而稳固的企业。

（3）游击战略。游击战略是指企业为了打破现有的技术和市场地位格局，推出一种新技术以取代占统治地位的现有技术，打乱处于技术和市场优势的企业格局，以求重新瓜分市场。这种战略的优点是可以起到出奇制胜的作用，但企业要冒较大的风险。这种战略主要用于技术、市场领域已被占领，后进入者的机会较少，但又出现了某种机会的情况。

（四）按技术竞争态势分类

按照技术竞争态势可以将企业的技术创新战略分为领先战略和跟随战略。

（1）领先战略。领先战略是指在同行竞争中企业处于技术领先地位。这种战略的优点是可以领先占领市场，取得垄断利润；缺点是投资大，风险大。这种战略主要用于技术开发能力强、经济实力雄厚的企业。

（2）跟随战略。跟随战略是指企业并不率先开发采用新技术，而是在新技术被开发、采用后，对新技术进行改进后推向市场。跟随战略与前述的模仿战略的相同之处是技术都来自模仿；不同之处是模仿战略仅仅模仿技术，跟随战略不仅模仿技术，而且模仿技术推向市场的过程、目标和行为等。

三、企业技术创新战略模式的选择

（一）企业技术创新战略模式选择的基本步骤

企业在进行技术创新战略选择时应遵循战略选择的基本步骤：

1. 机会、目标和竞争态势的识别

确定企业技术创新战略模式首先要在充分调查研究的基础上对技术机会、经济机会和市场机会进行鉴别，预测技术发展的前景、市场规模的大小、竞争者可能采取的行动，从而估计本企业的可能活动空间，明确本企业的发展目标、总体规划以及对技术的要求等。

2. 企业能力评价

要对本企业的技术能力、资源调动和运用能力进行评价，并与潜在竞争者进行比较，鉴别本企业的优势与劣势。

3. 机会、目标与能力匹配分析

技术、经济和市场机会是否能被企业利用，企业总体目标对技术的要求能否达到，取决于机会、目标和能力是否匹配，企业必须对这些匹配关系进行准确的分析与判断。

4. 基本战略的选择

在对机会、目标和能力深入分析的基础上，选择企业的基本技术战略。这是关键的一步，也是一个非常复杂的决策。

5. 主要战略部署的决策

在确定了企业的基本战略之后，还需要对主要战略部署进行决策，包括：①对主要技术发展方向的选择，即技术定位；②对企业拟占领市场的选择，即市场定位；③对拟进入产业

的选择，即产业定位；④对技术创新与进步的跨度的选择；⑤对技术开发、生产、推向市场的时机的选择，即时机选择。

（二）企业技术创新战略模式的选择原则

企业在进行技术创新战略选择时，要针对面临的竞争形势和自身能力与特点做出恰当选择。企业进行技术创新战略选择应遵循以下原则：

（1）经济效益原则。经济效益原则也称实用性原则。由于企业的经济实力不是非常强，选择的技术战略应有利于增强经济实力和经济效益。

（2）技术积累原则。重视实用性并不是甘居人后，相反，要有意识地进行长期技术积累，逐步积蓄技术力量，不断提高企业的技术实力。

（三）我国企业的技术创新战略选择

1. 引进、消化、吸收创新战略

许多国家的实际经验表明，引进技术是缩短差距、节省投资、争取时间的有效方法。在近期或今后相当长的时间内，引进技术对我国企业取得有利的竞争地位、占领国内市场具有重要意义。

采用引进、消化、吸收创新战略的关键如下：

（1）做好对国内市场及可能的国际市场的判断和选择，即恰当的市场定位。这是企业取得经济效益的前提。

（2）对引进的技术及时消化和吸收。这既是企业掌握国外技术，并使其发挥效益的条件，又是企业改进和创新的基础，还是企业积累技术的必经途径。

（3）要注重引进的同时不断改进和创新。只有改进和创新才能适应国内市场的需求，才能形成自己的特色，才能形成企业持久的竞争力。

2. 模仿战略

模仿战略是一种被广泛采用的战略。一项成功的技术创新出现后，总会有许多模仿者跟随，新技术就是在不断的模仿中得以推广。对任何新技术，率先创新者只是少数，模仿者则是大量的。

从长远看，我国企业应成为自主开发创新者，但是在现阶段，模仿战略还是多数企业的现实选择。因为模仿战略是技术发展中由引进、模仿到创新过程中的一个必经阶段。同时，模仿战略有利于降低风险、提高投资效益，有利于扩散技术等。采用模仿战略时应注意以下几点：

1）采用模仿战略并不意味着单纯照抄照搬，企业必须在模仿的基础上结合市场需求进行改进和创新。

2）模仿战略应在法律的规范下进行，避免侵权行为，这是模仿者必须遵循的准则。

3）企业采用模仿战略之前应进行必要的学习和技术准备，为模仿战略的实施打下基础。同时，要注重通过模仿培育企业自主开发的能力。

3. 其他战略

（1）市场细分化战略。由于市场需求的多元化，市场细分成为企业的一项重要工作。企业要研究市场的特殊性，为市场细分提供条件。企业可以通过调查研究，了解市场需求的变化，选择合适的市场细分因素进行市场细分，为企业提高市场竞争力提供可能。

（2）成本最小化战略。由于我国拥有丰富的资源，原材料和能源价格相对较低，当我国企业掌握了先进技术后，产品往往会表现出成本优势，因此，采用成本最小化战略就具有可能。采用这种战略的关键是技术水平和产品质量已经达到或接近国外同类产品的水平，并且通过消化吸收和创新，实现产品的国产化，同时产品生产规模要达到经济规模。

（3）领先战略。在某些领域，由于我国的研究机构和企业已经在技术上处于领先地位，也可以采用领先战略。采用领先战略必须保持技术上的领先性，同时还要注意持续开发能力是否能支持领先地位的保持，配套技术能否支持，资金、营销、生产设备和组织能力能否支持等。

课后案例

无人机正在改变人们的生活

无人驾驶飞机简称"无人机"（UAV），是利用无线电遥控设备和自备的程序控制装置操纵的不载人飞行器。无人机实际上是无人驾驶飞行器的统称，从技术角度定义可以分为：无人固定翼飞机、无人垂直起降飞机、无人飞艇、无人直升机、无人多旋翼飞行器、无人伞翼机等。与载人飞机相比，它具有体积小、造价低、使用方便、对作战环境要求低、战场生存能力较强等优点。

如今，无人机的出现改变了城市与乡村的生活。无人机不仅提高了偏远地区的运输能力，还给偏远及交通欠发达地区提供了一个穿越糟糕道路的捷径。在许多偏远山区，糟糕的道路使农民们在一年中的某些时候与外界完全隔绝，我们没有办法以可靠的途径给他们提供药材，他们没办法收取供应的关键物资，也不能把自己的产品货物运到市场上去，来创造可持续性的收入。

无人机解决了物流以及城市规划建设管理中的问题。在城市中，无人机可以作为一种新的交通工具，让我们的城市生活更便利。现今世界，地球上有一半人生活在城市里，5亿人生活在超大城市里，在大城市和超大城市中，交通堵塞是一个巨大的问题。无人机用来运输轻小、紧急的物资，给交通堵塞造成的物流龟速问题提供了一个完全现代化的解决方案。在不断经历着迅速变化的城市中，除了提供物流解决方案，无人机还可以为城市规划、建设和管理提供多方面的基础地理信息以及执法取证，诸如城市道路桥梁建设、交通巡逻、治安监控、城市执法等。一个典型的应用案例：当我们在进行城市规划的时候，往往需要更为详细的城市土地利用信息，如果人工勘查，工作量非常庞大，而这些有关城市居住用地、道路交通、公共建筑等方面的信息从无人机航摄影像上就可以清晰地判读提取。从助力现代乡村到给力智慧城市，凡是需要空中解决方案的地方，都将有无人机的一席之地。无人机将应用在更广阔的领域。

无人机可以提高农业生产效率。在乡村地区，从无人机飞入农田的那一刻起，便意味着农业生产方式将再次发生变革。因为无人机正在为农业提供一种现代化的高效率、低成本的植保方式，帮助农民渐进地改进农业作业方式。在传统农业生产中，农民施肥、喷洒农药以及对病虫害灾情的预防全凭经验，在作业过程中，对每片土地和庄稼事必躬亲。这种粗放的作业方式强度大、效率低，而无人机将会是由繁重的体力劳动、高成本、低效益向解放生产力、低成本、高效益转变的重要手段，无人机技术的深入和使用，将使现有的农田耕作变得

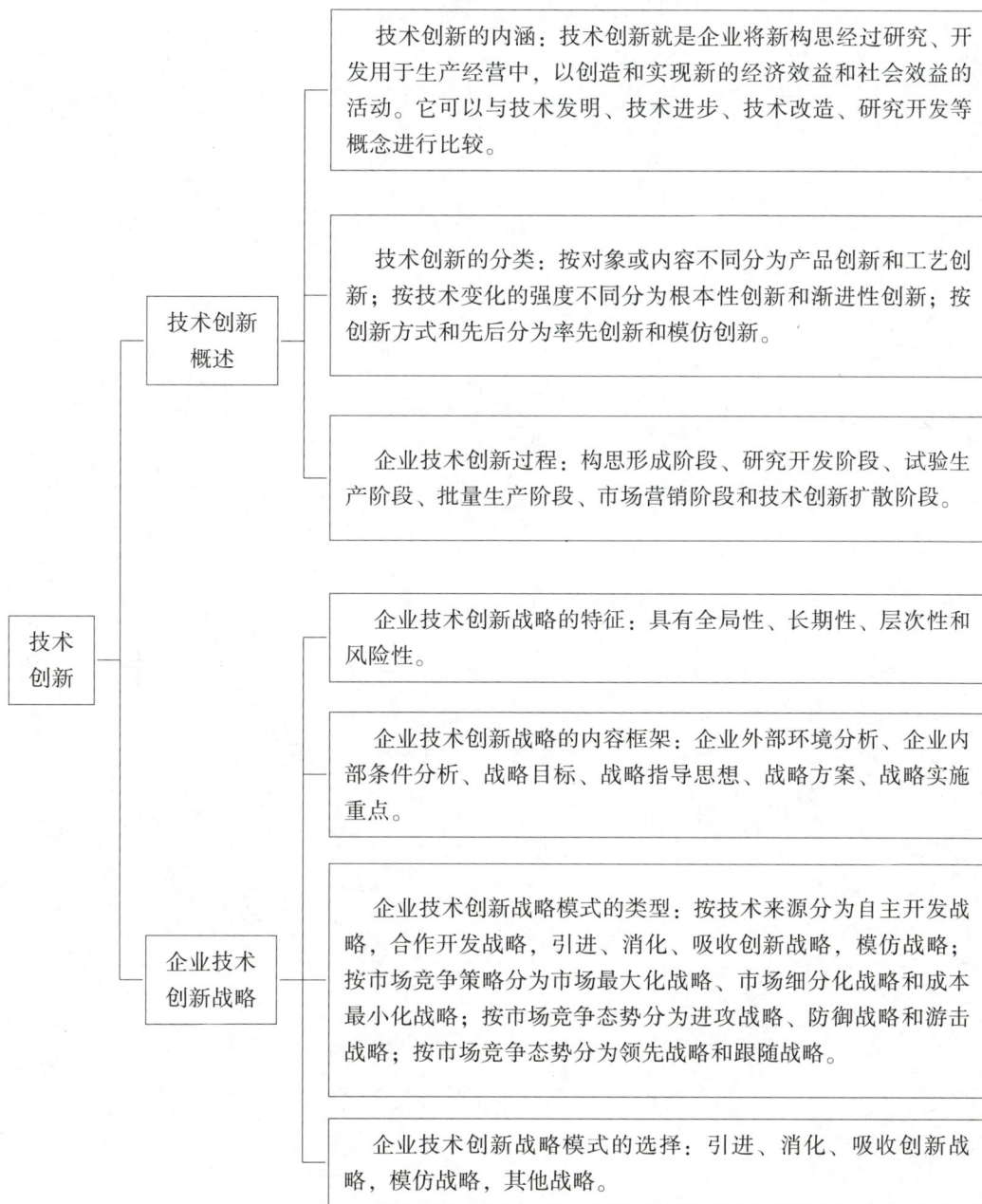

更高效、更节约资源和环境更友好。

（资料来源：https：//www. maigoo. com/citiao/220534. html）

讨论题：

1. 无人机的发展是怎样的一个过程？

2. 无人机将会使人们的工作和生活发生怎样的变化？

本 章 小 结

技术创新概述

技术创新的内涵：技术创新就是企业将新构思经过研究、开发用于生产经营中，以创造和实现新的经济效益和社会效益的活动。它可以与技术发明、技术进步、技术改造、研究开发等概念进行比较。

技术创新的分类：按对象或内容不同分为产品创新和工艺创新；按技术变化的强度不同分为根本性创新和渐进性创新；按创新方式和先后分为率先创新和模仿创新。

企业技术创新过程：构思形成阶段、研究开发阶段、试验生产阶段、批量生产阶段、市场营销阶段和技术创新扩散阶段。

企业技术创新战略

企业技术创新战略的特征：具有全局性、长期性、层次性和风险性。

企业技术创新战略的内容框架：企业外部环境分析、企业内部条件分析、战略目标、战略指导思想、战略方案、战略实施重点。

企业技术创新战略模式的类型：按技术来源分为自主开发战略，合作开发战略，引进、消化、吸收创新战略，模仿战略；按市场竞争策略分为市场最大化战略、市场细分化战略和成本最小化战略；按市场竞争态势分为进攻战略、防御战略和游击战略；按市场竞争态势分为领先战略和跟随战略。

企业技术创新战略模式的选择：引进、消化、吸收创新战略，模仿战略，其他战略。

技术创新

思 考 题

1. 何谓技术创新？
2. 技术创新与技术发明、技术进步、技术改造和研究开发有什么区别？
3. 简述企业实施技术创新的过程。
4. 技术创新的动力机制模型有哪些？作用的机制如何？
5. 企业的技术创新战略模式有哪些类型？如何结合我国实际进行选择？

复利系数表

$$(i=5\%)$$

n	$(F/P,i,n)$	$(P/F,i,n)$	$(F/A,i,n)$	$(A/F,i,n)$	$(A/P,i,n)$	$(P/A,i,n)$	$(A/G,i,n)$	$(P/G,i,n)$
1	1.050	0.9524	1.000	1.0000	1.0500	0.952	0.0000	0.000
2	1.102	0.9070	2.050	0.4878	0.5378	1.859	0.4878	0.907
3	1.158	0.8638	3.152	0.3172	0.3672	2.723	0.9675	2.635
4	1.216	0.8227	4.310	0.2320	0.2820	3.546	1.4391	5.103
5	1.276	0.7835	5.526	0.1810	0.2310	4.329	1.9025	8.237
6	1.340	0.7462	6.802	0.1470	0.1970	5.076	2.3579	11.968
7	1.407	0.7107	8.142	0.1228	0.1728	5.786	2.8052	16.232
8	1.477	0.6768	9.549	0.1047	0.1547	6.463	3.2445	20.970
9	1.551	0.6446	11.027	0.0907	0.1407	7.108	3.6758	26.127
10	1.629	0.6139	12.578	0.0795	0.1295	7.722	4.0991	31.652
11	1.710	0.5847	14.207	0.0704	0.1204	8.306	4.5144	37.499
12	1.796	0.5568	15.917	0.0628	0.1128	8.863	4.9219	43.624
13	1.886	0.5303	17.713	0.0565	0.1065	9.394	5.3215	49.988
14	1.980	0.5051	19.599	0.0510	0.1010	9.899	5.7133	56.554
15	2.079	0.4810	21.579	0.0463	0.0963	10.380	6.0973	63.288
16	2.183	0.4581	23.657	0.0423	0.0923	10.838	6.4736	70.160
17	2.292	0.4363	25.840	0.0387	0.0887	11.274	6.8423	77.140
18	2.407	0.4155	28.132	0.0356	0.0855	11.690	7.2034	84.204
19	2.527	0.3957	30.539	0.0327	0.0827	12.085	7.5569	91.328
20	2.653	0.3769	33.066	0.0302	0.0802	12.462	7.9030	98.488
21	2.786	0.3589	35.719	0.0280	0.0780	12.821	8.2416	105.667
22	2.925	0.3418	38.505	0.0260	0.0760	13.163	8.5730	112.846
23	3.072	0.3256	41.430	0.0241	0.0741	13.489	8.8971	120.009
24	3.225	0.3101	44.502	0.0225	0.0725	13.799	9.2140	127.140
25	3.386	0.2953	47.727	0.0210	0.0710	14.094	9.5238	134.228
26	3.556	0.2812	51.113	0.0196	0.0696	14.375	9.8266	141.259
27	3.733	0.2678	54.669	0.0183	0.0683	14.643	10.1224	148.223
28	3.920	0.2551	58.403	0.0171	0.0671	14.898	10.4114	155.110
29	4.116	0.2429	62.323	0.0160	0.0660	15.141	10.6936	161.913
30	4.322	0.2314	66.439	0.0151	0.0651	15.372	10.9691	168.623

（续）

n	(F/P, i, n)	(P/F, i, n)	(F/A, i, n)	(A/F, i, n)	(A/P, i, n)	(P/A, i, n)	(A/G, i, n)	(P/G, i, n)
31	4.538	0.220 4	70.761	0.014 1	0.064 1	15.593	11.238 1	175.233
32	4.765	0.209 9	75.299	0.013 3	0.063 3	15.803	11.500 5	181.739
33	5.003	0.199 9	80.064	0.012 5	0.062 5	16.003	11.756 6	188.135
34	5.253	0.190 4	85.067	0.011 8	0.061 8	16.193	12.006 3	194.417
35	5.516	0.181 3	90.320	0.011 1	0.061 1	16.374	12.249 8	200.581
40	7.040	0.142 0	120.800	0.008 3	0.058 3	17.159	13.377 5	229.545
45	8.985	0.111 3	159.700	0.006 3	0.056 3	17.774	14.364 4	255.314
50	11.467	0.087 2	209.348	0.004 8	0.054 8	18.256	15.223 3	277.914
55	14.635	0.068 3	272.712	0.003 7	0.053 7	18.633	15.966 4	297.510

（$i = 6\%$）

n	(F/P, i, n)	(P/F, i, n)	(F/A, i, n)	(A/F, i, n)	(A/P, i, n)	(P/A, i, n)	(A/G, i, n)	(P/G, i, n)
1	1.060	0.943 4	1.000	1.000 0	1.060 0	0.943	0.000 0	0.000
2	1.124	0.890 0	2.060	0.485 4	0.545 4	1.833	0.485 4	0.890
3	1.191	0.839 6	3.184	0.314 1	0.374 1	2.673	0.961 2	2.569
4	1.262	0.792 1	4.375	0.228 6	0.288 6	3.465	1.427 2	4.945
5	1.338	0.747 3	5.637	0.177 4	0.237 4	4.212	1.883 6	7.934
6	1.419	0.705 0	6.975	0.143 4	0.203 4	4.917	2.330 4	11.459
7	1.504	0.665 1	8.394	0.119 1	0.179 1	5.582	2.767 6	15.449
8	1.594	0.627 4	9.897	0.101 0	0.161 0	6.210	3.195 2	19.841
9	1.689	0.591 9	11.491	0.087 0	0.147 0	6.802	3.613 3	24.576
10	1.791	0.558 4	13.181	0.075 9	0.135 9	7.360	4.022 0	29.602
11	1.898	0.526 8	14.972	0.066 8	0.126 8	7.887	4.421 3	34.870
12	2.012	0.497 0	16.870	0.059 3	0.119 3	8.384	4.811 3	40.336
13	2.133	0.468 8	18.882	0.053 0	0.113 0	8.853	5.192 0	45.962
14	2.261	0.442 3	21.015	0.047 6	0.107 6	9.295	5.563 5	51.712
15	2.397	0.417 3	23.276	0.043 0	0.103 0	9.712	5.926 0	57.554
16	2.540	0.393 6	25.673	0.039 0	0.099 0	10.106	6.279 4	63.459
17	2.693	0.371 4	28.213	0.035 4	0.095 4	10.477	6.624 0	69.401
18	2.854	0.350 3	30.906	0.032 4	0.092 4	10.828	6.959 7	75.356
19	3.026	0.330 5	33.760	0.029 6	0.089 6	11.158	7.286 7	81.306
20	3.207	0.311 8	36.786	0.027 2	0.087 2	11.470	7.605 1	87.230
21	3.400	0.294 2	39.993	0.025 0	0.085 0	11.764	7.915 1	93.113
22	3.604	0.277 5	43.392	0.023 0	0.083 0	12.042	8.216 6	98.941
23	3.820	0.261 8	46.996	0.021 3	0.081 3	12.303	8.509 9	104.700
24	4.049	0.247 0	50.816	0.019 7	0.079 7	12.550	8.795 1	110.381

（续）

n	$(F/P, i, n)$	$(P/F, i, n)$	$(F/A, i, n)$	$(A/F, i, n)$	$(A/P, i, n)$	$(P/A, i, n)$	$(A/G, i, n)$	$(P/G, i, n)$
25	4.292	0.233 0	54.865	0.018 2	0.078 2	12.783	9.072 2	115.973
26	4.549	0.219 8	59.156	0.016 9	0.076 9	13.003	9.341 4	121.468
27	4.822	0.207 4	63.706	0.015 7	0.075 7	13.211	9.602 9	126.860
28	5.112	0.195 6	68.528	0.014 6	0.074 6	13.406	9.856 8	132.142
29	5.418	0.184 6	73.640	0.013 6	0.073 6	13.591	10.103 2	137.309
30	5.743	0.174 1	79.058	0.012 6	0.072 6	13.765	10.342 6	142.358
31	6.088	0.164 3	84.802	0.011 8	0.071 8	13.929	10.574 0	147.286
32	6.453	0.155 0	90.890	0.011 0	0.071 0	14.084	10.798 8	152.090
33	6.841	0.146 2	97.343	0.010 3	0.070 3	14.230	11.016 6	156.768
34	7.251	0.137 9	104.184	0.009 6	0.069 6	14.368	11.227 6	161.319
35	7.686	0.130 1	111.435	0.009 0	0.069 0	14.498	11.431 9	165.742
40	10.286	0.097 2	154.762	0.006 5	0.066 5	15.046	12.359 0	185.956
45	13.765	0.072 7	212.744	0.004 7	0.064 7	15.456	13.141 3	203.109
50	18.420	0.054 3	290.336	0.003 4	0.063 4	15.762	13.796 4	217.457
55	24.650	0.040 6	394.172	0.002 5	0.062 5	15.990	14.341 1	229.322

（$i=7\%$）

n	$(F/P, i, n)$	$(P/F, i, n)$	$(F/A, i, n)$	$(A/F, i, n)$	$(A/P, i, n)$	$(P/A, i, n)$	$(A/G, i, n)$	$(P/G, i, n)$
1	1.070	0.934 6	1.000	1.000 0	1.070 0	0.935	0.000 0	0.000
2	1.145	0.873 4	2.070	0.483 1	0.553 1	1.808	0.483 1	0.873
3	1.225	0.816 3	3.215	0.311 1	0.381 1	2.624	0.954 9	2.506
4	1.311	0.762 9	4.440	0.225 2	0.295 2	3.387	1.415 5	4.794
5	1.403	0.713 0	5.751	0.173 9	0.243 9	4.100	1.865 0	7.646
6	1.501	0.666 3	7.153	0.139 8	0.208 9	4.767	2.303 2	10.978
7	1.606	0.622 7	8.634	0.115 6	0.185 6	5.389	2.730 4	14.714
8	1.718	0.582 0	10.260	0.097 5	0.167 5	5.971	3.146 5	18.788
9	1.838	0.543 9	11.978	0.083 5	0.153 5	6.515	3.551 7	23.140
10	1.967	0.508 3	13.816	0.072 4	0.142 4	7.024	3.946 1	27.715
11	2.105	0.475 1	15.784	0.063 4	0.133 4	7.499	4.329 6	32.466
12	2.252	0.444 0	17.888	0.055 9	0.125 9	7.943	4.702 5	37.350
13	2.410	0.415 0	20.141	0.049 7	0.119 7	8.358	5.064 8	42.330
14	2.579	0.387 8	22.550	0.044 3	0.114 3	8.745	5.416 7	47.371
15	2.759	0.362 4	25.129	0.039 8	0.109 8	9.108	5.758 3	52.446
16	2.952	0.338 7	27.888	0.035 9	0.105 9	9.447	6.089 7	57.527
17	3.159	0.316 6	30.840	0.032 4	0.102 4	9.763	6.411 0	62.592
18	3.380	0.295 9	33.999	0.029 4	0.099 4	10.059	6.722 5	67.621

（续）

n	$(F/P, i, n)$	$(P/F, i, n)$	$(F/A, i, n)$	$(A/F, i, n)$	$(A/P, i, n)$	$(P/A, i, n)$	$(A/G, i, n)$	$(P/G, i, n)$
19	3.617	0.276 5	37.379	0.026 8	0.096 8	10.336	7.024 2	72.599
20	3.870	0.258 4	40.995	0.024 4	0.094 4	10.594	7.316 3	77.509
21	4.141	0.241 5	44.865	0.022 3	0.092 3	10.836	7.599 0	82.339
22	4.430	0.225 7	49.006	0.020 4	0.090 4	11.061	7.872 5	87.079
23	4.741	0.210 9	53.436	0.018 7	0.088 7	11.272	8.136 9	91.720
24	5.072	0.197 1	58.177	0.017 2	0.087 2	11.469	8.392 3	96.254
25	5.427	0.184 2	63.249	0.015 8	0.085 8	11.654	8.639 1	100.676
26	5.807	0.172 2	68.676	0.014 6	0.084 6	11.826	8.877 3	104.981
27	6.214	0.160 9	74.484	0.013 4	0.083 4	11.987	9.107 2	109.165
28	6.649	0.150 4	80.698	0.012 4	0.082 4	12.137	9.328 9	113.226
29	7.114	0.140 6	87.347	0.011 4	0.081 4	12.278	9.542 7	117.162
30	7.612	0.131 4	94.461	0.010 6	0.080 6	12.409	9.748 7	120.971
31	8.145	0.122 8	102.073	0.009 8	0.079 8	12.532	9.947 1	124.655
32	8.715	0.114 7	110.218	0.009 1	0.079 1	12.647	10.138 1	128.212
33	9.325	0.107 2	118.933	0.008 4	0.078 4	12.754	10.321 9	131.643
34	9.978	0.100 2	128.259	0.007 8	0.077 8	12.854	10.498 7	134.950
35	10.677	0.093 7	138.237	0.007 2	0.077 2	12.948	10.668 7	138.135
40	14.974	0.066 8	199.635	0.005 0	0.075 0	13.332	11.423 3	152.292
45	21.002	0.047 6	285.749	0.003 5	0.073 5	13.605	12.036 0	163.755
50	29.457	0.033 9	406.529	0.002 5	0.072 5	13.801	12.528 7	172.905
55	41.315	0.024 2	575.928	0.001 7	0.071 7	13.939	12.921 5	180.124

$$(i=8\%)$$

n	$(F/P, i, n)$	$(P/F, i, n)$	$(F/A, i, n)$	$(A/F, i, n)$	$(A/P, i, n)$	$(P/A, i, n)$	$(A/G, i, n)$	$(P/G, i, n)$
1	1.080	0.925 9	1.000	1.000 0	1.080 0	0.926	0.000 0	0.000
2	1.166	0.857 3	2.080	0.480 8	0.560 8	1.783	0.480 8	0.857
3	1.260	0.793 8	3.246	0.308 0	0.338 0	2.577	0.948 7	2.445
4	1.360	0.735 0	4.506	0.221 9	0.301 9	3.312	1.404 0	4.650
5	1.469	0.680 6	5.867	0.170 5	0.250 5	3.993	1.846 5	7.372
6	1.587	0.630 2	7.336	0.136 3	0.216 3	4.623	2.276 3	10.523
7	1.714	0.583 5	8.923	0.112 1	0.192 1	5.206	2.693 7	14.024
8	1.851	0.540 3	10.637	0.094 0	0.174 0	5.747	3.098 5	17.806
9	1.999	0.500 2	12.488	0.080 1	0.160 1	6.247	3.491 0	21.808
10	2.159	0.463 2	14.487	0.069 0	0.149 0	6.710	3.871 3	25.977
11	2.332	0.428 9	16.645	0.060 1	0.140 1	7.139	4.239 5	30.266
12	2.518	0.397 1	18.977	0.052 7	0.132 7	7.536	4.595 7	34.634

（续）

n	$(F/P, i, n)$	$(P/F, i, n)$	$(F/A, i, n)$	$(A/F, i, n)$	$(A/P, i, n)$	$(P/A, i, n)$	$(A/G, i, n)$	$(P/G, i, n)$
13	2.720	0.367 7	21.495	0.046 5	0.126 5	7.904	4.940 2	39.046
14	2.937	0.340 5	24.215	0.041 3	0.121 3	8.244	5.273 1	43.472
15	3.172	0.315 2	27.152	0.036 8	0.116 8	8.559	5.594 5	47.886
16	3.426	0.291 9	30.324	0.033 0	0.113 0	8.851	5.904 6	52.264
17	3.700	0.270 3	33.750	0.029 6	0.109 6	9.122	6.023 7	56.588
18	3.996	0.250 2	37.450	0.026 7	0.106 7	9.372	6.492 0	60.843
19	4.316	0.231 7	41.446	0.024 1	0.104 1	9.604	6.769 7	65.013
20	4.661	0.214 5	45.762	0.021 9	0.101 9	9.818	7.036 9	69.090
21	5.034	0.198 7	50.423	0.019 8	0.099 8	10.017	7.294 0	73.063
22	5.437	0.183 9	55.457	0.018 0	0.098 0	10.201	7.541 2	76.926
23	5.871	0.170 3	60.893	0.016 4	0.096 4	10.371	7.778 6	80.673
24	6.341	0.157 7	66.765	0.015 0	0.095 0	10.529	8.006 6	84.300
25	6.848	0.146 0	73.106	0.013 7	0.093 7	10.675	8.225 4	87.804
26	7.396	0.135 2	79.954	0.012 5	0.092 5	10.810	8.435 2	91.184
27	7.988	0.125 2	87.351	0.014 4	0.091 4	10.935	8.636 3	94.439
28	8.627	0.115 9	95.339	0.010 5	0.090 5	11.051	8.828 9	97.569
29	9.317	0.107 3	103.966	0.009 6	0.089 6	11.158	9.013 3	100.574
30	10.063	0.099 4	113.283	0.008 8	0.088 8	11.258	9.189 7	103.456
31	10.868	0.092 0	123.346	0.008 1	0.088 1	11.350	9.358 4	106.216
32	11.737	0.085 2	134.214	0.007 5	0.087 5	11.435	9.519 7	108.857
33	12.676	0.078 9	145.951	0.006 9	0.086 9	11.514	9.673 7	111.382
34	13.690	0.073 0	158.627	0.006 3	0.086 3	11.587	9.820 8	113.792
35	14.785	0.067 6	172.317	0.005 8	0.085 8	11.655	9.961 1	116.092
40	21.725	0.046 0	259.057	0.003 9	0.083 9	11.925	10.569 9	126.042
45	31.920	0.031 3	386.506	0.002 6	0.082 6	12.108	11.044	133.733
50	46.902	0.021 3	573.770	0.001 7	0.081 7	12.233	11.410	139.592
55	68.913	0.014 5	848.923	0.001 2	0.081 2	12.318	11.690	144.006

$$(i = 10\%)$$

n	$(F/P, i, n)$	$(P/F, i, n)$	$(F/A, i, n)$	$(A/F, i, n)$	$(A/P, i, n)$	$(P/A, i, n)$	$(A/G, i, n)$	$(P/G, i, n)$
1	1.100	0.909 1	1.000	1.000 0	1.100 0	0.909	0.000 0	0.000
2	1.210	0.826 4	2.100	0.476 2	0.576 2	1.736	0.476 2	0.826
3	1.331	0.751 3	3.310	0.302 1	0.402 1	2.487	0.936 6	2.329
4	1.464	0.683 0	4.641	0.215 5	0.315 5	3.170	1.381 2	4.378
5	1.611	0.620 9	6.105	0.163 8	0.263 8	3.791	1.810 1	6.861
6	1.772	0.564 5	7.716	0.129 6	0.229 6	4.355	2.223 6	9.684

（续）

n	$(F/P, i, n)$	$(P/F, i, n)$	$(F/A, i, n)$	$(A/F, i, n)$	$(A/P, i, n)$	$(P/A, i, n)$	$(A/G, i, n)$	$(P/G, i, n)$
7	1.949	0.513 2	9.487	0.105 4	0.205 4	4.868	2.621 6	12.763
8	2.144	0.466 5	11.436	0.087 4	0.187 4	5.335	3.004 5	16.028
9	2.358	0.424 1	13.579	0.073 6	0.173 6	5.759	3.372 4	19.421
10	2.594	0.385 5	15.937	0.062 7	0.162 7	6.145	3.725 5	22.891
11	2.853	0.350 5	18.531	0.054 0	0.154 0	6.495	4.064 1	26.396
12	3.138	0.318 6	21.384	0.046 8	0.146 8	6.814	4.388 4	29.901
13	3.452	0.289 7	24.523	0.040 8	0.140 8	7.103	4.698 8	33.377
14	3.797	0.363 3	27.975	0.035 7	0.135 7	7.367	4.995 5	36.800
15	4.177	0.239 4	31.772	0.031 5	0.131 5	7.606	5.278 9	40.152
16	4.595	0.217 6	35.950	0.027 8	0.127 8	7.824	5.549 3	43.416
17	5.054	0.197 8	40.545	0.024 7	0.124 7	8.022	5.807 1	46.581
18	5.560	0.179 9	45.599	0.021 9	0.121 9	8.201	6.052 6	49.639
19	6.116	0.163 5	51.159	0.019 5	0.119 5	8.365	6.286 1	52.582
20	6.727	0.148 6	57.275	0.017 5	0.117 5	8.514	6.508 1	55.406
21	7.400	0.135 1	64.002	0.015 6	0.115 6	8.649	6.718 9	58.109
22	8.140	0.122 8	71.403	0.014 0	0.114 0	8.772	6.918 9	60.689
23	8.954	0.111 7	79.543	0.012 6	0.112 6	8.883	7.108 5	63.146
24	9.850	0.101 5	88.497	0.011 3	0.111 3	8.985	7.288 1	65.481
25	10.855	0.092 3	98.347	0.010 2	0.110 2	9.077	7.458 0	67.696
26	11.918	0.083 9	109.182	0.009 2	0.109 2	9.161	7.618 6	69.794
27	13.110	0.076 3	121.100	0.008 3	0.108 3	9.237	7.770 4	71.777
28	14.421	0.069 3	134.210	0.007 5	0.107 5	9.307	7.913 7	73.649
29	15.863	0.063 0	148.631	0.006 7	0.106 7	9.370	8.048 9	75.414
30	17.449	0.057 3	164.494	0.006 1	0.106 1	9.427	8.176 2	77.076
31	19.194	0.052 1	181.943	0.005 5	0.105 5	9.479	8.296 2	78.639
32	21.114	0.047 4	201.138	0.005 0	0.105 0	9.526	8.409 1	80.107
33	23.225	0.043 1	222.252	0.004 5	0.104 5	9.569	8.515 2	81.485
34	25.548	0.039 1	245.477	0.004 1	0.104 1	9.609	8.614 9	82.777
35	28.102	0.035 6	271.024	0.003 7	0.103 7	9.644	8.708 6	83.987
40	45.259	0.022 1	442.593	0.002 3	0.102 3	9.779	9.096 2	88.952
45	72.890	0.013 7	718.905	0.001 4	0.101 4	9.863	9.374 0	92.454
50	117.391	0.008 5	1 163.909	0.000 9	0.100 9	9.915	9.570 4	94.888
55	189.059	0.005 3	1 880.591	0.000 5	0.100 5	9.947	9.707 5	96.561

$$(i=12\%)$$

n	(F/P, i, n)	(P/F, i, n)	(F/A, i, n)	(A/F, i, n)	(A/P, i, n)	(P/A, i, n)	(A/G, i, n)	(P/G, i, n)
1	1.120	0.892 9	1.000	1.000 0	1.120 0	0.893	0.000 0	0.000
2	1.254	0.797 2	2.120	0.471 7	0.591 7	1.690	0.471 7	0.797
3	1.405	0.711 8	3.374	0.296 3	0.416 3	2.402	0.924 6	2.220
4	1.574	0.635 5	4.779	0.209 2	0.329 2	3.037	1.358 9	4.127
5	1.762	0.567 4	6.353	0.157 4	0.277 4	3.605	1.774 6	6.397
6	1.974	0.506 6	8.115	0.123 2	0.243 2	4.111	2.172 0	8.930
7	2.211	0.452 3	10.089	0.099 1	0.219 1	4.564	2.551 5	11.644
8	2.476	0.403 9	12.300	0.081 3	0.201 3	4.968	2.913 1	14.471
9	2.773	0.360 6	14.776	0.067 7	0.187 7	5.328	3.257 4	17.356
10	3.106	0.322 0	17.549	0.057 0	0.177 0	5.650	3.584 7	20.254
11	3.479	0.287 5	20.655	0.048 4	0.168 4	5.938	3.895 3	23.128
12	3.896	0.256 7	24.133	0.041 4	0.161 4	6.194	4.189 7	25.952
13	4.363	0.229 2	28.029	0.035 7	0.155 7	6.424	4.468 3	28.702
14	4.887	0.204 6	32.393	0.030 9	0.150 9	6.628	4.731 7	31.362
15	5.474	0.182 7	37.280	0.026 8	0.146 8	6.811	4.980 3	33.920
16	6.130	0.163 1	42.753	0.023 4	0.143 4	6.974	5.214 7	36.367
17	6.866	0.145 6	48.884	0.020 5	0.140 5	7.120	5.435 3	38.697
18	7.690	0.130 0	55.750	0.017 9	0.137 9	7.250	5.642 7	40.908
19	8.613	0.116 1	63.440	0.015 8	0.135 8	7.366	5.837 5	42.997
20	9.646	0.103 7	72.052	0.013 9	0.133 9	7.469	6.020 2	44.967
21	10.804	0.092 6	81.699	0.012 2	0.132 2	7.562	6.191 3	46.818
22	12.100	0.082 6	92.503	0.010 8	0.130 8	7.645	6.351 4	48.554
23	13.552	0.073 8	104.603	0.009 6	0.129 6	7.718	6.501 0	50.177
24	15.179	0.065 9	118.155	0.008 5	0.128 5	7.784	6.640 6	51.692
25	17.000	0.058 8	133.334	0.007 5	0.127 5	7.843	6.770 8	53.104
26	19.040	0.052 5	150.334	0.006 7	0.126 7	7.896	6.892 1	54.417
27	21.325	0.046 9	169.374	0.005 9	0.125 9	7.943	7.004 9	55.636
28	23.884	0.041 9	190.699	0.005 2	0.125 2	7.984	7.108 9	56.767
29	26.750	0.037 4	214.583	0.004 7	0.124 7	8.022	7.207 1	57.814
30	29.960	0.033 4	241.333	0.004 1	0.124 1	8.055	7.297 4	58.782
31	33.555	0.029 8	271.293	0.003 7	0.123 7	8.085	7.381 1	59.676
32	37.582	0.026 6	304.848	0.003 3	0.123 3	8.112	7.458 6	60.501
33	42.092	0.023 8	342.429	0.002 9	0.122 9	8.135	7.530 2	61.261
34	47.143	0.021 2	384.521	0.002 6	0.122 6	8.157	7.596 5	61.961
35	52.800	0.018 9	431.663	0.002 3	0.122 3	8.176	7.657 7	62.605
40	93.051	0.010 7	767.091	0.001 3	0.121 3	8.244	7.898 8	65.115

(续)

n	(F/P, i, n)	(P/F, i, n)	(F/A, i, n)	(A/F, i, n)	(A/P, i, n)	(P/A, i, n)	(A/G, i, n)	(P/G, i, n)
45	163.988	0.006 1	1 358.230	0.000 7	0.120 7	8.283	8.057 2	66.734
50	289.002	0.003 5	2 400.018	0.000 4	0.120 4	8.304	8.159 7	67.762
55	509.320	0.002 0	4 236.005	0.000 2	0.120 2	8.317	8.225 1	68.408

（*i*＝15%）

n	(F/P, i, n)	(P/F, i, n)	(F/A, i, n)	(A/F, i, n)	(A/P, i, n)	(P/A, i, n)	(A/G, i, n)	(P/G, i, n)
1	1.150	0.869 6	1.000	1.000 0	1.150 0	0.870	0.000 0	0.000
2	1.323	0.756 1	2.150	0.465 1	0.615 1	1.626	0.465 1	0.756
3	1.521	0.657 5	3.472	0.288 0	0.438 0	2.283	0.907 1	2.071
4	1.749	0.571 8	4.993	0.200 3	0.350 3	2.855	1.326 3	3.786
5	2.011	0.497 2	6.472	0.148 3	0.298 3	3.352	1.722 8	5.775
6	2.313	0.432 3	8.754	0.114 2	0.264 2	3.784	2.097 2	7.936
7	2.660	0.375 9	11.067	0.090 4	0.240 4	4.160	2.449 8	10.192
8	3.059	0.326 9	13.727	0.072 9	0.222 9	4.487	2.781 3	12.480
9	3.518	0.284 3	16.786	0.059 6	0.209 6	4.772	3.092 2	14.754
10	4.046	0.247 2	20.304	0.049 3	0.199 3	5.019	3.383 2	16.979
11	4.652	0.214 9	24.349	0.041 1	0.191 1	5.234	3.654 9	19.128
12	5.350	0.186 9	29.002	0.034 5	0.184 5	5.421	3.908 2	21.184
13	6.153	0.162 5	34.352	0.029 1	0.179 1	5.583	4.143 8	23.135
14	7.076	0.141 3	40.505	0.024 7	0.174 7	5.724	4.362 4	24.972
15	8.137	0.122 9	47.580	0.021 0	0.171 0	5.847	4.565 0	26.693
16	9.358	0.106 9	55.717	0.017 9	0.167 9	5.954	4.752 2	28.296
17	10.761	0.092 9	65.075	0.015 4	0.165 4	6.047	4.925 1	29.782
18	12.375	0.080 8	75.836	0.013 2	0.163 2	6.128	5.084 3	31.156
19	14.232	0.070 3	88.212	0.011 3	0.161 3	6.198	5.230 7	32.421
20	16.367	0.061 1	102.444	0.009 8	0.159 8	6.259	5.365 1	33.582
21	18.822	0.053 1	118.810	0.008 4	0.158 4	6.312	5.488 3	34.644
22	21.645	0.046 2	137.632	0.007 3	0.157 3	6.359	5.601 0	35.615
23	24.891	0.040 2	159.276	0.006 3	0.156 3	6.399	5.704 0	36.498
24	28.625	0.034 9	184.168	0.005 4	0.155 4	6.434	5.797 9	37.302
25	32.919	0.030 4	212.793	0.004 7	0.154 7	6.464	5.883 4	38.031
26	37.857	0.026 4	245.712	0.004 1	0.154 1	6.491	5.961 2	38.691
27	43.535	0.023 0	283.569	0.003 5	0.153 5	6.514	6.031 9	39.289
28	50.066	0.020 0	327.104	0.003 1	0.153 1	6.534	6.096 0	39.828
29	57.575	0.017 4	377.170	0.002 7	0.152 7	6.551	6.154 1	40.314
30	66.212	0.015 4	434.745	0.002 3	0.152 3	6.566	6.206 6	40.752

（续）

n	(F/P, i, n)	(P/F, i, n)	(F/A, i, n)	(A/F, i, n)	(A/P, i, n)	(P/A, i, n)	(A/G, i, n)	(P/G, i, n)
31	76.144	0.013 1	500.957	0.002 0	0.152 0	6.579	6.254 1	41.146
32	87.565	0.011 4	577.100	0.001 7	0.151 7	6.591	6.297 0	41.500
33	100.700	0.009 9	664.666	0.001 5	0.151 5	6.600	6.335 7	41.818
34	115.805	0.008 6	765.365	0.001 3	0.151 3	6.609	6.370 5	42.103
35	133.176	0.007 5	881.170	0.001 1	0.151 1	6.617	6.401 9	42.358
40	267.864	0.003 7	1 779.090	0.000 6	0.150 6	6.642	6.516 8	43.283
45	538.769	0.001 9	3 585.128	0.000 3	0.150 3	6.654	6.583 0	43.805
50	1 083.657	0.000 9	7 217.716	0.000 1	0.150 1	6.661	6.620 5	44.095
55	2 179.622	0.000 5	14 524.147	0.000 1	0.150 1	6.663	6.641 4	44.255

（$i = 20\%$）

n	(F/P, i, n)	(P/F, i, n)	(F/A, i, n)	(A/F, i, n)	(A/P, i, n)	(P/A, i, n)	(A/G, i, n)	(P/G, i, n)
1	1.200	0.833 3	1.000	1.000 0	1.200 0	0.833	0.000 0	0.000
2	1.440	0.694 4	2.200	0.454 5	0.654 5	1.528	0.454 5	0.694
3	1.728	0.578 7	3.640	0.274 7	0.474 7	2.106	0.879 1	1.851
4	2.074	0.482 3	5.638	0.186 3	0.386 3	2.589	1.274 2	3.298
5	2.488	0.401 9	7.442	0.134 4	0.334 4	2.991	1.640 5	4.906
6	2.987	0.334 9	9.930	0.100 7	0.300 7	3.326	1.978 8	6.580
7	3.583	0.279 1	12.916	0.077 4	0.277 4	3.605	2.290 2	8.255
8	4.300	0.232 6	16.499	0.060 6	0.260 6	3.837	2.575 6	9.883
9	5.160	0.193 8	20.799	0.048 1	0.248 1	4.031	2.836 4	11.433
10	6.192	0.161 5	25.959	0.038 5	0.238 5	4.192	3.073 9	12.887
11	7.430	0.134 6	32.150	0.031 1	0.231 1	4.327	3.289 3	14.233
12	8.916	0.112 2	39.581	0.025 3	0.225 3	4.439	3.484 1	15.466
13	10.699	0.093 5	48.497	0.020 6	0.220 6	4.533	3.659 7	16.588
14	12.839	0.077 9	59.196	0.016 9	0.216 9	4.611	3.817 5	17.600
15	15.407	0.064 9	72.035	0.013 9	0.213 9	4.675	3.958 8	18.509
16	18.488	0.054 1	87.442	0.014 4	0.211 4	4.730	4.085 1	19.320
17	22.186	0.045 1	105.931	0.009 4	0.209 4	4.775	4.197 6	20.041
18	26.623	0.037 6	128.117	0.007 8	0.207 8	4.812	4.297 5	20.680
19	31.948	0.031 3	154.740	0.006 5	0.206 5	4.843	4.386 1	21.243
20	38.338	0.026 1	186.688	0.005 4	0.205 4	4.870	4.464 3	21.739
21	46.005	0.021 7	225.026	0.004 4	0.204 4	4.891	4.533 4	22.174
22	55.206	0.018 1	271.031	0.003 7	0.203 7	4.909	4.594 1	22.554
23	66.247	0.015 1	326.237	0.003 1	0.203 1	4.925	4.647 5	22.886
24	79.497	0.012 6	392.484	0.002 5	0.202 5	4.937	4.694 3	23.176

(续)

n	$(F/P, i, n)$	$(P/F, i, n)$	$(F/A, i, n)$	$(A/F, i, n)$	$(A/P, i, n)$	$(P/A, i, n)$	$(A/G, i, n)$	$(P/G, i, n)$
25	95.396	0.010 5	471.981	0.002 1	0.202 1	4.948	4.735 2	23.427
26	114.475	0.008 7	567.377	0.001 5	0.201 8	4.956	4.770 9	23.646
27	137.371	0.007 3	681.853	0.001 3	0.201 5	4.964	4.802 0	23.835
28	164.845	0.006 1	819.223	0.001 2	0.201 2	4.970	4.829 1	23.999
29	197.814	0.005 1	984.068	0.001 0	0.201 0	4.975	4.852 7	24.140
30	237.376	0.004 2	1 181.882	0.000 8	0.200 8	4.979	4.873 1	24.262
31	284.852	0.003 5	1 419.258	0.000 7	0.200 7	4.982	4.890 8	24.368
32	341.822	0.002 9	1 704.109	0.000 6	0.200 5	4.985	4.906 1	24.458
33	410.186	0.002 4	2 045.931	0.000 5	0.200 4	4.988	4.919 4	24.536
34	492.224	0.002 0	2 456.118	0.000 4	0.200 3	4.990	4.930 8	24.603
35	590.668	0.001 7	2 948.341	0.000 3	0.200 2	4.992	4.940 6	24.661
40	1 469.772	0.000 7	7 343.858	0.000 1	0.200 1	4.997	4.972 8	24.846
45	3 657.262	0.000 3	18 281.310	0.000 1	0.200 1	4.999	4.987 7	24.931
50	9 100.438	0.000 1	45 497.191	0.000 1	0.200 0	4.999	4.994 5	24.969
55	22 644.802	0.000 0	113 219.011	0.000 0	0.200 0	4.999	4.997 6	24.986

($i = 25\%$)

n	$(F/P, i, n)$	$(P/F, i, n)$	$(F/A, i, n)$	$(A/F, i, n)$	$(A/P, i, n)$	$(P/A, i, n)$	$(A/G, i, n)$	$(P/G, i, n)$
1	1.250	0.800 0	1.000	1.000 0	1.250 0	0.800	0.000 0	0.000
2	1.563	0.640 0	2.250	0.444 4	0.694 4	1.440	0.444 4	0.640
3	1.953	0.512 0	3.813	0.262 3	0.512 3	1.952	0.852 5	1.664
4	2.441	0.409 6	5.766	0.173 4	0.423 4	2.362	1.224 9	2.892
5	3.052	0.327 7	8.207	0.121 8	0.371 8	2.689	1.563 1	4.203
6	3.815	0.262 1	11.259	0.088 8	0.335 8	2.951	1.868 3	5.514
7	4.768	0.209 7	15.073	0.066 3	0.316 3	3.161	2.142 4	6.772
8	5.960	0.167 8	19.842	0.050 4	0.300 4	3.329	2.387 2	7.946
9	7.451	0.134 2	25.802	0.038 8	0.288 8	3.463	2.604 8	9.020
10	9.313	0.107 4	33.253	0.030 1	0.280 1	3.571	2.797 1	9.987
11	11.642	0.085 9	42.566	0.023 5	0.273 5	3.656	2.966 3	10.846
12	14.552	0.068 7	54.208	0.018 4	0.268 4	3.725	3.114 5	11.602
13	18.190	0.055 0	68.760	0.014 5	0.264 5	3.780	3.243 7	12.261
14	22.737	0.044 0	86.949	0.011 5	0.261 5	3.824	3.355 9	12.833
15	28.422	0.035 2	109.687	0.009 1	0.259 1	3.859	3.453 0	13.326
16	35.527	0.028 1	138.109	0.007 2	0.257 2	3.887	3.536 6	13.748
17	44.409	0.022 5	173.636	0.005 8	0.255 8	3.910	3.608 4	14.108
18	55.511	0.018 0	218.045	0.004 6	0.254 6	3.928	3.669 8	14.414

（续）

n	$(F/P, i, n)$	$(P/F, i, n)$	$(F/A, i, n)$	$(A/F, i, n)$	$(A/P, i, n)$	$(P/A, i, n)$	$(A/G, i, n)$	$(P/G, i, n)$
19	69.389	0.014 4	273.556	0.003 7	0.253 7	3.942	3.722 2	14.674
20	86.736	0.011 5	342.945	0.002 9	0.252 9	3.954	3.766 7	14.893
21	108.420	0.009 2	429.681	0.002 3	0.252 3	3.963	3.804 5	15.077
22	135.525	0.007 4	538.101	0.001 9	0.251 9	3.970	3.836 5	15.232
23	169.407	0.005 9	673.626	0.001 5	0.251 5	3.976	3.863 4	15.362
24	211.758	0.004 7	843.033	0.001 2	0.251 2	3.981	3.886 1	15.471
25	264.698	0.003 8	1 054.791	0.000 9	0.250 9	3.985	3.905 2	15.561
26	330.872	0.003 0	1 319.489	0.000 8	0.250 8	3.988	3.921 2	15.637
27	413.590	0.002 4	1 650.361	0.000 6	0.250 6	3.990	3.934 6	15.700
28	516.988	0.001 9	2 063.952	0.000 5	0.250 5	3.992	3.945 7	15.752
29	646.235	0.001 5	2 580.939	0.000 4	0.250 4	3.994	3.955 1	15.795
30	807.794	0.001 2	3 227.174	0.000 3	0.250 3	3.995	3.962 8	15.831
31	1 009.742	0.001 0	4 034.968	0.000 2	0.250 2	3.996	3.969 3	15.861
32	1 262.177	0.000 8	5 044.710	0.000 2	0.250 2	3.997	3.974 6	15.885
33	1 577.722	0.000 6	6 306.887	0.000 2	0.250 2	3.997	3.979 1	15.906
34	1 972.152	0.000 5	7 884.609	0.000 1	0.250 1	3.998	3.982 8	15.922
35	2 465.190	0.000 4	9 856.761	0.000 1	0.250 1	3.998	3.985 8	15.936
40	7 523.164	0.000 1	30 088.655	0.000 1	0.250 0	3.999	3.994 7	15.976
45	22 958.874	0.000 0	91 831.496	0.000 0	0.250 0	4.000	3.998 0	15.991
50	70 064.923	0.000 0	288 255.693	0.000 0	0.250 0	4.000	3.999 3	15.996
55	213 821.176	0.000 0	855 280.707	0.000 0	0.250 0	4.000	3.999 7	15.998

（$i=30\%$）

n	$(F/P, i, n)$	$(P/F, i, n)$	$(F/A, i, n)$	$(A/F, i, n)$	$(A/P, i, n)$	$(P/A, i, n)$	$(A/G, i, n)$	$(P/G, i, n)$
1	1.300	0.769 2	1.000	1.000 0	1.300 0	0.769	0.000 0	0.000
2	1.690	0.591 7	2.300	0.434 8	0.734 8	1.361	0.434 8	0.591
3	2.197	0.455 2	3.990	0.250 6	0.550 6	1.816	0.827 1	1.502
4	2.856	0.350 1	6.187	0.161 6	0.461 6	2.166	1.178 3	2.552
5	3.713	0.269 3	9.043	0.110 6	0.410 6	2.436	1.490 3	3.629
6	4.827	0.207 2	12.756	0.078 4	0.378 4	2.643	1.765 4	4.665
7	6.275	0.159 4	17.583	0.056 9	0.356 9	2.802	2.006 3	5.621
8	8.157	0.122 6	23.858	0.041 9	0.341 9	2.925	2.215 6	6.480
9	10.604	0.094 3	32.015	0.031 2	0.331 2	3.019	2.396 3	7.234
10	13.786	0.072 5	42.619	0.023 5	0.323 5	3.092	2.551 2	7.887
11	17.922	0.055 8	56.405	0.017 7	0.317 7	3.147	2.683 3	8.445
12	23.298	0.042 9	74.327	0.013 5	0.313 5	3.190	2.795 2	8.917

（续）

n	$(F/P, i, n)$	$(P/F, i, n)$	$(F/A, i, n)$	$(A/F, i, n)$	$(A/P, i, n)$	$(P/A, i, n)$	$(A/G, i, n)$	$(P/G, i, n)$
13	30. 288	0. 033 0	97. 625	0. 010 2	0. 310 2	3. 223	2. 889 5	9. 313
14	39. 374	0. 025 4	127. 913	0. 007 8	0. 307 8	3. 249	2. 968 5	9. 643
15	51. 186	0. 019 5	167. 286	0. 006 0	0. 306 0	3. 268	3. 034 4	9. 917
16	66. 542	0. 015 0	218. 472	0. 004 6	0. 304 6	3. 283	3. 089 2	10. 142
17	86. 504	0. 011 6	285. 014	0. 003 5	0. 303 5	3. 295	3. 134 5	10. 327
18	112. 455	0. 008 9	371. 518	0. 002 7	0. 302 7	3. 304	3. 171 8	10. 478
19	146. 192	0. 006 8	483. 973	0. 002 1	0. 302 1	3. 311	3. 202 5	10. 601
20	190. 050	0. 005 3	630. 165	0. 001 6	0. 301 6	3. 316	3. 227 5	10. 701
21	247. 065	0. 004 0	820. 215	0. 001 2	0. 301 2	3. 320	3. 248 0	10. 782
22	321. 184	0. 003 1	1 067. 280	0. 000 9	0. 300 9	3. 323	3. 264 6	10. 848
23	417. 539	0. 002 4	1 388. 464	0. 000 7	0. 300 7	3. 325	3. 278 1	10. 900
24	542. 801	0. 001 8	1 806. 003	0. 000 6	0. 300 6	3. 327	3. 289 0	10. 943
25	705. 641	0. 001 4	2 348. 803	0. 000 4	0. 300 4	3. 329	3. 297 9	10. 977
26	917. 333	0. 001 1	3 054. 444	0. 000 3	0. 300 3	3. 330	3. 305 0	11. 004
27	1 192. 533	0. 000 8	3 971. 778	0. 000 3	0. 300 3	3. 331	3. 310 7	11. 026
28	1 550. 293	0. 000 6	5 164. 311	0. 000 2	0. 300 2	3. 331	3. 315 3	11. 043
29	2 015. 381	0. 000 5	6 714. 604	0. 000 1	0. 300 1	3. 332	3. 318 9	11. 057
30	2 619. 996	0. 000 4	8 729. 985	0. 000 1	0. 300 1	3. 332	3. 321 9	11. 068
31	3 405. 994	0. 000 3	11 349. 981	0. 000 1	0. 300 1	3. 332	3. 324 2	11. 077
32	4 427. 793	0. 000 2	14 755. 975	0. 000 1	0. 300 1	3. 333	3. 326 1	11. 084
33	5 756. 130	0. 000 2	19 183. 768	0. 000 1	0. 300 1	3. 333	3. 327 6	11. 090
34	7 482. 970	0. 000 1	24 939. 899	0. 000 1	0. 300 0	3. 333	3. 328 8	11. 094
35	9 727. 860	0. 000 1	32 422. 868	0. 000 1	0. 300 0	3. 333	3. 329 7	11. 098
40	36 118. 865	0. 000 1	120 392. 883	0. 000 1	0. 300 0	3. 333	3. 332 2	11. 107
45	134 106. 817	0. 000 1	447 019. 389	0. 000 1	0. 300 0	3. 333	3. 333 0	11. 109

（$i = 40\%$）

n	$(F/P, i, n)$	$(P/F, i, n)$	$(F/A, i, n)$	$(A/F, i, n)$	$(A/P, i, n)$	$(P/A, i, n)$	$(A/G, i, n)$	$(P/G, i, n)$
1	1. 400	0. 714 3	1. 000	1. 000 0	1. 400 0	0. 714	0. 000 0	0. 000
2	1. 960	0. 510 2	2. 400	0. 416 7	0. 816 7	1. 224	0. 416 7	0. 510
3	2. 744	0. 364 4	4. 360	0. 229 4	0. 629 4	1. 589	0. 779 8	1. 239
4	3. 842	0. 260 3	7. 104	0. 140 8	0. 540 8	1. 849	1. 092 3	2. 020
5	5. 378	0. 185 9	10. 946	0. 091 4	0. 491 4	2. 035	1. 358 0	2. 763
6	7. 530	0. 132 8	16. 324	0. 061 3	0. 461 3	2. 168	1. 581 1	3. 427
7	10. 541	0. 094 9	23. 853	0. 041 9	0. 441 9	2. 263	1. 766 4	3. 997
8	14. 758	0. 067 8	34. 395	0. 029 1	0. 429 1	2. 331	1. 918 5	4. 471

（续）

n	$(F/P,i,n)$	$(P/F,i,n)$	$(F/A,i,n)$	$(A/F,i,n)$	$(A/P,i,n)$	$(P/A,i,n)$	$(A/G,i,n)$	$(P/G,i,n)$
9	20.661	0.048 4	49.153	0.020 3	0.420 3	2.379	2.042 2	4.858
10	28.925	0.034 6	69.814	0.014 3	0.414 3	2.414	2.141 9	5.169
11	40.496	0.024 7	98.739	0.010 1	0.410 1	2.438	2.221 5	5.416
12	56.694	0.017 6	139.235	0.007 2	0.407 2	2.456	2.284 5	5.610
13	79.371	0.012 6	195.929	0.005 1	0.405 2	2.469	2.334 1	5.761
14	111.120	0.009 0	275.300	0.003 6	0.403 6	2.478	2.372 9	5.878
15	155.568	0.006 4	386.420	0.002 6	0.402 6	2.484	2.403 0	5.968
16	217.795	0.004 6	541.988	0.001 8	0.401 8	2.489	2.426 2	6.037
17	304.913	0.003 3	759.784	0.001 3	0.401 3	2.492	2.444 1	6.090
18	426.879	0.002 3	1 064.697	0.000 9	0.400 9	2.494	2.457 7	6.129
19	597.630	0.001 7	1 491.576	0.000 7	0.400 7	2.496	2.468 2	6.160
20	836.683	0.001 2	2 089.206	0.000 5	0.400 5	2.497	2.476 1	6.182
21	1 171.356	0.000 9	2 925.889	0.000 3	0.400 3	2.498	2.482 1	6.199
22	1 639.898	0.000 6	4 097.245	0.000 2	0.400 2	2.498	2.486 6	6.212
23	2 295.857	0.000 4	5 737.142	0.000 2	0.400 2	2.499	2.490 0	6.222
24	3 214.200	0.000 3	8 032.999	0.000 1	0.400 1	2.499	2.492 5	6.229
25	4 499.880	0.000 2	11 247.199	0.000 1	0.400 1	2.499	2.494 4	6.234
26	6 299.831	0.000 2	15 747.079	0.000 1	0.400 1	2.500	2.495 9	6.238
27	8 819.764	0.000 1	22 046.910	0.000 1	0.400 0	2.500	2.496 9	6.241
28	12 347.670	0.000 1	30 866.674	0.000 1	0.400 0	2.500	2.497 7	6.243
29	17 286.737	0.000 1	43 214.344	0.000 1	0.400 0	2.500	2.498 3	6.245
30	24 201.432	0.000 1	60 501.081	0.000 1	0.400 0	2.500	2.498 8	6.246
31	33 882.005	0.000 1	84 702.513	0.000 1	0.400 0	2.500	2.499 1	6.247
32	47 434.807	0.000 1	118 584.519	0.000 1	0.400 0	2.500	2.499 3	6.248
33	66 408.730	0.000 1	166 019.326	0.000 1	0.400 0	2.500	2.499 5	6.248
34	92 972.223	0.000 1	232 428.057	0.000 1	0.400 0	2.500	2.499 6	6.249
35	130 161.112	0.000 1	325 400.279	0.000 1	0.400 0	2.500	2.499 7	6.249

（$i=50\%$）

n	$(F/P,i,n)$	$(P/F,i,n)$	$(F/A,i,n)$	$(A/F,i,n)$	$(A/P,i,n)$	$(P/A,i,n)$	$(A/G,i,n)$	$(P/G,i,n)$
1	1.500	0.667	1.000	1.000 0	1.500 0	0.667	0.000 0	0.000
2	2.250	0.444 4	2.500	0.400 0	0.900 0	1.111	0.400 0	0.444
3	3.375	0.296 3	4.750	0.210 5	0.710 5	1.407	0.736 8	1.037
4	5.063	0.197 5	8.125	0.123 1	0.623 1	1.605	1.015 4	1.629
5	7.594	0.131 7	13.188	0.075 8	0.575 8	1.737	1.241 7	2.156
6	11.391	0.087 8	20.781	0.048 1	0.548 1	1.824	1.422 6	2.595

（续）

n	(F/P, i, n)	(P/F, i, n)	(F/A, i, n)	(A/F, i, n)	(A/P, i, n)	(P/A, i, n)	(A/G, i, n)	(P/G, i, n)
7	17.086	0.058 5	32.172	0.031 1	0.531 1	1.883	1.564 8	2.946
8	25.629	0.039 0	49.258	0.020 3	0.520 3	1.922	1.675 2	3.219
9	38.443	0.026 0	74.887	0.013 4	0.513 4	1.948	1.759 6	3.427
10	57.665	0.017 3	113.330	0.008 8	0.508 8	1.965	1.823 6	3.583
11	86.498	0.011 6	170.995	0.005 8	0.505 8	1.977	1.871 3	3.699
12	129.746	0.007 7	257.493	0.003 9	0.503 9	1.985	1.906 8	3.784
13	194.620	0.005 1	387.239	0.002 6	0.502 6	1.990	1.932 9	3.845
14	291.929	0.003 4	581.859	0.001 7	0.501 7	1.993	1.951 9	3.890
15	437.894	0.002 3	873.788	0.001 1	0.501 1	1.995	1.965 7	3.922
16	656.841	0.001 5	1 311.682	0.000 8	0.500 8	1.997	1.975 6	3.945
17	985.261	0.001 0	1 968.523	0.000 5	0.500 5	1.998	1.982 7	3.961
18	1 477.892	0.000 7	2 935.784	0.000 3	0.500 3	1.999	1.987 8	3.972
19	2 216.838	0.000 5	4 431.676	0.000 2	0.500 2	1.999	1.991 4	3.981
20	3 325.257	0.000 3	6 648.513	0.000 2	0.500 2	1.999	1.994 0	3.986
21	4 987.885	0.000 2	9 973.770	0.000 1	0.500 1	2.000	1.995 8	3.990
22	7 481.828	0.000 1	14 961.655	0.000 1	0.500 1	2.000	1.997 1	3.993
23	11 222.741	0.000 1	22 443.483	0.000 1	0.500 0	2.000	1.998 0	3.995
24	16 834.112	0.000 1	33 666.224	0.000 1	0.500 0	2.000	1.998 6	3.996
25	25 251.168	0.000 1	50 500.337	0.000 1	0.500 0	2.000	1.999 0	3.997
26	37 876.752	0.000 1	75 751.505	0.000 1	0.500 0	2.000	1.999 3	3.998
27	56 815.129	0.000 1	113 628.257	0.000 1	0.500 0	2.000	1.999 5	3.999
28	85 222.693	0.000 1	170 443.386	0.000 1	0.500 0	2.000	1.999 7	3.999
29	127 834.039	0.000 1	255 666.079	0.000 1	0.500 0	2.000	1.999 8	3.999
30	191 751.059	0.000 1	383 500.118	0.000 1	0.500 0	2.000	1.999 8	3.999
31	287 626.589	0.000 1	575 251.178	0.000 1	0.500 0	2.000	1.999 9	3.999
32	431 439.883	0.000 1	862 877.767	0.000 1	0.500 0	2.000	1.999 9	3.999
33	647 159.825	0.000 1	1 294 317.650	0.000 1	0.500 0	2.000	1.999 9	3.999
34	970 739.737	0.000 1	1 941 477.475	0.000 1	0.500 0	2.000	1.999 9	3.999
35	1 456 109.606	0.000 1	2 912 217.212	0.000 1	0.500 0	2.000	1.999 9	3.999

参 考 文 献

[1] 刘家顺，粟国敏. 技术经济学 [M]. 北京：机械工业出版社，2002.

[2] 吴添祖. 技术经济学概论 [M]. 北京：高等教育出版社，1998.

[3] 傅家骥，仝允桓. 工业技术经济学 [M]. 3 版. 北京：清华大学出版社，1996.

[4] 武春友，张米尔. 技术经济学 [M]. 3 版. 大连：大连理工大学出版社，2006.

[5] 吴贵生. 技术创新管理 [M]. 北京：清华大学出版社，2000.

[6] 张道宏. 技术经济学 [M]. 西安：西安交通大学出版社，2000.

[7] 李世广，于强. 技术经济学 [M]. 哈尔滨：哈尔滨工业大学出版社，1999.

[8] 虞和锡. 工程经济学 [M]. 北京：中国计划出版社，2002.

[9] 王应明. 技术经济学 [M]. 北京：中国经济出版社，1998.

[10] 陶树人. 技术经济学 [M]. 北京：经济管理出版社，1999.

[11] 张金锁，陈立文. 技术经济学原理与方法 [M]. 2 版. 北京：机械工业出版社，2001.

[12] 毕梦林. 技术经济学 [M]. 沈阳：东北大学出版社，1999.

[13] 赵艳丽，李顺龙. 技术经济学 [M]. 哈尔滨：哈尔滨工业大学出版社，1999.

[14] 李振球，沈阳. 技术经济学 [M]. 大连：东北财经大学出版社，1999.

[15] 亨利·马尔科姆·斯坦纳. 工程经济学原理 [M]. 张芳，等译. 2 版. 北京：经济科学出版社，2000.

[16] 韩颖，沈阳. 技术经济学习题及解答 [M]. 沈阳：东北大学出版社，1999.

[17] 徐向阳，谷和平. 技术经济学 [M]. 2 版. 南京：东南大学出版社，2001.

[18] 赵国杰. 工程经济与项目评价 [M]. 天津：天津大学出版社，1999.

[19] 任玉珑. 技术经济学 [M]. 重庆：重庆大学出版社，1998.

[20] 林晓言，王红梅. 技术经济学 [M]. 北京：经济管理出版社，2000.

[21] 蒋太才. 技术经济学基础 [M]. 北京：清华大学出版社，2006.

[22] 徐莉. 技术经济学 [M]. 2 版. 武汉：武汉大学出版社，2007.

[23] 高百宁，王凤科，郭新宝. 技术经济学方法技术与应用 [M]. 北京：北京理工大学出版社，2006.

[24] 吴添祖，冯勤，欧阳仲健. 技术经济学 [M]. 北京：清华大学出版社，2004.

[25] 国家发展和改革委员会. 建设项目经济评价方法与参数 [M]. 3 版. 北京：中国计划出版社，2006.

[26] 虞晓芬，龚建立. 技术经济学概论 [M]. 4 版. 北京：高等教育出版社，2015.

[27] 郭洁，卢亚丽. 技术经济学 [M]. 北京：清华大学出版社，2016.

[28] 吴贵生，王毅. 技术创新管理 [M]. 3 版. 北京：清华大学出版社，2013.

[29] 张航燕. 中国工业经济运行效益分析与评价 [M]. 北京：经济管理出版社，2013.

[30] 刘晓君. 技术经济学 [M]. 2 版. 北京：科学出版社，2013.

[31] 夏恩君. 技术经济学 [M]. 北京：中国人民大学出版社，2013.

[32] 注册会计师全国统一考试辅导编审委员会. 税法 [M]. 北京：经济科学出版社，2015.

[33] 尹伯成. 西方经济学简明教程 [M]. 8 版. 上海：格致出版社，2013.

[34] 赵维双，宋凯. 技术经济学 [M]. 北京：机械工业出版社，2015.

[35] 李南. 工程经济学 [M]. 4 版. 北京：科学出版社，2013.

[36] 王璞，吴卫红，张爱美，等. 技术经济学 [M]. 北京：机械工业出版社，2012.

[37] 王柏轩. 技术经济学 [M]. 上海：复旦大学出版社，2007.

[38] 彭运芳. 新编技术经济学 [M]. 北京：北京大学出版社，2009.

［39］何建洪. 技术经济学：原理与方法［M］. 北京：清华大学出版社，2012.

［40］陈立新，潘弛，徐丰伟. 技术经济学［M］. 北京：北京交通大学出版社，2014.

［41］郎宏文，王悦，郝红军. 技术经济学［M］. 北京：科学出版社，2009.

［42］祝爱民. 技术经济学［M］. 北京：机械工业出版社，2009.

［43］马歇尔. 经济学原理［M］. 宇琦，译. 长沙：湖南文艺出版社，2012.

［44］朴赞锡. 工程经济学原理［M］. 李南，等译. 北京：机械工业出版社，2015.

［45］李平，陈畴镛，齐建国，等. 21 世纪技术经济学［M］. 杭州：浙江大学出版社，2013.

［46］陈一君，卢明湘. 工业技术经济学［M］. 成都：西南交通大学出版社，2010.

［47］黄有亮，徐向阳，谈飞，等. 工程经济学［M］. 3 版. 南京：东南大学出版社，2015.

［48］陈立文，陈敬武. 技术经济学概论［M］. 2 版. 北京：机械工业出版社，2014.

［49］游明达. 技术经济与项目经济评价［M］. 北京：清华大学出版社，2009.

［50］刘燕. 技术经济学［M］. 成都：电子科技大学出版社，2007.

［51］巩艳芬，李丽萍，许冯军. 技术经济学［M］. 长春：吉林大学出版社，2011.

［52］赵国杰. 技术经济学［M］. 2 版. 天津：天津大学出版社，1996.

［53］杨青. 技术经济学［M］. 武汉：武汉理工大学出版社，2007.

［54］贾春霖，李晨. 技术经济学［M］. 4 版. 长沙：中南大学出版社，2011.